Fernando Gracia

Los *secretos* de la boda del Príncipe

El libro que lo cuenta todo

Avda. del Llano Castellano, 13
28034 MADRID

ISBN: 84-7906-276-2
Depósito Legal: M. 17.212-1995

Preimpresión: Ilusión Gráfica, S. L.
Impresión: Talleres Gráficos Peñalara, S. A.
Carretera de Villaviciosa de Odón a Pinto, Km. 15,180
Fuenlabrada (Madrid)

Impreso en España - *Printed in Spain*

A mis admirados amigos y seguidores en la lucha por mantener pura la continuidad de la Corona de España, y de forma muy especial a mis queridos Eduardo, María Dolores, y María Melgarejo Osborne, de la noble casa del ducado de San Fernando.

SUMARIO

Los *secretos* de la boda del Príncipe

LO PRIMERO QUE HAY QUE SABER

A finales del verano de 1993 un grupo formado por doce monárquicos, entre los que se encontraban varios grandes de España y el autor de este libro actuaba como portavoz, se reunieron en Madrid, en una comida que tuvo lugar en «La Taberna del Alabardero» en las proximidades del Palacio Real, para debatir sobre uno de los temas más importantes que tiene actualmente la monarquía española: La boda del príncipe Felipe.

El motivo era la gran preocupación que supone para un espíritu monárquico el próximo Rey de España, soltero a los 25 años, y ello sin contar que se trataba del primer caso en toda la historia de España de un príncipe de Asturias soltero a esa edad.

Para los menos conocedores recordemos que una boda conlleva la legítima descendencia, y con ello la continuidad de la Corona.

En los primeros días de la primavera de 1995, tras la reciente boda de la infanta Elena con Jaime Marichalar, boda por todos los conceptos morganática, se celebró en Cataluña, en esta ocasión en un salón grande y popular, una comida a la que asistieron muchas personas llegadas de todos los puntos de España, y que se habían costeado el viaje y todos los gastos que ello conllevaba para charlar sobre algo que de forma soberana les interesaba: La Monarquía en España y las grietas que podían comenzar a producirse con la entrada de bodas morganáticas en nuestra Familia Real. Uno de los oponentes de este voluntarioso acto en el que se veía el auténtico y desconocido espíritu monárquico que mantienen vivo muchos españoles dijo: «No se va a conocer en Europa un príncipe mejor preparado que Felipe. Dijo el propio Rey cuando el heredero marchó a la Universidad de Washington a completar su última etapa de estudios con la especialización de Relaciones Internacionales, pero ¿nos asegura el Rey una legítima continuidad de los derechos dinásticos prohibiendo de forma exprofesa una boda morganática para el príncipe de Asturias? Tengamos en cuenta que la boda de la infanta Elena nos ha llenado de dudas, y hasta un amplio sentimiento popular se pregunta si no habrá sido una operación experimental para ver la aceptación del pueblo ante estas notables innovaciones en la primera familia de España».

Cuando esta segunda comida en torno a un debate sobre la boda de don Felipe se celebraba, la situación era mucho más acuciante. En primer lugar el príncipe de Asturias ya había sobrepasado, soltero, los 27 años. La boda de doña Elena nos había llenado de dudas, y las Monarquías, las pocas Monarquías que quedan en Europa, están temblando por causas en muchos casos procedentes de matrimonios poco ortodoxos.

No podemos olvidar que si a principios de siglo Europa contaba con 40 asentadas Monarquías, en los finales de este mismo siglo quedarán vigentes menos de 10, y algunas con serios problemas precisamente por el candente tema de las ceremonias nupciales.

Hoy, sólo tenemos Monarquía en España, Suecia, Noruega, Gran Bretaña, Bélgica, Dinamarca, Holanda, Luxemburgo, el pequeño Liechtenstein y el polémico Mónaco. Por cierto, Mónaco es otro de los lugares llamados a desaparecer, ya que si el príncipe Rainiero falleciera antes que el príncipe Alberto se case, cosa muy difícil, y tenga descendencia, según la constitución de Mónaco, el principado perderá la soberanía y pasara a depender directamente de Francia convirtiéndose en su última provincia.

Rainiero III, príncipe de Mónaco desde 1949 y descendiente del Genovés Agostino Grimaldi quien se alió con el emperador Carlos V en 1530, no tiene fácil el matrimonio de su hijo Alberto, quien no se ha decidido por una mujer como compañera, y esto sin entrar en el consabido rumor que a lo largo de muchos años han protagonizado los medios de comunicación de todo el mundo, sobre su posible homosexualidad.

A lo largo de decenas de entrevistas tras las presentaciones de mis últimos libros: «Hay que casar al Príncipe», «Isabel Sartorius casi una reina» y «Elena, crónica de un noviazgo real», he manifestado a los cuatro vientos que el príncipe de Asturias sólo puede casarse con una princesa aun cuando sea de casa mediatizada.

Esta contundente afirmación ha sido para muchos la severa opinión de un monárquico purista como se me suele reconocer, pero es preciso dejar patente que los seres humanos cuando nacemos ya tenemos implícitas una serie de obligaciones, unas cómodas y otras menos.

Mi admirado y querido Juan Balansó también se ha expresado en los mismos términos siempre, y lo deja muy claro cuando asegura: «Teóricamente se debe reconocer que —en igualdad de condiciones— tiene una dosis más alta de democracia la República que la Monarquía, porque su cúpula es elegida por votación popular; la Monarquía hereditaria constituye, por el contrario, una clase aparte que se ha dado en llamar «Familia Real», con derechos y obligaciones que sus compatriotas no tienen.

Pero precisamente a causa de esta anacrónica discriminación entre reyes y ciudadanos, se puede aceptar la tesis de que las Monarquías Constitucionales son más perfectas que las Repúblicas, puesto que el rey y los príncipes sucesores, estando situados por encima de los demás, se constituyen en garantes de un poder arbitral y moderador, neutral, estable y cohesionador: La esencia válida de la Monarquía de hoy.

Las personas reales gozan de una posición privilegiada, pero en nombre de una democracia e igualdad malentendida se les repite machaconamente a los príncipes que son personas como las demás, cuando lo cierto es que no lo son en absoluto. Ni usted, lector, ni yo, podemos heredar una Corona ¿no es cierto?

Esta reflexión del maestro Juan Balansó es absolutamente contundente. El príncipe de Asturias no tiene muchas cosas en común con el resto de los jóvenes españoles de su edad, y esto lleva implícito bienes y obligaciones, siendo posiblemente la más importante obligación la de contraer matrimonio con una auténtica «profesional», una princesa de sangre real.

El académico, escritor y dramaturgo don José María Pemán dijo en una ocasión: «Para morir reina hay que nacer princesa».

¿De qué nos vale a los españoles el tener el príncipe mejor preparado de Europa y, por tanto, el próximo rey Felipe VI con mayores conocimientos políticos, si llegara a contraer matrimonio con una mujer de la ciudadanía?

«Tanto monta, monta tanto, Isabel como Fernando». Si el príncipe ha sido educado para reinar, su esposa también, desde la cuna, tiene que haber sido preparada para ser reina.

Antonio García Trevijano, autor de un notable libro republicano asegura: «El futuro de la Monarquía de Juan Carlos, a causa de su origen franquista y de su primer Gobierno represor, no puede basarse en la dignidad y prestigio de su instauración, ni en la tradición de la legitimidad histórica de la sucesión, que se rompió al desconocer el derecho dinástico de don Juan de Borbón. Hasta ahora, la Monarquía se ha legitimado por su identificación al régimen parlamentario de poder y al funcionamiento arbitral o moderador de la Corona en un Estado de partidos. Y la cuestión a saber es si esta Monarquía resistirá o servirá para algo útil cuando haga crisis definitiva, lo que parece tan inevitable como en italia, el régimen de la «partitocracia».

Lo normal, lo previsible es que esta crisis de régimen, por el avanzado estado de descomposición en que se encuentra ya, se produzca en vida del Rey Juan Carlos. El porvenir del príncipe de Asturias estará ligado, por ello, a la solución institucional que pueda dar una salida democrática a la crisis del estado de partidos. En este sentido se puede casi asegurar que don Felipe no será un rey árbitro como su padre. Porque o bien será el primer rey de la democracia, con un régimen presidencialista de Gobierno y un parlamento representativo del elector, o no será rey».

Pues bien, leyendo entre líneas el mensaje de Antonio García Trevijano, nos damos cuenta de la importancia que tendrá en su momento el parlamento representativo del elector, y de una forma mucho más especial de todos aquellos que se consideren monárquicos, y vean un legítimo y tradicional comportamiento en la primera familia de España.

Recuerdo que en el transcurso de un polémico debate sobre si una Infanta de España puede casarse sólo por amor que dirigió el periodista Julián Lago en Tele-5, tuve que defender a capa y espada el hecho histórico de que si hoy día tenemos un rey llamado Juan Carlos I fue sólo porque su padre don Juan de Borbón acató la Pragmática Sanción de Carlos III de 1776, que obliga a los herederos de la Corona a que contraigan matrimonio con princesas o príncipes de las casas reales españolas. Don Juan se casó con la princesa doña María de las Mercedes de Borbón y de Orleans, mientras sus hermanos mayores, Jaime y Alfonso el príncipe de Asturias, tuvieron que renunciar al trono por contraer matrimonios morganáticos con plebeyas.

La discusión televisiva llegó a tales extremos de delirio, que uno de los debatientes del programa, mi buen amigo y excelente historiador y escritor Ricardo de la Cierva me contestó: «Recuerda Fernando que Alfonso XIII no era rey cuando ejerció la pragmática sanción sobre los hermanos mayores de don Juan, ni cuando nombró como su sucesor al pequeño, don Juan».

Ricardo de la Cierva, como historiador, sabe muy bien que un rey es rey hasta el mismo día de su muerte, aun cuando se encuentre en el exilio. Tampoco cabe como válida la renuncia, porque se renuncia al trono, pero no al derecho a permanecer siendo el jefe de su propia casa o familia.

Alfonso XIII murió siendo un rey en el exilio mientras en España gobernaba el general Franco. El cadáver de Alfonso XIII fue recibido en España con todos los honores de rey, y se encuentra en la cripta de reyes del Monasterio del Escorial. Si don Felipe es príncipe de Asturias, y su padre don Juan Carlos, Rey, es sólo porque los honores de la Corona de España recayeron en don Juan de Borbón al haber desobedecido sus hermanos mayores la Pragmática Sanción de Carlos III, y hubo un padre y rey que dio prioridad a la tradición monárquica e histórica de España, aun en perjuicio de sus propios hijos, como hizo Alfonso XIII.

«No tengo hoy el amor de mi pueblo», dijo literalmente Alfonso XIII durante su despedida en el Palacio de Oriente camino del exilio, pero decía, «de mi pueblo» con posesión de rey, querido maestro Ricardo de la Cierva.

Como bien conocemos, uno de los fundamentos de la teología política medieval fue siempre el axioma de «el rey en cuanto rey nunca muere».

Ernst Kantorowicz en su ejemplarizante libro «El rey nunca muere en cuanto rey» llega a hacer casi creíble la teoría de los dos cuerpos de un monarca.

Pues bien, España es el único pueblo de Europa que desde 1808, ha expulsado a casi todos sus reyes sin haber dado nunca muerte al rey, algo que no podría decir Francia con su famosa revolución en la época de Luis XVI, ni los bolcheviques rusos, ni los terribles ingleses de los años del cadalso.

La restauración Monárquica ha quedado siempre en España como una posibilidad abierta: Si somos los que más tronos hemos derrocado, somos igualmente los que más tronos hemos restaurado, y esta teoría ampliamente defendida por Santos Julia echa por tierra la insólita postura del historiador Ricardo de la Cierva al asegurar que la destitución de don Alfonso como Príncipe de Asturias, no fue válida por Alfonso XIII, ya que no era un rey en aquellos momentos.

Alfonso XIII era un rey y demostró su grandeza al defender la Pragmática Sanción de Carlos III.

No pensemos que esta postura fue un puro anacronismo. Fue una noble defensa de su pueblo, de ese pueblo del que había llegado a decir: «No me quiere», pero él, como rey, les proporcionaba una princesa como futura reina de España.

Los difíciles puestos de rey y de reina no pueden recaer sobre cortesanos, ni ciudadanos de a pie, sólo los «profesionales» pueden encarar legítimamente este complicado cometido porque desde la cuna lo han estado viviendo.

Si el Príncipe de Asturias don Felipe de Borbón y Grecia, hijo de quienes fueron príncipe y princesa, nieto de quienes fueron príncipe y princesa, bisnieto de un príncipe y una princesa, y así hasta llegar a los albores de su familia, pensará —cosa que gracias a Dios no va a ocurrir— en una boda morganática, tendría sobre sus espaldas todo el peso de la razón y el sacrificio de sus antepasados.

«Si los monárquicos deben de batirse todos los días el cobre por defender la monarquía, imagínate qué comportamiento tiene que tener la Familia Real», me decía siempre mi abuelo, el último alabardero de Alfonso XIII.

Bajo ningún concepto, ni aun por lograr el mayor amor o bienestar de los propios hijos, se puede hacer peligrar la razón de ser de la Monarquía. No colaboremos a destruir con incidentes rocambolescos la institución Monárquica. Las bodas morganáticas sólo pueden traer corrosión y desgracia a las coronas, y ya tenemos suficientes ejemplos en la Europa actual, con Diana de Gales, Federico de Dinamarca, Estefanía y Carolina de Monaco...

Los reyes cerca del pueblo, pero no entre el pueblo. A un rey nunca, jamás, se le habla de tú, en cambio él si te puede llamar de tú. A un rey no se le da la espalda y al saludarle se le baja la mirada e incluso se dobla el cuerpo. ¿Tenemos que tener el mismo comportamiento con los plebeyos que se hayan hecho poseedores de parte de la Corona?; ¿tendremos que inclinar la cabeza ante un economista o una periodista que haya emparejado con infantas o príncipes?

Juan Balansó se preguntaba con todo acierto: «¿Cavan las casas reales europeas su propia fosa mediante los recientes matrimonios morganáticos e inadecuados?, muchos de los que consideramos a la Monarquía como forma idónea del Estado nos tememos que sí».

La boda de la infanta Elena ha sido el principio de lo que tanto se temía. «Las nuevas modas y la moderna Monarquía» ha llegado a España. Pero esto es altamente doliente si tenemos en cuenta que la Familia Real española es la más antigua de Europa, y la segunda en el mundo después de la de Japón. Abrir la puerta para que entre un aire innovador es siempre fácil, lo difícil después es poder cerrarla.

De acuerdo que toda institución, hasta la Iglesia, está sujeta y hasta obligada a cambios, pero cuidado con que esos cambios no hagan perder su legitimación y hasta su propia estima. Los españoles que quieren una España como reino respetarán su casa real mientras y en cuanto la primera familia sea respetuosa con la tradición, la estima y la legitimidad de su propia historia.

Hemos tenido muchos grandes monarcas que han padecido de forma increíble por defender causas tan razonables como la propia Pragmática Sanción de Carlos III.

Inteligentes soberanas que sufrieron, por esa misma causa, matrimonios tortuosos, como el ejemplo de la reina Isabel II, casada con un homosexual declarado, pero príncipe.

Don Felipe de Borbón tiene para elegir como esposa más de veinte princesas, incluidas las casas mediatizadas. Que elija entre ellas la que ha de ser la próxima reina de España. Todas, sin excepción, son jóvenes universitarias, muchas incluso muy bellas, y desde la cuna han sido educadas para ese difícil, muy difícil oficio de reinar.

Con este preámbulo titulado «Lo primero que hay que saber» nos damos cuenta de la importancia que tiene la boda del Príncipe de Asturias, de lo mucho que involucra a cualquier español esta boda. Por ejemplo, a usted, amigo lector, que le da lo mismo con quién se casa su vecino, no le puede dar lo mismo con quien se casa su príncipe heredero, porque el día de mañana su esposa va a ser su reina.

Apoyemos todos el esfuerzo iniciado por ese pequeño grupo de cien españoles monárquicos, que se reunieron en Cataluña para dar a los cuatro vientos la consigna de «Queremos para nuestros hijos una reina profesional».

Evitemos con todo el esfuerzo que nuestra Monarquía se convierta, gracias a los matrimonios morgánaticos, en una Monarquía de opereta, y que como la inglesa sea pasto de chismes, críticas y prensa del corazón que como amplificador atruene con los escándalos.

La denominada «Operación tarta» de la que en otro capítulo tendrá noticias, ya está en marcha. Es una operación que trata de concienciar a los españoles sobre la necesidad de que nuestro Príncipe de Asturias se case con una princesa, y con ello evitemos, en lo posible, un matrimonio morganático.

Por suerte o por desgracia, el pueblo ya ha tenido que intervenir para que sus anteriores monarcas tuvieran la boda deseada y en el momento oportuno. Los reyes de España Alfonso XII y Alfonso XIII, vivieron las campañas de «Hay que casar al Príncipe» y «Hay que casar al Rey», y esto mismo ocurría en otros países como, por ejemplo, Bélgica e incluso Inglaterra.

En cuanto a los temores que padecen en estos momentos los españoles por mantener la pureza de su Corona para los años venideros, hay que reconocer que son totalmente infundados en la reciente boda de la infanta Elena.

Doña Elena de Borbón y Grecia ha pasado a la historia como la primera infanta que no renunció a sus derechos sucesorios por casarse con una persona ajena a la realeza desde que el rey Carlos III estableciese la pragmática.

Esta norma se encuentra en la actualidad tan vigente que incluso las hermanas del Rey Juan Carlos I, doña Pilar y doña Margarita, al decidirse a contraer matrimonio con dos hombres sin relación alguna con coronas, como el empresario José Luis Gómez Acebo y el doctor Carlos Zurita, renunciaron a la posibilidad de la Corona en virtud de la polémica Pragmática.

No obstante es preciso aclarar que la Constitucion Española de 1978 en su artículo 57.4 estipula que se exige como único requisito para el matrimonio del heredero del trono que dicho enlace no se realice en contra de la expresa prohibición del rey o de las Cortes. Sin embargo, según la Pragmática que aunque supuestamente derogada ha permanecido respetada hasta la boda de la infanta Elena y siempre se acató como norma tradicional de la Casa Real española, los llamados a la sucesión de la Corona —doña Elena ocupa el segundo puesto como primogénita— que contraigan matrimonio con personas que no sean de sangre real, pierden no sólo la posibilidad de heredar la Corona, sino su misma pertenencia a la Familia Real, e incluso su derecho al apellido Borbón y a las armas correspondientes.

La Monarquía española, y concretamente la Casa Real española, ha entrado con esta decisión adoptada con doña Elena en el camino de las denominadas «modernidades Monárquicas» que están afectando a parte de las coronas europeas y esto en el caso de doña Elena no es crucial dado que parece poco probable que llegue a reinar, porque para ello tendría que darse toda una serie de dramáticas consecuencias, como la muerte del Rey y el fallecimiento del Príncipe de Asturias sin haberse casado y tener descendencia. Una situación muy difícil aunque nunca imposible.

I. EL GRAN *SECRETO*: LA ESPOSA IDEAL

Ha de ser princesa, inteligente, con una edad muy similar a la del Príncipe, atractiva, alta, educada para reinar, amante del arte, moderna, con una amplia conciencia social y ecológica, debe hablar español, a ser posible tener estudios de Derecho, Económicas y un natural concepto diplomático.

«¿Pero esta mujer existe? ja, ja, ja», esta fue la jovial respuesta de don Felipe de Borbón cuando en el año 1991 alguien le apuntó que como esposa tenía que tener a una princesa, inteligente, con una edad muy similar a la suya; diez años más joven o cinco años mayor, atractiva, de ojos verdes —que son los que más parecen atraerle— alta —medidas de modelo de pasarela— educada para reinar, amante del arte y de forma especial de la música, moderna, con una amplia conciencia social y ecólogica, hablando español, a ser posible con estudios de Derecho, Económicas, y un natural sentido y concepto diplomático.

El domingo siguiente a la boda de la infanta Elena el diario «El Mundo» publicaba un reportaje a dos páginas titulado: «Retrato robot de una princesa» y en su sumario aseguraba que la candidata ideal para esposa del Príncipe de Asturias debería de tener físicamente los siguientes requisitos: «El pelo de Catalina de Austria, la frente de Tatiana de Liechtenstein, los ojos de Victoria de Borbón Dos Sicilias, la nariz de Victoria de Suecia, la boca de Marta Luisa de Noruega y la barbilla de la princesa de Dinamarca.

Todos, sin excepción, y como es lógico, desde monárquicos a republicanos quisieran que nuestro apuesto príncipe tuviera por esposa a una mujer ideal.

Lo que ocurre es que muchas veces una corona no tiene la llave de esas posibilidades, aunque las últimas reinas en España han sido damas físicamente muy agraciadas.

Si realizamos el recuento de dotaciones físicas de las últimas cinco reinas de la casa de los Borbones, nos encontramos con una suma muy positiva de bellezas.

La reina dona Sofía es una mujer de una maravillosa planta de dama moderna, con unos ojos vivos y atractivos, que luce permanentemente la sonrisa fácil, de estatura correcta, y de una elegancia total tanto en ademanes como en su forma de vestir.

Doña María de las Mercedes de Borbón y Orleans ha sabido sacar el porte de su padre, el príncipe Carlos de Borbón y Borbón, que durante muchos años estuvo considerado como el hombre más atractivo de la Corte, hasta el punto de que habiendo sido asignado padrino de Alfonso XIII en su boda, éste le llamó al salón donde se encontraba desayunando el mismo día de la ceremonia, y le dijo con toda seriedad:

—Carlos, he tomado una decisión a última hora.

—¿Cuál, majestad?

—Que no acudas al templo en calidad de padrino.

Silencio y estupefacción por parte del príncipe Carlos.

—¿Sabes por qué?

—Lo ignoro majestad, pero sea cual sea el motivo estará ampliamente justificado.

—No quiero que seas el padrino porque todos los invitados reconocerían que eres mucho más atractivo que el novio.

Los dos rieron la broma que había llegado a asustar al príncipe Carlos durante unos segundos, y hay que tener en cuenta que Alfonso XIII fue uno de los reyes más atractivos que ha tenido la casa de los Borbones en toda su historia.

La reina Victoria Eugenia de Battenberg ha sido una de las mujeres más bellas de su época. Familiarmente conocida por Ena fue el primer nacimiento regio que ocurría en Escocia desde el de Carlos I en el año 1600.

Rubia y de impresionante belleza, se trataba de una dama que provocaba envidias en todas las cortes por su esbelta figura, su cintura mínima, la proporción de todo su cuerpo y la elegancia con la que se movía.

La reina María Cristina de Habsburgo Lorena, una dama de una gran sensibilidad, que no sería hoy día prototipo de belleza, pero que en su época podía despertar algunas pasiones. No obstante la realmente bella era su madre, la archiduquesa Isabel, y se cuenta la curiosa anécdota de cuando Alfonso XII la conoció en una fiesta que tuvo lugar en Arcachón.

Madre e hija se encontraban juntas, y el rey no podía evitar las miradas de admiración hacia la madre mientras hablaba con la hija, su futura esposa.

Tras la despedida y durante el viaje de regreso, el rey le dijo a su ayudante el marqués de Cañizares: «No te esfuerces en quedar bien, Pepe, a mí tampoco me ha parecido excesivamente guapa, pero la que está estupenda es mi suegra».

María de las Mercedes de Borbón, primera esposa de Alfonso XII, era hija de los duques de Montpensier y una joven de una belleza absolutamente candorosa hasta el punto de que en las cortes españolas, y en el momento en que se comunicaba oficialmente el posible próximo enlace del soberano con María de las Mercedes, Claudio de Moyano para evitar cualquier discordancia que se pudiera producir dijo: «María de las Mercedes es un ángel y los ángeles no se discuten».

Si llegamos hablando de belleza a la reina Isabel II tendríamos que pasar directamente a otro capítulo. Esta notable mujer era simplemente graciosa, pero de figura gordezuela con una temible tendencia a la obesidad. Se atiborraba de confituras y sus manos eran casi de muñeco; cortas, regordetas con la piel muy áspera y casi escamosas.

Continuando los años nos podemos encontrar con todo tipo de mujeres en nuestras reinas, pero la mayor parte poco atractivas. El historiador Carlos Fisas en un trabajo de investigación que realizó sobre el aspecto físico de las mujeres de los Borbones contaba: «María Luisa de Saboya era de talla pequeña, pero había en toda su persona elegancia notable. Sus cabellos eran castaños; sus ojos casi negros llenos de fuego y vivacidad. Isabel de Farnesio fue más bien fea y de insignificante aspecto, al margen de que sólo pensaba en atiborrarse de mantequilla y queso parmesano. María Isabel de Orleans, una mujer fea, aunque de ojos bonitos y piel blanca y fina nariz. Es la persona más desagradable que he visto en mi vida. Doña Bárbara de Braganza, otra mujer fea, mucho más fea de como la muestran los lienzos de la época. Fea con rebaba, fea de campeonato. María Amalia de Sajonia, que físicamente no tenía nada de halagador. La nariz en forma de cubilete y los ojos pequeños y saltones. María Luisa de Parma, una constitución ardiente y voluptuosa con viveza y gracia en todos sus movimientos. Isabel de Braganza, gordita, mofletuda cara de pálido color y ojos saltones».

No obstante, si los Borbones en aquellos lejanos tiempos no encontraron esposas más atractivas con las que contraer matrimonio no fue como consecuencia de la Pragmática de Carlos III, sino por todas las dificultades que suponía la época. Las complicaciones para viajar, el tener conocimiento de las damas, exclusivamente por óleos que les pintaran los artistas de la corte y sobre todo, porque una boda era en primer lugar una razón de estado y más que las propias personas se valoraban las dotes que se aportaban o los reinos que se unían.

CANDIDATAS EN PRIMER PUESTO

Cambian las formas, pero no los fondos. Si en la época de Alfonso XII fue el propio Gobierno el encargado de «chismorrear» en términos casi casamenteros sobre quién debería ser la esposa ideal del rey, en la más reciente etapa de Alfonso XIII fue el diario «ABC» quien se destapó como portavoz de la operación y ahora en el momento que vivimos han sido todos los medios de comunicación los corredores de noticias más o menos auténticas.

Todo se inició en el verano de 1989. Es como si aquel año, la prensa escrita y la radio hubieran descubierto que don Felipe de Borbón ya se había convertido en un joven apuesto capaz de amar a una mujer.

El inicio de un supuesto romance con Isabel Sartorius convirtió en pocos meses el tema en la noticia más comentada del año. Ningún otro asunto en España, ni aun político, llegó a ignorarse en número de páginas dedicadas a ello.

Tampoco hubiera podido imaginarse nunca el soberano Carlos III allá hayá por los años 1700, que su Pragmática Sanción, casi una reglamentación interna y familiar, podría llegar a convertirse en noticia que alcanzaba a millones de españoles.

Por otro lado los monárquicos, inevitablemente nos dividimos de inmediato en dos bandos, los denominados legitimistas y puristas, y los que se les conoce como los contemporizadores. Si bien los primeros no queríamos ni oír hablar de la posibilidad de una boda desigual y morganática, los segundos apoyaban públicamente la tesis de actualizar la institución y hacerla más acorde con el momento actual. Para estos últimos, casi siempre representantes de la denominada prensa frívola o del corazón, no suponía ningún perjuicio el descalabro que se está viviendo en estos días en determinadas Monarquías como la inglesa. Tampoco, por ignorancia, hacían una recapitulación seria en el descalabro histórico que podría suponer la boda con una muchacha plebeya cuando han sido 17 los Borbones que anteriormente han renunciado al trono por esta causa, y 12 de ellos incluso antes de la segunda república.

Superado el primer trance de la Sartorius, al menos aparentemente, las candidatas sobre las que se ha venido apostando con más fuerza son dos auténticas princesas. Una es Tatiana de Liechtenstein y comenzó a especularse con posibilidad de un compromiso en abril de 1991 a raíz de un viaje principesco a Estrasburgo, Luxemburgo y al mismo paraíso fiscal de Liechtenstein, que fue interpretado por la propia revista «Hola» como una maniobra para propiciar el encuentro con la joven princesa, que entonces acababa de cumplir los 18 años.

Muchacha muy atractiva, la pequeña de los príncipes Hans Adam y María pasó seguidamente a estudiar en Madrid. Se trata de una princesa católica, que no ha tenido nunca novio ni tan siquiera un acompañante habitual, que está recibiendo una educación esmerada, como ya veremos más adelante en otros capítulos, es rubia, de ojos verdes y vivaces, aficionada a los mismos deportes que el príncipe; vela, motociclismo y con un solo inconveniente que se puede considerar totalmente salvable en los tiempos que vivimos; su facilidad para engordar y su esplendido apetito. Tatiana tiene que estar permanentemente controlada por un especialista en endocrinología y el régimen que debe seguir es severo en demasía, sobre todo para una jovencita con buen apetito.

La otra princesa sobre la que están recayendo todo tipo de especulaciones, y que para muchos monárquicos tiene muchas más posibilidades de obtener el título de reina de España tras contraer matrimonio con el príncipe, es la princesa Victoria de Borbón-Dos Sicilias, la menor de las cuatro hijas de don Carlos quien recientemente fue nombrado por el propio rey Infante Real, título al que ya era legítimamente acreedor, pero que no había gozado.

Carlos de Borbón-Dos Sicilias es el duque de Calabria, y primo hermano, por tanto, del Rey. Cuando en el verano del 94 se casó su hija mayor Cristina con un joven empresario, no dudó la familia en renunciar al sexto puesto de candidata al trono de España que como primogénita le pertenecía. La Pragmática Sanción aquí sí fue respetada de forma contundente.

El padre de estas princesas, el infante don Carlos se sitúa según la tradición dinástica en el lugar inmediato tras el Príncipe de Asturias y las infantas Elena y Cristina para llegar a reinar en España.

Ese fue el motivo por el que todos los españoles le pudieron ver el día de la boda de la infanta Elena con Jaime de Marichalar llevando del brazo a la infanta Cristina y caminando inmediatamente después del Rey como le correspondía por protocolo.

La princesa Victoria de Borbón-Dos Sicilias es una bellísima e inteligente jovencita de 20 años. Lleva sangre real por parte de padre y de madre, ya que si bien su padre es el duque de Calabria y primo hermano del Rey, su madre, es su alteza real la princesa Ana de Francia.

Victoria de Borbón-Dos Sicilias, está siendo, desde la infancia, preparada como don Felipe para poder reinar. Su educación es exquisita y tan sólo en una docena de veces se la ha visto en alguna fiesta pública siempre acompañada de su hermana mayor Cristina.

Sorprendió a toda la nobleza española cuando en julio del 94 entró en el gran salón versallesco del Palacio de El Castañar, propiedad de los marqueses de Corverá, sus padrinos, luciendo sus primeras galas de mujer en la fiesta de puesta de largo. Los más de 400 invitados à la cena rompieron en un cálido aplauso al ver la serena belleza española de la princesa Victoria, y fueron muy pocos los que en aquel momento pensaron que quizá podían encontrarse en el histórico acto en el que la próxima reina de España celebraba su puesta de largo.

Más adelante encontrará el lector amplia información de esta princesa que ha estudiado en el colegio de las Dominicas Francesas de Madrid junto a sus dos hermanas, que actualmente ha finalizado el COU y que con frecuencia y acompañada siempre por sus padres acude a comer a la Zarzuela.

Para el escritor e historiador Juan Balansó esta princesa Victoria es una pareja ideal para don Felipe y a ello hay que sumarle la estrecha amistad que une a sus padres y primos hermanos. La Reina doña Sofía siempre que ha sido fotografiada con la joven princesa mantenía una sonrisa franca, y el Príncipe Felipe también ha parecido a aparecido encantado con la femenina y dulce imagen de su prima segunda, en cuantas fiestas y actos han coincidido.

Pero aún no es tiempo de echar las campanas al vuelo, y sí de dar a conocer cómo es realmente la situación actual. El príncipe Felipe tiene en estos momentos 22 princesas posibles candidatas, contra las 25 que tenía en el verano del 94. Tres de ellas anunciaron en este intervalo de tiempo sus nuevos compromisos como es lógico y natural.

Todas estas candidatas tienen edades muy parecidas a las del Príncipe, son cinco años mayores o 10 años menores, en todos los casos, sin excepción son universitarias y muchas de ellas altamente agraciadas.

Las tres candidatas con mayores posibilidades parecen ser en estos momentos Tatiana de Liechtenstein, Victoria de Borbón-Dos Sicilias y Catalina de Austria a quien se la considera la princesa mejor preparada de Europa.

En terrenos más alejados se pueden situar Mafalda de Saboya, conceptuada como demasiado liberal e independiente, Marta Luisa de Noruega es una joven protestante y su educación no ha sido óptima y Victoria de Suecia, la primogénita de Carlos Gustavo XVI y la princesa Silvia Renata Sommerial, antes de poder pensar en una boda deberá renunciar al trono en favor de su hermano.

II. UN *SECRETO* A VOCES: TATIANA DE LIECHTENSTEIN

Don Felipe y Tatiana se conocieron en 1988. La prensa del corazón ya inició la posibilidad de que hubiera una buena «amistad».

Cuando Tatiana vino a estudiar a Madrid, convirtió la posibilidad de «algo» en un secreto a voces, aunque sin fundamento.

En los comienzos de la primavera de 1995, la revista «Hola» lo convierte con titular en portada en algo ya casi seguro.

Conozcamos a la princesa Tatiana de Liechtenstein. Más allá de la figura juvenil, alta y bien formada, con el remate noble de un cuello armonioso y un rostro agraciado. Pero vamos a hacerlo, precisamente, a partir de esta imagen.

El rostro de la princesa es atractivo y expresivo. También es un registro claro de sus estados de ánimo. Es alegre, divertida, vital. Quienes la conocen destacan el sentido del humor, pero también el carácter. Un carácter que se expresa en el mentón voluntarioso, firme y bien formado, y no menos en la mirada inteligente, perspicaz.

Es una persona sensible. Naturalmente, encauza su sensibilidad en el marco tradicional de una cultura concreta. Se sabe que colabora en labores de asistencia a través de las instituciones católicas, confesión a la cual se encuentra estrechamente ligada, tanto por su fe religiosa como por el carácter del mismo Centro donde estudia.

Recientemente, con motivo de un trágico accidente de aviación, en el cual perdió la vida Juan Urquijo y Fernández de Araoz, cuyos hermanos pertenecen al círculo de amistades de la princesa, Tatiana pareció muy afectada. Acudió al funeral, fue a misa y tomó la comunión, siempre arropada por la presencia de un grupo de amigos.

El mismo grupo de amigos, que lógicamente integran hijos de la realeza y la aristocracia, ha servido solidariamente, en los últimos tiempos, para ayudar a la princesa a ponerse a resguardo del primer plano de fotógrafos e informadores. La han acompañado a todas partes, han salido con ella formando un cerco humano para protegerla y mantener un mínimo de discreción.

Desde todo punto de vista, su imagen y formación corresponden al modelo clásico de los príncipes europeos. Es elegante, expansivamente juvenil, no se le conoce ninguna vida sentimental previa y los únicos rumores que, en el pasado, aludieron a un posible «romance», se limitaron a don Felipe de Borbón y Grecia.

La primera pregunta que le hicieron los periodistas sobre la impresión que le había causado un joven concreto, fue en el verano de 1988, pocos días después que su tía, Nora de Liechtenstein, se casara con el marqués de Mariño, Vicente Sartorius, en Vaduz.

La boda se celebró el día 11 de junio de ese año y entonces la princesa Tatiana tenía quince años. Como todos saben, la pregunta fue sobre qué le había parecido el príncipe don Felipe de Borbón.

La respuesta fue la tópica, protocolaria, libre de todo compromiso: «inteligente, simpático, agradable». No, naturalmente, porque la princesa Tatiana no tuviera su impresión personal, o no fuese capaz de elaborar ella misma una respuesta en el sentido adecuado, sino porque en las declaraciones públicas las personas reales no pueden dejar nada librado al azar, ni palabras que sacadas de contexto puedan permitir manipular sus declaraciones.

Pero importa señalar que entonces tenía quince años. Es un dato que avala lo que decíamos antes. Don Felipe de Borbón no sólo sería su primer «novio», si se confirma el compromiso, sino el «príncipe azul» que apareció en Vaduz, que irrumpió en su vida, cuando sólo ella tenía quince años.

Entonces, en aquella fiesta posterior a la boda de Nora de Liechtenstein con Vicente Sartorius, la princesa Tatiana lució un hermoso vestido estampado y un sombrero amarillo. Realmente, como los lectores pueden imaginar, estaba bellísima en la plena adolescencia y en el vértigo de aquel marco festivo que había reunido en su Vaduz a todos los príncipes de Europa. Pero la prensa, en esos días, no le preguntó por otros jóvenes, sino por don Felipe.

No debe considerarse nada raro que ya en esos días ambos jóvenes fuesen especialmente observados. Desde antes, como es lógico, los padres de un príncipe no pueden dejar de plantearse la cuestión de la boda de sus hijos. En un círculo relativamente pequeño no pueden dejar de pensar en las posibilidades más deseables, en los «partidos» más adecuados desde el punto de vista institucional y desde el punto de vista humano.

En esos días, nuestro heredero tenía sólo veinte años. Todavía no había iniciado «su amistad» con Isabel Sartorius. Según todos los testimonios, los jóvenes «simpatizaron» ¿Qué significa esta calificación?

Es evidente que en el aire estaba la expectativa familiar en torno a este primer encuentro que, por otra parte, coincidió con la presentación oficial de la princesa Tatiana en sociedad. ¿Cómo no haberse preguntado antes de estas fiestas cómo se caerían los jóvenes? Ella era la princesa católica con el mejor perfil genealógico y él nada menos que el futuro Rey de España, algo que no necesita más para situarse en un lugar de honor entre todas las monarquías.

No olvidemos, además, que su tía se casaba con un español, lo que implica que existía relación y conocimiento estrechos recientes de la Familia Real de Liechtenstein con España, con vínculos matrimoniales entre personas destacadas de la nobleza.

En este marco, la princesa Tatiana debió ser considerada como una de las primeras candidatas ideales, si no la primera, para convertirse en la futura Princesa de Asturias.

Por supuesto, ninguna boda real —al menos desde hace mucho tiempo y salvo anacronismos de culturas ajenas— se decide así, sin más, conforme a unos planes y a la valoración del «curriculum» de los pretendientes. El factor humano resulta decisivo en la mayor parte de los casos.

Por eso, la necesidad de un muro de discreción, la demanda de un entorno que no complique lo que ya, por su misma naturaleza, es muy complicado, y puede ser muchísimo más trabajoso que un encaje de bolillos encajar bolillos. El entorno debe ser lo más natural y espontáneo posible para que los jóvenes, siempre muy limitados por imperativo de la función que cumplen, puedan conocerse y decidir si existe entre ellos una corriente que les haga deseable estar juntos, ser amigos, y, acaso...

Vaduz, ese castillo de Liechtenstein, fue el escenario de este primer encuentro entre don Felipe y la princesa Tatiana. No es probable que hubiese nada más que ese «simpatizaron», realmente. La joven tenía quince años y, en esos tramos de edad, cinco años suelen resultar un tiempo suficiente para que haya cambiado de forma radical el horizonte vital, los intereses, las expectativas.

Más aún si se tiene en cuenta que, poco después, don Felipe aparecía relacionado sentimentalmente con la única joven que, de momento, ha mantenido con él algo más que salidas o ratos compartidos, y que esta joven era algo mayor que él. Un dato que armoniza con el carácter del Príncipe de Asturias, que revela una madurez superior a sus años.

De modo que, en aquellas fiestas, no pudo decidirse nada. Imagino que, sin embargo, la Casa Real española, como los Principes reinantes de Liechtenstein, tuvieron que esforzarse para conseguir esa discreción que se extendería todavía durante siete años y permitiría avanzar, poco a poco, los siguientes pasos orientados a ultimar una boda real entre los jóvenes.

Pasarían sólo cuatro años, desde entonces, hasta que Tatiana fuese enviada a estudiar en Madrid. El Príncipe de Asturias, al estar fuera de España completando sus estudios superiores, no aparecía, por lo tanto, vinculado a este traslado y la joven podía hacer tranquilamente una experiencia decisiva: ver cómo asumía la realidad de un país desconocido, conocerlo con suficiencia y detalle más allá del dominio perfecto de la lengua y vincularse afectivamente a esa realidad que podía ser la suya en el futuro.

¿Se decidió entonces esta operación? No es probable. Seguramente, se estimaron y valoraron las primeras impresiones y, al ser éstas favorables, en principio, se deben de haber cruzado propuestas y opiniones que, al final, llevaron a la conclusión de que podía darse ese paso con perspectivas de éxito suficiente.

Como es lógico, también es posible que Nora de Liechtenstein haya tenido en estas exploraciones un papel importante. Es la tía de Tatiana y bajo su tutela liberal vino la princesa a estudiar en nuestro país.

En todo caso, en ocasión de su boda con el marqués de Mariño, el tema de cómo se estaban cayendo don Felipe y Tatiana tuvo que ser central. A partir de esos días, es que los ciudadanos de este pequeño y agradable país sin gente en la cárcel, han dado por seguro que estos príncipes están destinados el uno al otro.

En esos días nació este sentimiento entre los treinta mil habitantes del Principado. Un bello sentimiento que expresa también el noble deseo de que los dos jóvenes de «cuento de hadas» le hagan a ambos pueblos realidad, al menos, este símbolo encarnado en ambos príncipes, como forma de no perder del todo la esperanza de que un día la vida pueda convertirse para todos en un cuento de hadas.

Pero, con buen criterio, el deseo se mantuvo lejos de las portadas durante algunos años, dando así ocasión a que las personas y sus sentimientos evolucionaran con naturalidad. No sabemos qué ocurrió en los dos años siguientes, pero dada la edad de la princesa Tatiana lo más probable es que sus padres se limitaran a observar su desarrollo sin intervenir para nada en una decisión muy prematura.

El Príncipe de Asturias aparecería en este período unido sentimentalmente a Isabel Sartorius. Algo notable, toda vez que Isabel se había convertido en la hijastra de Nora de Liechtenstein y, en consecuencia, en prima política de la princesa Tatiana.

Este dato avala con suficiencia la presunción de que, en torno a los dos jóvenes, no había sino observación, expectativa, pero un absoluto respeto que no tocaba ni presionaba la educación sentimental de los príncipes.

TATIANA LLEGA A ESPAÑA

Cuando la princesa Tatiana cumple los diecinueve años se traslada a nuestro país. Al principio vive con su tía, Nora, y después termina por alquilar un piso próximo a la glorieta de Rubén Darío, en solitario.

La princesa no se encierra, sino que parece decidida a disfrutar la libertad que actualmente le permite su situación de joven estudiante, sin compromiso. Tiene un coche Audi rojo, matriculado en Liechtenstein, y no olvida dar a sus relaciones humanas una dimensión familiar, personal, de trato amable con el vecindario y con los comerciantes a quienes hace sus compras.

No es éste ningún patrón protocolario de conducta. Con toda seguridad es lo normal y espontáneo en una joven acostumbrada a un trato muy directo con las personas en general, dada la dimensión y las características del pequeño Principado.

Es normal que en estas condiciones el vínculo social sea mucho más familiar, menos mediatizado por el anonimato que impone la gran urbe. Treinta mil habitantes mantienen otro tipo de comunicación, como conoce cualquiera que haya vivido, por poco tiempo que fuera, en una comunidad de estas dimensiones.

Como vimos, la princesa Tatiana y don Felipe no coincidían en Madrid, lo que resultaba oportuno. Con él fuera ella podía libremente conocer, valorar, experimentar, estudiar y hacerse cargo de un país de dimensiones muy distintas, conformado por más de medio centenar de provincias de dimensiones igualmente excesivas para la escala nacional que había configurado su concepto de nación.

El hecho de que don Felipe estuviera estudiando en Washington tenía otra ventaja añadida nada desdeñable, en el caso de que la relación entre ambos jóvenes fructificara. En poco tiempo, una vez terminados sus estudios y culminada con la ceremonia de graduación la etapa americana en mayo de 1995, don Felipe regresaría a España y encontraría a una princesa

Tatiana de veintidós años, hablando castellano fluidamente y con un conocimiento serio de nuestro país.

Dos años dan a un visitante algo más que una impresión turística, sobre todo si el visitante está de verdad interesado en conocer a un país y a sus gentes. Sin duda, no es tiempo suficiente para profundizar ni para hacerse cargo de las diferencias y peculiaridades regionales y locales, pero sí para tener una imagen de conjunto sólida como punto de partida.

Por otra parte, como ya observó el filósofo Bergson, diez minutos en un puente de una ciudad enseñan más sobre esa ciudad que todos los libros del mundo, planos y mapas que puedan añadirse. Nada puede sustituir a la experiencia directa, personal, en materia de conocimiento.

En el verano de 1995, entonces, la situación podía definirse relajadamente, con serenidad y de la mejor manera. Después de los rigurosos estudios y de unas vacaciones bien merecidas para encarar la última fase de su formación, don Felipe podría, como Tatiana, descubrir, finalmente, si la idea de unir sus vidas de por vida, conforme a la fe de ambos, tenía bastante fundamento como para decidirse a dar ese paso.

En principio, no corría prisa alguna; pero, al mismo tiempo, se habían creado las mejores condiciones para que los príncipes tuvieran un mismo interés compartido. De un lado, la princesa Tatiana, con sus dos años de experiencia en España, estaba en condiciones de profundizar en una primera aproximación a escala regional, de empezar a interiorizarse de los problemas. Del otro, el programa que esperaba a don Felipe de Borbón no podía ser más significativo.

Según la revista «Tiempo» del día 3 de abril de 1995, el diseño de este programa fue contemplado hace ya muchos años cuando el mismo Rey don Juan Carlos I, asesorado por primeras figuras de la Casa, elaboró el Plan de Formación del heredero de la Corona.

¿Qué esperaba, en el contexto de este Plan, a don Feilpe a su regreso de Estados Unidos? Prioritariamente, una aproximación a la escala regional y local, de la mano de su padre, el Rey, y una intensa experiencia en materia de relaciones institucionales fundamentales, entre las cuales destaca la que hace referencia al ejército.

No debemos olvidar que el Rey es el Jefe de las Fuerzas Armadas y que, en el buen desempeño de esta función, se funda tanto el prestigio de su reinado como la estabilidad en momentos difíciles, como ejemplarmente ocurrió el 23 de febrero de 1981.

De modo que esta nueva experiencia, tan directa y referida a la función que deben desempeñar las personas reales, era un tema nada desdeñable para estimular un nivel de comunicación profesional entre los dos jóvenes y, por eso mismo, una aproximación importante para valorar —tanto ellos como las respectivas Familias Reales— un aspecto en el cual el entendimiento y los conceptos compartidos resultan vitales para un matrimonio de estas características.

Otro aspecto atañe a la experiencia de don Felipe en materia de representación del Rey o del Estado en ocasión de embajadas o visitas a países extranjeros, sobre todo de América, donde el heredero ha actuado muchas veces en representación de su padre, el Rey.

Don Felipe acaba de adquirir una formación de élite, a nivel del mayor prestigio internacional, con sus cursos de especialización en Relaciones Internacionales. Una formación que completa el acertado generalismo que incluye en su educación superior el Derecho y materias de Ciencias Económicas.

La princesa Tatiana estudia Ciencias Empresariales, materia no sólo de primera magnitud por su demanda intrínseca en la actualidad, sino también fundamental para hacerse cargo de los problemas reales que se plantean a esta escala básica de la vida económica de un país. El complemento de ambas formaciones no puede ser más oportuno tampoco.

Por todo esto, la «bomba» informativa con que el prestigioso «Hola» sacudió España una semana después de iniciarse la primavera, llegó en un momento especialmente delicado que debe haber puesto en vilo a ambas Familias Reales.

Vamos a ver por qué. ¿Cuál es en abril de 1995 el estado de ánimo de don Felipe, que también se desayuna con la noticia en los primeros compases de la primavera, nada más regresar de la boda de su hermana, la infanta doña Elena de Borbón?

Como es lógico, el Príncipe de Asturias tiene que haber sido sorprendido en el momento menos oportuno. De un lado, es un joven responsable, tiene vocación clara y su voluntad es regresar a Madrid, asumir un nuevo período de la vida. Del otro, cabe preguntarse: ¿cómo debe sentirse un joven atractivo, dorado, solicitado por las jóvenes más bellas, viviendo como un estudiante aplicado en Washington, vistiendo informalmente de vaqueros y comiendo una hamburguesa en cualquier esquina, cuando sabe que todo eso se terminará en pocos días y ni siquiera podrá quedarse unos meses de vacaciones para disfrutar un poco más esa libertad?

Allí, don Felipe es menos «especial», está menos «marcado». No sólo porque España queda lejos, sino porque vive en un entorno cultural medio para el cual los reyes son personas que evocan realidades exóticas y distantes.

¿Cómo no disfrutar en esas condiciones? Y, al mismo tiempo, ¿cómo no ver con dolor que, en lugar de disfrutar un par de horas más al día de esa inesperada libertad que no volverá a repetirse, deba quedarse hasta la madrugada estudiando? No son cursos cualesquiera, sino los más exigentes los que ha escogido.

En estos días, mientras culmina sus exámenes, don Felipe de Borbón ¿qué ve a sus veintisiete años? Ve que sus compañeros finalmente se preparan con ansiedad para gozar de esa libertad de postgraduado, mientras él debe regresar a España y olvidar los vaqueros y las hamburguesas anónimas en una esquina, o los paseos en bicicleta en los alrededores del Potomac.

Si alguien piensa que lo tiene fácil es que carece de imaginación y corazón. No lo tiene nada fácil. Para colmo, no vuelve a España con la perspectiva de que le dejen respirar, sino que antes de que regrese, ya le están bombardeando preguntándole —y van un millón, por lo menos— que para cuándo se nos casa.

Pocos días antes, cuando estuvo en Sevilla para la boda de doña Elena y don Jaime, ya tuvo que responder de nuevo: «No empujen ahora. A mi regreso de Washington pueden dirigir la artillería hacia mí». Antes, con buen humor y mejor ánimo ante el asesdio, había dicho que todavía le quedaba una hermana para casar —la infanta doña Cristina— y había vuelto a solicitar una «tregua» de la forma más suave y educada concebible.

Pero es evidente que nadie quiere darle la mínima tregua en esta materia. Salvo la Reina doña Sofía, que declaró con precisa racionalidad que su hijo no tenía por qué decidirse por una futura esposa a toda prisa, una vez acabados sus estudios en Washington. E incluso recordó que el Rey Pablo se había casado a los treinta y seis años.

Al margen de que, al final, don Felipe deba decidirse más temprano que tarde, lo que expresa la Reina doña Sofía, es la misma educada demanda de tregua. No sólo para don Felipe, que llega, sino para la princesa Tatiana de Liechtenstein, que sin ninguna relación sentimental previa se encuentra de pronto en mitad del torbellino. Todavía no ha tenido novio y ya la persiguen con su futuro compromiso y boda con don Felipe.

Por todo esto decimos que la noticia ha llegado en un momento poco oportuno, desde el punto de vista del estado de ánimo presumible en ambos jóvenes. Una muchacha de veintiún años que espera, con ansiedad, el reencuentro con un joven con quien está iniciando una aproximación y una exploración sentimental primera, se encuentra de pronto sacudida y llevada y traída por una fuerza arrolladora que se expresa en persecución y sitio riguroso a su persona. ¿Cómo puede sentirse en estas condiciones la joven princesa?

De golpe, de la noche a la mañana, lo que era privado, lo que se llevaba en la mayor discreción, se vuelve el comentario obligado de medio mundo y en tema marginal del otro medio restante. Y ella no ha cumplido los veintidós años y, como es razonable y sensato pensar, tiene el corazón lleno de sentimientos encontrados, dudas, preguntas.

Deberíamos haberles dado algo más de tiempo. Al menos, este verano. Aunque, a mi juicio, el ideal sería tratar estos temas cuando son de dominio público como efecto de su confirmación por parte de las Casas Reales involucradas.

UNA NOTICIA SORPRENDENTE

Pero vamos a detenernos un momento, con mayor detalle, en la princesa Tatiana de Liechtenstein. En primer lugar, porque es una candidata con grandes bazas para ser la futura reina de España. En segundo lugar, porque desde el punto de vista de la política matrimonial de nuestra Corona sería lamentable que la imprudencia de los medios hubiera echado por tierra muchos años de expectativas, o, al menos, hubiera generado tensión.

Como hemos dicho, los jóvenes príncipes se vieron oficialmente en tres bodas. Cada uno de estos encuentros se saldó con una mayor aproximación. En el primero, con la presentación en sociedad de una Tatiana adolescente que estrenaba los quince años, se puso en marcha un proceso en el cual tuvo que haber por fuerza expectativas de ambas familias reinantes.

En el segundo, ya comentamos la significación de los gestos protocolarios al unirlos oficialmente y al «separarlos» —cada uno por su lado— de cara al fisgoneo de la prensa. En el tercero —la recientísima boda de la primogénita de nuestros reyes—, fue que se disparó la noticia.

El periódico «ABC» se equivocaría al sentar juntos a don Felipe y la princesa Tatiana en la fiesta oficial. En rigor, don Felipe estuvo sentado junto a la madre de la princesa Tatiana, lo que sin duda resulta también muy significativo.

Poco a poco, paso a paso, se proseguía con la labor de aproximación de los jóvenes, bajo la atenta mirada de los padres. Son muchos años, una amistad consolidada y, no cabe duda, de que muchas expectativas en común en un entorno de especial acercamiento entre Liechtenstein y España.

Es entonces que aparece la portada y el amplio reportaje de «Hola», que dispara y proyecta la expectativa de un inminente anuncio de compromiso oficial entre los dos jóvenes. La credibilidad de «Hola» en esta materia brinda a la noticia un aura de hecho consumado que únicamente demanda la confirmación oficial de la Casa Real.

Pero, en este momento, los reyes de España se encuentran de visita oficial en China; una visita, además, de especial importancia política para ambos países, ya que don Juan Carlos I era el primer mandatario que visitaba China después de los sangrientos sucesos de Tiananmen y de la posterior represión. El Príncipe de Asturias, don Felipe, se encontraba de regreso en Washington, hundido en el estudio intenso que exigen las vísperas de exámenes finales en un centro de estudios como el de Georgetown.

¿Qué ocurre entonces? La Casa de Liechtenstein, bombardeada por los informadores para que comente la noticia de «Hola», hace un primer comunicado a través de la Oficina. Es un comunicado muy significativo, por varias razones, de las cuales alcanza con mencionar dos: es un comunicado genérico de la Oficina de la Casa de Liechtenstein, sin el respaldo protocolario de los Príncipes reinantes, y en la medida en la cual es una «respuesta» extraoficial a cargo de los funcionarios, no compromete nada.

¿Qué dice este primer comunicado? Nada menos que: «Es un asunto tan importante que sería absolutamente irresponsable hacer comentarios o especulación alguna», y aun añade: «La Familia de la Princesa Tatiana es tan discreta y lleva sus asuntos privados tan en la intimidad, que no han dejado traslucir nada en tal sentido».

Es obvio que de no existir expectativas de compromiso la primera respuesta habría consistido en negar que hubiese tal posibilidad. Es impensable que las Reales Familias ignoren si los príncipes les van a despertar una mañana anunciándoles que han decidido contraer enlace como efecto de un «flechazo repentino».

¿Cómo es posible que la Oficina de la Casa de Liechtenstein no supiera nada o no pudiera decir nada sobre un tema sobre el cual ya había hecho declaraciones el Jefe del Gobierno del Principado? Porque fue éste jefe de gobierno, Markus Buechel, quien en 1993 dijo a la prensa —sin que nadie desmintiera nada— que tal vez ese mismo año se anunciara oficialmente el compromiso de los príncipes, o al menos se anunciara oficialmente la existencia de una «relación especial» entre ellos.

Esto ya hubiese sido notable, toda vez que sería la primera vez que las tradiciones monárquicas recogerían el anuncio de un «noviazgo». Pero, en este caso, lo que más importa es que demuestra que existía desde hace años la firme determinación de ambas familias de que don Felipe y la princesa Tatiana unieran sus vidas más temprano que tarde.

Los reyes de España, como dijimos, fueron sorprendidos por la inevitable pregunta cuando estaban de visita oficial en China. Naturalmente, el «Hola» estaba en el centro de las preocupaciones reales, como veremos enseguida al analizar la primera reacción de la Casa del Rey.

Asunción Valdés, jefa de Comunicación de la Casa del Rey, fue sorprendida con la fotocopia del artículo de «Hola» en la mano y sus declaraciones son altamente reveladoras de lo que decimos.

«No sé nada, no es objeto de la visita a China», declaró a las preguntas de los informadores. Añadió más: «Cuando haya algo oficial la Casa del Rey lo confirmará».

Como es obvio, si no hubiesen existido serías expectativas no se dirían estas cosas. Muy avanzado debía estar el proceso puesto en marcha hace años para que las dos Casas reinantes tuvieran la misma reacción típica de quienes han sido sorprendidos *in fraganti,* precisamente cuando todo estaba preparado para dar el último paso.

No se «confirma» un inminente compromiso entre dos herederos reales si dicho compromiso no es parte de una operación que tiene el visto bueno de ambas Familias Reales. Si no hay una operación de este tipo, el jefe de gobierno de Liechtenstein no hace las declaraciones de 1993 —y si las hace hubiera sido desmentido y despedido del cargo por propagar rumores sin fundamento—, ni las Familias Reales tienen esta reacción.

¿Qué dice el Príncipe de Asturias, don Felipe de Borbón y Grecia? «No comment». Nada tiene que decir al respecto. Con noble seriedad el heredero pone el balón en el tejado de las Familias Reales.

No pasan demasiadas horas antes de que el Príncipe Hans Adam II de Liechtenstein firme un enérgico comunicado oficial de desmentido, que parece incluso redactado en términos definitivos, ya que se ruega una rectificación inmediata de una noticia calificada de «sin fundamento».

No deja de ser asombroso que Hans Adam II se exprese en tales términos después que, en 1993, no se molestara siquiera con su jefe de gobierno, el señor Markus Buechel. Pero, sobre todo, asombra que, a continuación, de su desmentido oficial llegue unos días más tarde el desmentido oficial de la Casa Real española.

Este desmentido sí empieza a ser un síntoma muy claro de que se produjo un daño profundo en la operación «Casar al Príncipe», por alguna razón. De alguna forma, como vimos, el desmentido es tópico de la primera reacción de las Casas Reales. Siempre existe un desmentido oficial hasta el momento en que se produce la confirmación oficial del compromiso.

Asunción Valdes —en el curso de la visita a China— aun añadió otra respuesta significativa, al declarar: «Sus Majestades están acostumbradas a este tipo de informaciones». Realmente, decir que Sus Majestades están habituadas a que la prensa anuncie en portada el próximo compromiso del heredero de la Corona, no es una manera muy feliz de responder cuál ha sido la reacción de los reyes a la noticia.

Es obvio que nadie sabía todavía a qué atenerse. Pero en la víspera de esta charla de Asunción Valdes con los informadores, tuvo lugar una recepción oficial en la Embajada española en Pekín, que fue presidida por los Reyes de España.

Entonces ya los monarcas estaban informados de cuanto ocurría, como muestra el hecho, también significativo, de que Su Majestad, la Reina Sofía, pidiera a los periodistas que dejaran respirar al Príncipe de Asturias, porque era muy joven, y que se tuviera consideración con las personas reales.

A la luz de estos hechos, todo parece indicar que se creó alguna tensión inesperada. Es posible que esta tensión tuviera su origen en las dudas de los jóvenes —o de alguno de ellos— y en el hecho de que la publicidad dada a la noticia antes de tiempo hubiera creado algún malentendido. Sea porque uno de los jóvenes, en el clima de inesperada urgencia, dudara en «confirmar» su «sí» a la operación matrimonial, o porque pidiera algún tiempo antes de dar ese «sí».

Si las dudas eran las de don Felipe de Borbón, entonces es posible que el enérgico comunicado de Hans Adam II desde Vaduz no expresaran tanto el «tópico» desmentido que unos días más tarde es, a su vez, «desmentido por el anuncio oficial», como una sincera irritación. No deja de ser humano que los padres sientan como una afrenta que alguien dude de que su hija es digna del «sí» más fervoroso desde el primer encuentro.

Esta hipótesis explicaría también de una forma sencilla y racional la publicación, más tarde, de un desmentido de la Casa del Rey que sirviera de aval incuestionable al desmentido de Vaduz.

De esta manera, se tomaba la decisión más sensata y prudente a la hora de salir al paso de una situación embarazosa. Por un lado, al ser el «desmentido» tan tópico de la política informativa de las Casas Reales en relación a los compromisos y bodas de la realeza, no suponía la renuncia a la operación matrimonial.

Nada impedía, dos semanas o dos meses o un año más tarde, anunciar oficialmente el compromiso entre don Felipe y doña Tatiana, en el caso de que la operación prosperara y todo estuviera en orden en el corazón de los jóvenes.

Por otro lado, con este desmentido, la Casa Real española tenía un gesto con la de Liechtenstein. Gesto ineludible, toda vez que la figura más dañada por la inoportuna indiscreción era la de la princesa Tatiana, que además estaba estudiando en nuestro país.

Hay otro detalle significativo en las reacciones de las Familas Reales y de las personas reales en esos días. De un lado, se dijo que la «noticia» había partido de una persona vinculada a la Familia Real. Del otro, el mismo Rey don Juan Carlos I declaró a la prensa, explícitamente, que su hijo, el Príncipe de Asturias, le había pedido en más de una ocasión que no le buscase novia.

¿Qué quiere decir que el Príncipe de Asturias le pida a su padre, el Rey, que no le busque novia? Sin duda, estas palabras del Rey tienen un enorme valor a la hora de estimar el carácter y la personalidad de don Felipe de Borbón y Grecia.

De alguna manera, además, estas palabras pueden expresar el malestar del Príncipe de Asturias ante las presiones para que se decida a casarse pronto.

No olvidemos que, en los meses anteriores a la boda de doña Elena y don Jaime, hoy duques de Lugo, varias personas vinculadas a la Real Familia declararon que don Felipe se casaría con una princesa que reunía todos los requisitos personales y genealógicos, que «sería del agrado de todos».

Es posible que esas declaraciones fueran la «punta del iceberg», el extremo mínimo visible, de las presiones realizadas sobre don Felipe de Borbón para que éste consintiera en una boda conforme a la más exigente tradición monárquica española, ya que la Pragmática Sanción de Carlos III no ha sido quebrada como tradición monárquica desde los años de los Reyes Católicos.

Es, también, posible que estas presiones sobre el heredero fueran menos prudentes de lo aconsejable, por la situación creada en ocasión de la boda de doña Elena con don Jaime Marichalar.

Como comenté abundantemente en mi libro sobre esta última boda real española, «Elena, crónica de un noviazgo real» ésta creó un antecedente notablemente peligroso para la imagen de la Corona de España. ¿Por qué? Pues porque al no forzar la renuncia de doña Elena al derecho sucesorio del trono, se dejó de lado «de facto» la Pragmática Sanción.

Ahora bien, como entonces dije, esta quiebra de facto de una norma que, además, supone una tradición que se remonta al nacimiento de España como nación de naciones, se hizo más clamorosa porque, unos meses antes, un matrimonio morganático supuso la renuncia de una Borbón-Dos Sicilias a sus derechos sucesorios, doña Cristina, primogénita del infante don Carlos.

Desde el punto de vista de las prerrogativas reales, la situación puede salvarse en la medida en la cual se trata de una «renuncia» voluntaria que no compromete la imagen del Rey. Porque es obvio que no proyecta una imagen de ecuanimidad un monarca que desconoce un derecho de sangre real en virtud de una norma que a ello obliga y, acto seguido, olvida la norma ante la boda también desigual de su primogénita, que además está situada a continuación de su primogénito y heredero.

No obstante, como dijimos, este intento de «saltarse» de hecho la Pragmática remitiéndose a la Constitución española, pero sin derogarla explícitamente y sustituir por una nueva norma, iba a crear una situación propicia a nuevos conflictos. Si como todo hace sospechar, las «dudas», la solicitud de «tiempo», o el «no» definitivo, han partido de don Felipe de Borbón, es muy claro que la situación puede volverse muy delicada y crítica, ya que es únicamente en las manos del Príncipe de Asturias que se encuentra la llave de su matrimonio.

ALGUNOS ESCENARIOS INQUIETANTES

Supongamos —y es bastante posible que mucho haya de esto en el fondo de todos estos desmentidos y contradicciones reseñadas— que don Felipe no quiere casarse con la princesa Tatiana de Liechtenstein.

Uno de sus argumentos fundamentales es la decisión expresada desde hace años por los mismos monarcas en el sentido de que deseaban que sus hijos se casaran con quien consideraran más oportuno. También el hecho de que los Reyes se refirieran y remitieran al respecto a la Constitución española de 1978.

Sin embargo, no iban por el mismo camino las declaraciones públicas del Conde de Barcelona, don Juan de Borbón, cuando declaró en su día que don Felipe podía escoger entre más de veinticinco princesas reales, mientras don Juan Carlos había tenido que escoger entre una docena y él apenas entre media docena de candidatas.

La posición de don Juan, como de doña María de las Mercedes, es evidentemente favorable a que se respete la Pragmática Sanción. don Juan ni siquiera contempla ninguna otra posibilidad, sino que da este presupuesto como seguro. A su juicio, el heredero no tenía más opción que esas candidatas, algo que contradecía explícitamente las declaraciones de los mismos Reyes sobre su política matrimonial.

En este marco, días antes de los desmentidos, al calor del encuentro de don Felipe con la princesa Tatiana en Sevilla para la trascendental boda real de doña Elena, también hubo declaraciones de que el «Príncipe se casaría con una persona que sería del agrado de todos», lo que sólo puede interpretarse como el inminente anuncio oficial de un compromiso con una princesa real conforme a la exigencia de la Pragmática Sanción.

De otro modo, el anuncio, como es obvio, no podía ser «del agrado de todos». Más aún, es evidente que no sería ni mucho menos del «agrado» de buena parte de la opinión pública monárquica y de parte de la misma Familia Real, aunque nada trascendiera al respecto.

Es en este contexto que don Felipe de Borbón se sienta junto a María Kinski, madre de la princesa Tatiana y soberana del Principado de Liechtenstein. Naturalmente, este tipo de aproximaciones no tendrían lugar sin don Felipe no hubiese consentido, ya hace años, en conceder que la princesa Tatiana podía convertirse un día en su prometida y más tarde en su esposa.

Pero que don Felipe haya concedido, como Tatiana misma, a conocerse y auscultar su corazón en relación a una «boda real del agrado de todos», no significa que ni él ni la princesa se comprometieran a un «sí» definitivo que diera paso al matrimonio.

De ahí el esmero, el cuidado y el respeto con que ambas familias siguieron el proceso de creciente conocimiento y acercamiento entre ambos, sin intervenir ni presionar para acelerar los acontecimientos. Había confianza en que ambos jóvenes convertirían en «boda del corazón» lo que también sería una magnífica boda «de Estado».

Pero ¿qué ocurriría sin don Felipe de Borbón, por ejemplo, decide que no desea casarse con la princesa Tatiana ni con ninguna otra princesa real de casa reinante? El problema sería, como no escapará al lector, más que delicado.

Según la Constitución española de 1978, el único obstáculo para que don Felipe se case con una persona sería la negativa del Rey o del Gobierno. Como es lógico, en semejante materia no es esperable que el Gobierno se niegue a una boda del heredero, salvo como fórmula de respaldar protocolariamente la decisión del Rey en ese sentido.

Pero ¿puede el Rey don Juan Carlos I negarse a dar a su hijo autorización para casarse con quien le venga en gana? Pues, no parece viable, al menos sin un gravísimo quebranto de imagen. ¿Sobre qué bases? ¿No ha declarado el mismo Rey que, en esta materia, se ciñe a la Constitución y que sus hijos se casarían con las personas que escogieran?

Naturalmente, desde el punto de vista estrictamente jurídico el Rey puede hacer lo que quiera en esta materia y no tomar en consideración nada de lo que ha dicho o hecho. Pero está claro que no puede hacerlo sin proyectar una imagen muy negativa de arbitrariedad.

¿Por qué razones iba a negarle a don Felipe de Borbón y Grecia, primero en el derecho sucesorio y heredero legítimo al trono, lo que sí concedió en principio a su primogénita la infanta doña Elena, que no fue separada de su aspiración al figurar como segunda en la lista de aspirantes al trono?

Tampoco parece viable que el Rey, una vez «desheredado» el Príncipe de Asturias, asumiera como heredero a doña Elena y don Jaime. Al fin y al cabo, tendría que forzar la renuncia de estos para evitar la imagen de un monarca que ignora la norma y sólo actúa de acuerdo a sus estados de ánimos puntuales.

Como comprenderá el lector, si algo no puede hacerse ahora esto es imponerle a don Felipe la Pragmática Sanción contra su voluntad y a esta altura del proceso.

Además, ninguna decisión en este sentido podría ser entendida por la sensibilidad social y cultural de España a finales del segundo milenio. Una cosa es que la Pragmática Sanción esté en vigor y deba, por lo tanto, cumplirse y respetarse. Otra muy distinta es que pueda arrumbarse tradición y norma en un rincón y echar mano de ellas cuando nos viene en gana.

De ahí, amable lector, nuestro desvelo y preocupación, tantas veces expresada como protesta monárquica, como advertencia experta de quien conoce la historia de España, en defensa de la Pragmática Sanción y de su cumplimiento como norma que no surge de la simple voluntad de un Rey, sino de la totalidad de nuestra tradición monárquica.

Por eso, dijimos, en múltiples ocasiones —y lo repetimos en nuestros artículos, notas o intervenciones por radio y televisión— que no era correcta la política que se había tomado en relación a la Pragmática. Si no se le pensaba cumplimentar, lo suyo era hacerlo de derecho, con toda solemnidad, remitiendo la norma al carácter de «tradición respetable y deseable». Pero había que evitar estos vapuleos a la tradición y a la imagen de la Corona.

Basta imaginar que don Felipe de Borbón pueda ser apartado del trono por expresar su voluntad de casarse ignorando la Pragmática Sanción, para ver el enorme escándalo que implicaría la situación. Escándalo amplificado y multiplicado por el hecho de que don Felipe es el único varón y porque su carisma ya le ha convertido en el rey que los españoles esperan y quieren para suceder a su padre, don Juan Carlos de Borbón, cuando éste decida dar paso a su heredero.

Actualmente, sin embargo, todo depende del buen tino del Príncipe de Asturias. Nadie —a la luz de estos antecedentes puede oponerse a su decisión. No porque no pueda, sino porque es evidente que quienes deben dar su autorización a la boda del Príncipe, ya han declarado que no se opondrían a su decisión ni le impondrían una boda de «estado».

En esta situación, el árbitro supremo que debe decidir con quién se casa finalmente, es don Felipe de Borbón y Grecia. Y esta situación vuelve a ser notablemente original en la historia de la monarquía española: por primera vez un heredero de la Corona tiene en sus manos la libertad de cumplimentar o quebrar una norma que recoge una tradición hasta ahora intacta. Si la elección de don Felipe es una reverencia a la Pragmática y a la tradición —así como a la voluntad de la Real Familia— la crisis habrá pasado. Pero si el Príncipe de Asturias decide otra cosa, la crisis estará servida. Porque o bien el Rey debe quedar en evidencia, o bien habrá que asumir todos los inconvenientes que se derivan de no haber fijado algo tan fundamental para la Corona como la política matrimonial de los herederos, y esto a pesar de existir la tradición y la norma en vigor que, precisamente, tenían la función de fijar una política y evitar los vaivenes erráticos y peligrosos que estamos viviendo.

Hay, en cualquier caso, un excelente barómetro que servirá de indicador fiable de qué es lo que ocurrió y qué es lo que ocurrirá. Si el Príncipe de Asturias tiene la voluntad de cumplimentar el requisito previsto en la Pragmática, el anuncio de su compromiso no puede tardar mucho. Si nuestra hipótesis menos agradable, en cambio, refleja el conflicto real que hemos reseñado, entonces este anuncio no se producirá y se dejará que el tiempo eche tierra sobre todo este asunto.

De forma que, en los próximos meses, deberá también resolverse el enigma en uno u otro sentido.

III. VICTORIA DE BORBON: UN *SECRETO* TOTAL

La menor de don Carlos María de Borbón-Dos Sicilias, primo hermano del Rey e Infante de España, sería la candidata ideal para todos los monárquicos españoles.

Una de las más dignas bodas que ha celebrado la Familia Real española, aunque fuera una excepción el que tuviera lugar fuera de nuestras fronteras, fue la boda de don Juan de Borbón, el Rey que no pudo llegar a reinar, y doña María de las Mercedes la Reina que no pudo llegar a reinar, padres del Rey Juan Carlos I.

Pues bien, la posibilidad de una boda entre el Príncipe Felipe y su prima segunda doña Victoria de Borbón-Dos Sicilias, sería desde el punto de vista genealógico un enlace a la misma altura que lo fue el de sus abuelos.

Desde el punto de vista de la preparación psicológica que se exige para ser reina, lo que en estos tiempos se denomina tanto por los monárquicos como por los medios de comunicación como «profesional», no podemos olvidar que Victoria de Borbón, hija de un Infante de España y de una princesa de Francia, es a su vez la hija de quien ocupa el quinto puesto dinástico en el orden de la sucesión a la Corona de España. Su preparación es perfecta.

Atractiva, dulce, con un porte señorial, joven repleta de encantos y por encima de todo con una elegancia natural máxima, Victoria de Borbón Dos Sicilias sería la cantidata ideal para todos los monárquicos españoles.

La noche del verano tiene especial encanto para el espíritu juvenil. Vamos a trasladarnos con la imaginación a una noche alta, cálida, con estrellas que despiden sutiles destellos blancos, azulados, rojizos algunas veces. Podemos detenernos, un instante, dado que somos «viajeros invisibles», junto a una joven que, durante un momento apenas, se ha asomado para contemplar la majestad serena del cielo negro y tachonado de diamantes.

Estamos en una finca, propiedad de los marqueses de Corvera, llamda «El Castañar». Es una noche magnífica de mediados de julio de 1994 y el palacete centenario de estilo versallesco domina el panorama como un barco de luz en mitad del océano de la noche.

Entre las elegantes figuras que distinguimos hay muchas personas pertenecientes a la aristocracia más alta de Europa. Se nota una presencia significativa de sangre noble italiana, tan ligada a la nuestra. Y tampoco tenemos que realizar ningún esfuerzo especial para identificar al príncipe Pedro, duque de Noto e hijo de don Carlos María de Borbón-Dos Sicilias y Borbón Parma, primo hermano del Rey don Juan Carlos I, e Infante de España por distinción de éste.

Próximas al duque de Noto reconocemos a tres princesas reales: María, Inés y Cristina. Son hermanas del duque de Noto. Cristina, la mayor, nació en 1966. Se casaría poco después de esta fiesta de «El Castañar» con Pedro López-Quesada y celebraría su boda en la finca «La Toledana» de Ciudad Real.

La princesa María Paloma nació en 1967. Es apenas mayor que nuestro heredero. Su hermano, el duque de Noto, tiene la misma edad que don Felipe de Borbón, ya que nació en 1968. La princesa Inés viene a continuación, con veinticuatro años: nació en 1971.

Sin embargo, no hemos reparado en otra joven princesa, Victoria de Borbón, que en ese momento, junto a su padre, está recibiendo a los cuatrocientos distinguidos invitados a la fiesta. Es aún más joven, casi una adolescente, porque acaba de cumplir los dieciocho años.

La fiesta a la que estamos asistiendo no es otra que la que celebra la puesta de largo, la primera gala, de esta joven princesa nacida en 1976 y última hija de los cinco que han agraciado el matrimonio entre don Carlos María de Borbón-Dos Sicilias, duque de Calabria y jefe de la Familia Borbón-Dos Sicilias, y la Princesa Ana de Francia, hija de los Condes de París.

Detengámonos ahora un momento en don Carlos María de Borbón-Dos Sicilias y Borbón Parma, que aparece radiante junto a su bella, dichosa y jovencísima hija Victoria de Borbón, nuestra joven de esta noche de verano.

Don Carlos María es, como dijimos, primo hermano del Rey de España, don Juan Carlos I. Nació en Lausanne, Suiza, lugar de encuentro y de larga memoria monárquica, refugio de la Corona en el exilio cuando Europa decidió despedazarse en una guera terrible.

Este hombre no es un príncipe cualquiera, si es que se puede decir de un príncipe que sea algo corriente. En todo caso, sin malicia, queremos decir que este príncipe de España se distingue especialmente «inter pares» por ser quinto en el orden sucesorio de la Corona y del Trono de España.

En 1964, don Juan de Borbón y Borbón le concedió el Toisón de Oro, distinción y seña de identidad de la realeza española. Ese mismo año murió su padre y don Carlos María se convirtió en duque de Calabria y Jefe de su Familia. Un año más tarde contraía matrimonio impecable con la princesa Ana de Francia.

Don Carlos estudió bachillerato en el Instituto de San Isidro en Madrid, el mismo centro en el que estudió el Rey don Juan Carlos, y que en 1995 celebró los 150 años de existencia como lugar de enseñanza. Más tarde cursó estudios universitarios y se licenciaría en Derecho. Hombre culto y también ambicioso intelectualmente, amplió sus estudios al finalizar la carrera y se trasladó a Estados Unidos para especializarse en estudios financieros.

Durante dos años estuvo ligado al Chase Manhattan Bank de Nueva York. También, más tarde, con la Banca Popular Peruana y en el Banco Nacional de México. Su vinculación al mundo de las finanzas no se interrumpió con su regreso a España.

En este período creó diversas empresas, entre ellas el Consorcio Hispano-Arábigo y la Central Financiera de Expansión. También ha sido asesor de muchas empresas. Es, como vemos, un experto de prolongada experiencia en este mundo financiero.

No obstante, don Carlos de Borbón-Dos Sicilias tiene una actividad que excede en mucho este ámbito empresarial. Es un hombre de sensibilidad y compromiso ambiental y se ocupa en aunar esfuerzos contra el deterioro a través de la presidencia de la Asociación para la Defensa de la Naturaleza (ADENA).

Aparte del Toisón de Oro, máxima distinción de la Casa Real española, que don Juan de Borbón le concediera en 1964, como hemos referido más arriba, don Carlos es Comendador de la Orden de Alcántara y miembro de la Orden Militar de Calatrava.

En diciembre del pasado año, el Rey don Juan Carlos I le otorgó la alta dignidad de Infante de España, con los honores y tratamientos anejos a esta dignidad. En esta ocasión, Su Majestad don Juan Carlos I destacó como motivación «las circunstancias excepcionales que concurren en don Carlos de Borbón Dos Sicilias, como representante de una línea dinástica vinculada históricamente a la Corona de España».

Como habrá advertido el lector, esta dignidad convierte a don Carlos de Borbón en el primer varón que ostenta el título real de Infante después del Príncipe de Asturias, don Felipe de Borbón y Grecia. Porque la dignidad de «Infante» está ligada específicamente a la Familia Real en las personas de los hijos del Rey y del Príncipe de Asturias.

Sólo estos son infantes que reciben en la cuna misma la dignidad entre los miembros de la Real Familia. No obstante, como ha ocurrido en este caso, el Rey puede conceder la dignidad de Infante a personas de la Familia Real que estime dignas de tal honor.

Don Carlos es hijo del infante don Alfonso de Borbón-Dos Sicilias, hermano de doña María de las Mercedes de Borbón y de Orleáns, madre de nuestro Rey.

En esta noche que estamos recreando este caballero celebra, como vimos, la gala inaugural de su hija más pequeña, Victoria. Es en rigor la noche de ensueños de esta joven que había cumplido los dieciocho años justamente dos meses antes: el 24 de mayo de 1994.

En la finca de los duques de Corbera, padrimos de pila de Victoria de Borbón, siguen llegando los invitados. Podemos ver a los duques de Huéscar, a María Zurita de Borbón, hija de los duques de Soria, a Luis Alfonso de Borbón, hijo del duque de Cádiz. También, como hemos dicho, hay muchas personas de la nobleza italiana.

Naturalmente, nuestra atención se dirige a la persona de la jovencísima anfitriona que celebra su puesta de largo. Es una joven delgada y elegante, de una belleza delicada y serena. Da la impresión de tener un natural dulce y amable y de ser propensa a la alegría.

En su esbelto cuello juvenil luce en esta noche de julio una bellísma gargantilla de oro y marfil que evoca las imágenes principescas del poeta Rubén Darío. Nada más adecuado a esta evocación que una fiesta de gala con estos cuatrocientos invitados en este espacio versallesco y en una noche de verano.

Sin embargo, nuestra jovencísima Victoria no es, por fortuna, ni mucho menos, la «marquesa Eulalia». Más bien nos recuerda a la infanta real de la Sonatina, que espera a su caballero, a su príncipe azul: «en el cinto la espada y en la mano el azor».

Esa gargantilla que ha tocado apenas con sus dedos en un gesto de discreción, es un regalo que le hicieron el día de su bautizo sus padres y sus padrinos. Por lo tanto, como toda joya que se precie por encima de cualquier mercado, tiene el hondo valor de haberle acompañado a lo largo de todos sus años, que si no son muchos hoy para recordar, al menos hacemos votos para que sean muchísimos los que le esperan para disfrutar.

¿Podría ser esta joven la infanta real ideal para casarse con el heredero? No cabe ninguna duda. Examinando las dos docenas de princesas europeas que podrían desposar al heredero yo me atrevería a decir que es, con toda probabilidad, la candidata ideal.

No necesitamos extendernos demasiado para documentar algo que resulta evidente para cualquiera. Desde el punto de vista de la genealogía la unión sería un enlace a la misma altura dinástica que el que en su día contrajeron en Roma don Juan de Borbón y Borbón y doña María de las Mercedes de Borbón y de Orleáns.

Desde el punto de vista de la preparación psicológica, no podemos olvidar que ésta se encuentra directamente ligada al hecho de que se trate de una princesa real cuyo padre es el quinto en el orden dinástico de la Corona de España.

Esta joven que vemos en su puesta de largo tiene detrás generaciones de sangre real. Basta remitirnos a los ascendientes más inmediatos. Sus abuelos paternos son Su Alteza Real don Alfonso de Borbón Dos Sicilias, Conde de Caserta y Jefe de la Casa Real de las Dos Sicilias, Infante de España como su padre, casado con doña Alicia de Borbón, Princesa de Borbón de Parma, Infanta de España.

Los abuelos maternos de la joven son Su Alteza Real Monseñor Enrique VI, Conde de París, y Su Alteza Real Mademoiselle Isabel de Orleans-Braganza, Princesa de Orleans y de la Sangre Real de Francia.

VENTAJAS Y DESVENTAJAS

Naturalmente, puede objetarse que nuestra princesa Victoria es aún demasiado joven. No ha cumplido los veinte años, se encuentra por lo tanto abocada a la fase final de su formación y tal vez la edad ideal para que contrajera matrimonio todavía tuviera que esperar unos tres años.

Por supuesto, nada impide que se casara antes, pero veinte años constituyen una edad excesivamente precoz para que la joven pudiera hacerse cargo del cambio que supondría, a dos años de su puesta de largo, convertirse en Princesa de Asturias.

Con todo, Victoria de Borbón Dos Sicilias podría ser finalmente la futura reina de España, sobre todo en la hipótesis de un escenario que nadie puede descartar aunque nadie desee: el de una prolongación de la soltería del heredero del Trono durante un tiempo mayor.

Harían buena pareja. Ella tiene, como dijimos, una belleza delicada, algo frágil pero llena de gracia y encanto. Su rostro tiene rasgos nobles, es atractivo y expresivo. De más está decir que no tiene que adaptarse a una realidad desconocida y que no hay ningún tipo de desencuentro cultural.

Hay otro aspecto que interesa destacar al examinar las posibilidades de que esta princesa pudiera convertirse en la esposa del heredero de la Corona.

Nos referimos a un hecho que mencionamos al pasar al inicio de este capítulo cuando presentábamos el ambiente y el marco festivo de la puesta de largo de la joven Victoria. Poco después, se celebraría en «La Toledana», finca situada en Ciudad Real, la fiesta por la boda de doña Cristina de Borbón Dos Sicilias y don Pedro López Quesada.

Estamos, amable lector, en el verano del pasado año de 1994. ¿Qué ocurrió entonces? Pues ocurrió que doña Cristina de Borbón Dos Sicilias tuvo que renunciar a sus derechos sucesorios en el orden dinástico de la Corona de España, orden en el cual la joven princesa, hermana mayor de la princesa Victoria, figuraba en sexto lugar.

¿Por qué renunció la princesa Cristina de Borbón? Porque contraía matrimonio morganático, algo que le marginaba de esta aspiración sucesoria conforme a la Pragmática Sanción de Carlos III.

Como recordará el lector no hubo ningún escándalo especial por el hecho de que doña Cristina decidiera casarse con don Pedro y tampoco recuerdo que nadie reclamara entonces, en nombre de los nuevos valores democráticos y demás argumentos al uso, que la joven princesa no fuese marginada del orden sucesorio.

Todo, por lo tanto, parecía en orden en el verano de 1994. Después que el «tiempo de reflexión» que se tomaron don Felipe de Borbón e Isabel Sartorius desembocó, al menos públicamente, en el final de la relación, la referida incidencia protocolaria derivada de la boda morganática de la princesa Cristina parecía indicar que las aguas volvían a su cauce natural.

Sin embargo, los hechos se encargarían de desmentir abrumadoramente nuestras esperanzas. No pasarían más que unos pocos meses antes de que se produjera la boda de la infanta doña Elena de Borbón y Grecia con don Jaime Marichalar. Boda tan morganática, tan desigual desde la perspectiva de la tradición y la Pragmática Sanción, como la de la princesa Cristina de Borbón-Dos Sicilias.

Pero hete aquí que, en esta sonada ocasión, no sólo no hay ninguna renuncia sino que hay por añadidura el ducado de Lugo... Reflexionemos mínimamente, con serenidad, como debemos reflexionar los monárquicos.

¿Qué ha cambiado en relación a la política matrimonial del Trono de España? ¿Cuál es la novedad que supone en esta materia el reinado de don Juan Carlos I? El hecho diferencial es evidente: mientras todos los reyes de España, desde los Reyes Católicos hasta el mismo Rey don Juan Carlos I hicieron depender el orden dinástico de una tradición y una norma de riguroso cumplimiento, con don Juan Carlos I asistimos a un reinado en el cual es el Rey personalmente, ante sí mismo, quien decide puntualmente el orden dinástico.

¿Es o no es así? Y si es así ¿es saludable y conveniente para la Corona insistir y sostener esta situación irritante no sólo ya para la opinión pública monárquica española, sino incluso y por fuerza y necesidad de la misma Familia Real y de la aristocracia?

Si doña Cristina de Borbón no hubiese tenido que renunciar, si doña Simoneta Gómez Acebo hubiese recibido con motivo de su boda algún título o dignidad, entonces la boda real sin renuncia al Trono de doña Elena de Borbón hubiese provocado únicamente la contrariedad de un sentimiento monárquico que ve cómo desaparece una seña de identidad única de su Corona; pero, al menos, habría podido el espíritu monárquico contrariado estimar la coherencia de la política de la

Casa Real en esta materia fundamental (no nos cansaremos de repetirlo, a pesar de que el mínimo conocimiento de historia basta para ver lo que rompe los ojos).

Pero no hubo tampoco posibilidad de criticar la nueva política matrimonial, de debatir entre todos, de aplaudir o de desmarcarse de la nueva filosofía en la materia. Ni siquiera hubo ese mínimo de coherencia que permite predecir los acontecimientos futuros.

Como es obvio, la decisión de la Corona no puede dejar de poner en evidencia de que lo decisivo en materia de derecho sucesorio es su personal voluntad y opinión respecto de cada caso puntual. Lo que decide si se debe o no renunciar ¿qué es? Sólo la voluntad y el juicio del monarca.

La fórmula permitiría, en el límite, desheredar al Príncipe de Asturias si contrae matrimonio contra la voluntad de su padre —así sea con princesa de sangre real impecable desde el punto de vista de la Pragmática Sanción— y, en cambio, reinar a doña Elena y a don Jaime como rey consorte, o bien a doña Cristina, o bien el que figure en el décimoctavo lugar.

Porque entendámosnos bien —e ignoro si a los asesores jurídicos de Su Majestad tal extremo se les ha pasado por alto—, si nos remitimos a la Constitución de 1978, es sólo la autorización del Rey y de Las Cortes lo que habilita a los herederos para casarse. Y que no se diga que no haría el Rey una arbitrariedad semejante, porque es obvio que el futuro de una institución que resulta básica para el destino histórico de un colectivo nacional —España— las garantías del derecho no pueden quedar nunca libradas a las veleidades de los hombres y demandan la formalidad escrita del contrato.

Si no se enteran los asesores, es bueno que alguien recuerde que eso y no otra cosa es la Pragmática Sanción de Carlos III. Implica, significa, contiene, nada menos que las garantías del contrato que obliga a los reyes y a sus súbditos a no actuar conforme les plazca y se les ocurra en cada momento, sino conforme a esa voluntad expresada y fijada solemnemente. Algo que exige que se le dé el trato solemne que merece, también si se ha decidido que ya no es una herramienta adecuada para establecer una política en la materia.

COLMO DE DESPROPOSITOS

El colmo de tanto despropósito en esta materia llega cuando todo se remite a la Constitución de 1978. Tal como reza el texto constitucional, incluso cabría preguntarse si una interpretación rigurosamente literal no podría poner en duda el derecho del Rey a autorizar o no autorizar la boda del heredero en solitario. Si interpretamos el texto en el sentido de que es necesario el acuerdo entre el Rey y Las Cortes, en un escenario desfavorable podríamos acabar como el «rosario de la aurora».

Porque, vamos a ver: ¿basta el sí o el no del Rey o de Las Cortes? ¿Es necesario el sí o el no de ambas voluntades? ¿Qué ocurre en el caso de que el Rey quiera algo y Las Cortes quieran lo contrario?

En este marco, en este escenario, ¿cómo no estar inquietos por la decisión que finalmente tome el Príncipe de Asturias, don Felipe de Borbón y Grecia? Como no escapará al lector, la situación le ha convertido *de facto* en el árbitro de sí mismo.

Después de darle el «no» a la princesa Cristina y el «sí» a doña Elena, después de haberle dado el «no» a Simoneta Gómez Acebo y el ducado de Lugo a don Jaime Marichalar, ¿puede darle ahora Su Majestad el «no» a don Felipe de Borbón si decide que quiere casarse con quien le venga en gana?

Escoger una princesa de sangre real sería la forma ideal de «desfacer este entuerto». Precisamente, porque tiene la llave de la situación, don Felipe de Borbón y Grecia, nuestro Príncipe de Asturias, nuestro futuro Rey Felipe VI, debe asumir que a él le toca retornar las cosas a su lugar natural. Aunque sólo sea para realizar durante su reinado, él mismo en consuno con su real esposa y Reina, una nueva norma, una nueva fórmula de política matrimonial, con entidad y fuerza suficiente como para fundar, en solución de continuidad y sin quiebras ni rupturas institucionales, una nueva tradición que se beneficie incluso de la solera de la que hasta ahora nos ha servido para elegir a nuestros reyes.

Tal vez, podría estudiarse una fórmula de ampliación de las posibilidades contempladas en la Pragmática Sanción. Una apertura a la nobleza, sobre todo española, que sirviera además para potenciar esta institución, para estimularla a encontrar una función social acorde con los tiempos que le devuelva el brillo que tuvo cuando contribuía a construir la historia.

Pero nada de esto puede hacerse a la ligera, ni improvisarse, ni dejarse librado a «lo que salga» confiando en la sensatez de las personas. No porque las personas reales no hayan dado muestras admirables de sensatez, de honradez, de identificación con la suerte de España, sino porque las personas reales no pueden permitirse ni siquiera la sombra de la sospecha de que no son las primeras eregirse rigurosamente por las normas y en respetar y venerar las tradiciones.

En todo caso, no mencionamos la nobleza gratuitamente. No cabe duda de que la vitalidad de la monarquía sería mucho más estable con la configuración de un entramado aristocrático, enriquecido incluso por una política de renovación de la tradición que le permite a los Reyes conceder tales dignidades en función del servicio a España y a su Corona.

Así se hizo durante muchos siglos de nuestra historia. Cuando los monarcas y los nobles amasaban con sudor y sangre la unidad nacional y el valor espléndido de un joven campeón salido a la vega para retar y triunfar sobre el campeón musulmán le valía la dignidad de Caballero y le convertía en tronco de la familia del que, en el siguiente siglo, sería el gran cisne y la leyenda heroica, galante y romántica, de la poesía de nuestro siglo de oro: Garcilaso de la Vega.

Ahora, claro, no se trata de batirse con el campeón musulmán, pero sí de encontrar espacios nuevos de diálogo, cooperación, fuentes de suministros, mercados. ¿Quién mejor preparado y motivado que aquellos que cuentan con la cualificación más esmerada en idiomas, cultura internacional y diplomática, experiencias y referencias familiares?

El problema de los hombres es que en lugar de cambiar nuestra actitud ante las instituciones, nos empecinamos cíclicamente en destruir instituciones o marginarlas y en inventarnos unas nuevas que ya nacen con el estigma que esgrimimos como razón para crearla. Nada extraño, toda vez que la contradicción está en nosotros y tanto explica la injusticia con que justificamos la marginación de una institución como el inevitable fracaso de su sustituto.

Si algo tuvo no obstante de elogiable y simbólico de una apertura de la Corona fue este carácter de boda real de la infanta doña Elena de Borbón y don Jaime Marichalar en la incipiente primavera pasada: celebró un enlace entre la Familia Real y un miembro de la nobleza castellana. No sería mal precedente para servirnos de punto de partida de una transición hacia una nueva política matrimonial, teniendo en cuenta todo lo que ya hemos comentado al respecto.

Realeza y nobleza están íntimamente unidas. Desde los orígenes del primer Rey, que surgió, precisamente, en el alba de las monarquías, de esa misma nobleza, como un «primo inter pares».

Más allá de todos los conflictos históricos, el destino de ambas ha corrido la misma suerte. Y parece obvio que si, a la larga, la monarquía parlamentaria desea evitar convertirse en una pieza de Museo del Patrimonio Histórico Artístico, si desea seguir siendo una monarquía encarnada en una Familia Real con profunda incidencia en el espíritu de la nación, la nobleza deberá dejar de languidecer para convertirse en un estamento dinámico al servicio de esa causa.

Todo parece indicar que lo necesitamos y, más todavía, que lo necesitaremos cada vez más. La crisis de la partitocracia no es un fenómeno simplemente italiano. Los síntomas de esta crisis de credibilidad se vienen observando en todos los países del capitalismo avanzado en los últimos años. El sistema de partidos ya no ilusiona a nadie, es incapaz de generar horizontes más amplios que un programa de gestión inmediato, condicionado incluso por la duración de las legislaturas.

Para evitar el desquicio de una desarticulación social se

hacen necesarios referentes sólidos, prestigiosos, con el aval de haber sabido sobrevivir a otras crisis de identidad cultural.

Realeza y nobleza pueden ser uno de estos valiosos puntos de referencia, portadores de valores acordes tanto con nuestra identidad nacional como con la demanda de los tiempos, capaces de proyectar modelos de actitud y conducta que resulten socialmente ejemplares, deseables, atractivos.

Algo que brinde seguridad a un colectivo cada vez más desamparado, desconcertado ante la magnitud de los desafíos de todo tipo que plantea el mundo y el orden nacidos con la última década de este convulso siglo XX.

Este vínculo entre realeza y aristocracia fue, recuerdo, uno de los elementos positivos que destacó la prensa británica en ocasión de la boda real del heredero, Carlos de Inglaterra, con Lady Diana Spencer.

Era una boda real británica, no condicionada por la exigencia de la Pragmática Sanción. Pero, de todos modos, cayó bien entre el pueblo que el heredero, el Príncipe de Gales, no eligiera fuera de su país a la nueva Princesa y, en esos días, todavía futura Reina de Inglaterra. Fue una boda muy popular entre los británicos, pueblo como se sabe de arraigada y renovada fidelidad monárquica.

Tampoco estaría mal reconsiderar la política en materia de Corte. Lo impopular no es la Corte, sino la Corte ociosa y dispendiosa, sobre todo si corren malos días y todo es confusión en las calles. Pero una Corte laboriosa, a imagen de la Familia Real, comprometida en una labor de servicio a España como gesto altruista y ejemplar, sería muy popular.

AIRES FESTIVOS

Pero regresemos un instante a la fiesta que suponía la presentación en sociedad de la joven hija del Infante don Carlos de Borbón-Dos Sicilias. ¿Qué pasará por la cabeza de la princesa Victoria? La vida para ella se encuentra en ese preciso momento de gloria juvenil, en el alba de su existencia como mujer.

No se trata, naturalmente, de establecer comparaciones entre las princesas. Tampoco de sugerir que acaso la princesa Victoria fuese esposa real más adecuada que la princesa Tatiana de Liechtenstein, que en el último lustro se ha convertido en la candidata más popular de los círculos monárquicos más conservadores.

Son dos opciones distintas y muy válidas. Una refuerza la imagen simbólica que expresa nuestro vínculo europeo. La otra, en cambio, expresaría la opción por una voluntad de reafirmar nuestra identidad y orientarnos a pensar la solución de nuestros problemas en el marco nacional español, sobre todo teniendo en cuenta la complejidad e inestabilidad del nuevo orden internacional, que rápidamente puede modificar tanto los intereses objetivos de los estados como la operatividad de las alianzas y las garantías del derecho internacional.

Casos ejemplares no faltan para terminar de entender que sólo nos tenemos a nosotros mismos a la hora de hacer frente a los problemas y encontrarles una solución inteligente y viable. De modo que no sería ninguna dirección errática este rumbo nuevo, aprovechando la boda de doña Elena y de don Jaime, y encontrar en la princesa Victoria de Borbón Dos Sicilias el símbolo Real del nuevo ámbito de consolidación del Trono de España, necesariamente nacional o al menos fuertemente vinculado a nuestra identidad nacional.

En el escenario hipotético, pero nada descabellado, de una mayor inestabilidad internacional, España debería volverse en parte sobre sí misma para garantizar mejor un mínimo nivel de autonomía. No debemos olvidar que nos encontramos en un momento crucial de la construcción europea y que no se trata de ir a remolque de las potencias europeas y conformarnos con el lugar que decidan asignarnos.

Ambas princesas son asimismo impecables desde el punto de vista religioso, dada la catolicidad decidida de las dos familias. Tatiana de Liechtenstein es hija del príncipe Hans Adam II, que es ahijado del Papa Pío XII. Nuestro Rey don Juan Carlos I, como recordarán mis lectores de «lo que nunca nos contaron de don Juan» y de «La Madre del Rey», no pudo contar en su bautizo con el Papa Pío XII por la dificultad que tenía la Santa Sede, en aquellos días prebélicos y confusos, de aparecer en público ligada estrechamente a la Familia Real en el exilio.

Tampoco se trata de las únicas princesas reales desposables por parte del Príncipe de Asturias. Pero sí son un claro ejemplo de que don Felipe de Borbón tiene bastantes opciones altamente deseables.

Estas jóvenes princesas son bellas, elegantes, y le conocen y comparten con él un mismo mundo, un mismo ámbito, una misma cultura, una misma fe y, seguramente, la misma ilusión por ser dignas reinas junto a un dignísimo Rey.

En el caso de la princesa Tatiana de Liechtenstein, su familia está además vinculada a las familias de la más alta nobleza austríaca, húngara, alemana y checa. Precisamente, de origen aristocrático checo es la madre de la princesa Tatiana y esposa del Príncipe reinante de Liechtenstein, María Kinsky Von Wehinitz Und Tettau.

En cuanto a nuestra joven princesa Victoria de Borbón Dos Sicilias ¿qué vamos a decir? Mucha sangre de los más distinguidos reyes corren por sus venas y sustentan su linaje. Por otra parte, si esta princesa se convirtiera en la próxima Princesa de Asturias la boda real con el heredero evocaría la boda real de Roma entre don Juan de Borbón y doña María de las Mercedes. Una boda real española para hacer frente a la adversidad del exilio y las incertidumbres de un mundo repentinamente enloquecido.

¿No sería magnífico que el siglo XX se cerrara —una vez restaurada y consolidada la Corona por el reinado de su prudente padre don Juan Carlos I— con otra boda real española para simbolizar nuestra firme decisión de hacer frente con éxito al desafío inquietante que nos trae el alba del inminente milenio?

Estas son, básicamente, las alternativas entre una boda real de proyección europea y una boda real de especial proyección española. Es presumible pensar que, a la vista de la boda de la infanta Elena de Borbón y Jaime Marichalar, esta nueva orientación de la política matrimonial de la Casa Real pudiera ser confirmada con la boda del heredero.

La razón es obvia. Si pensamos, por ejemplo, en la boda real de don Alfonso XIII con Ena de Battenberg, como otros casos similares de bodas reales con princesas extranjeras, veremos que estos enlaces presentan por lo general dos inconvenientes importantes.

El primero es nuestra especificidad cultural española. Así, por ejemplo, los ingleses suelen escandalizarse con nuestra fiesta taurina, aunque al parecer ellos no encuentran nada escandaloso la caza del zorro o las peleas de perros de presa.

No es, por supuesto, un problema de mayor o menor «salvajismo de las costumbres». En los mismos días en que la Reina Victoria Eugenia se sentía enfermar ante el espectáculo de un caballo abierto por un toro, en Londres todo el mundo encontraba natural y elogiable el curioso deporte del «rat pick», que consistía en soltar una rata en la pista de los perros y apostar a cuál la cogería primero o se quedaría con el trozo más grande al desgarrarla en competencia con los otros.

De cualquier manera, esta sensibilidad depende notablemente del entorno cultural. Los norteamericanos que se encandalizan porque los filipinos tienen el hábito de comer perros, no dejan de ser unos sacrílegos caníbales para los hindúes que veneran las vacas y ven con el mismo horror cómo esos infieles devoran hamburguesas.

Pero el hecho diferencial cuenta y es, siempre, un factor que complica la adaptación y la comprensión de nuestra cultura.

El segundo inconveniente histórico ha sido los prejuicios mutuos. Tanto los de la Corte española —que hizo sufrir lo indecible a la Reina Victoria Eugenia sobre la base de que no conseguía liberarse de su acento inglés al hablar el castellano—, como los de la misma soberana en relación al desafecto de los españoles por sus reyes.

Desde el punto de vista político, la ventaja más evidente resulta del hecho mismo de reforzar los lazos de la forma más íntima con otro país y otra Casa Real. Esta política tuvo sin duda su interés fundamental por todo lo que implicaba en el pasado para la seguridad nacional y para la consolidación de una polí tica estratégica de alianzas internacionales.

Así, por ejemplo, fue este tipo de vínculo familiar con las Casas inglesa y alemana por parte de don Alfonso XIII lo que explica, en buena medida, su política europea de neutralidad activa y pacificadora durante la Primera Guerra Mundial; servicios solidarios y humanitarios que fueron ampliamente reconocidos después de la guerra por los países de ambos bandos.

Sin embargo, el hecho de que Alfonso XIII tuviera por esposa a una persona real británica como Victoria de Battenberg, no pareció incidir más que en alguna ayuda puntual a la Reina en la actitud de los británicos hacia la Casa Real española durante los años que siguieron a la guerra civil.

En todo caso, los tiempos han cambiado radicalmente en este aspecto. Hoy las alianzas se remiten a organismos internacionales estables y permanentes, disponen de un marco jurídico internacional mucho más fiable que el de los días de la Sociedad de Naciones, y no son en absoluto los enlaces reales los que consolidan las buenas relaciones entre dos pueblos o dos colectivos nacionales.

De ahí que la operatividad de este tipo de bodas sea mucho menor que en esos días. Actualmente, una boda real con una princesa real europea tendría un carácter evocador, emblemático, afirmador de unas tradiciones europeas. Pero desde el punto de vista político y estratégico su valor no es para nada fundamental.

En el supuesto de una boda con una princesa real española, la cuestión cambiaría bastante. No sólo tendría un sentido claro, sino que destacaría como especificidad del futuro reinado del Príncipe de Asturias. A diferencia de su bisabuelo Alfonso XIII y de su padre, Juan Carlos I, Felipe de Borbón y Grecia haría como su abuelo don Juan III una boda española en un momento de especial demanda psicológica de una reafirmación española, como respuesta y reacción comedida, pero lúcida, al europeísmo tonto que ha protagonizado la tremenda subversión cultural de la última década.

No porque estemos propugnando el aislamiento de España, sino porque parece obvio que, en nuestro país, es un vicio histórico este radicalismo pendular que nos hace oscilar entre una cerrazón cerril a lo foráneo y una adoración servil de lo foráneo. La última década parece haber correspondido a este último movimiento.

Necesitamos, por lo tanto, equilibrio para servirnos de la experiencia foránea adaptándola a nuestros problemas y necesidades. Pero también nos resulta imprescindible recuperar el sentido nacional, la valoración de nuestra tradición y de nuestras señas de identidad propias. Porque casi hemos perdido todo esto en el acelerado proceso de integración europea y de internacionalización de nuestra economía y de nuestra política.

Para todos estos fines, Victoria de Borbón-Dos Sicilias, como otras princesas, podría ser la Princesa de Asturias más conveniente.

Sí, amable lector, esta jovencísima princesa a la cual nos hemos acercado en secreto durante una noche de verano especial para ella podría ser una magnífica reina... Tal vez no sea más que un «sueño de una noche de verano», el sueño monárquico acunado al calor de una antigua, insoslayable, entrañable preocupación por el futuro de la Corona de España.

Pero mientras suena la música, mientras los elegantes invitados pasean en mitad de la noche alta y parpadeante, bajo una Vía Láctea cuajada de brillantes azulados, blancos destellos, asomos rojizos en esos puntos que corresponden a Bete o a Betelgeuse, al encendido rubí de Aldebarán que inspiró versos tan místicos y españoles a don Miguel de Unamuno... Mientras la princesa Victoria de Borbón sonríe con los ojos a su padre, pensamos que sería hermoso tener la oportunidad un día de inclinarnos ante ella, o ante otra joven como ella, para rendir nuestro homenaje a la Real Señora de nuestro futuro Rey.

IV. PRINCESAS DE EUROPA Y *SECRETOS* DE ADOLESCENCIA

Hoy día no cabe elegir a la futura reina por comparaciones genealógicas regias, ni como antaño por territorios, ni balances difícilmente cuantificables de incidencias o consolidación de una u otra familia.

Al examinar la posibilidad de una boda real del heredero del Trono con las princesas Tatiana de Liechtenstein y con Victoria de Borbón Dos Sicilias, destacábamos entre dos docenas de jóvenes de sangre real solteras y desposables a dos candidatas que, a mi juicio, se cuentan entre las que tienen mayores posibilidades de convertirse en próxima Princesa de Asturias.

Pero no sólo hay otras posibilidades, sino que no deben estimarse en menor consideración. No es, en suma, una comparación entre genealogías regias, ni un balance difícilmente cuantificable de incidencia o consolidación de una u otra Familia Real en relación a los territorios a los cuales ha sido históricamente ligada, la ponderación que decide que una princesa sea más «apetecible» que otra.

Quien mire con esta óptica de matarife la cuestión de las bodas reales, o de la política matrimonial de un Trono, no ha entendido nada de tradición monárquica y nada de interés puede decir desde semejante perspectiva profana en la materia. No hay ninguna comparación odiosa de este tipo. Desde el punto de vista de su valor intrínseco, las veintidós o veintitrés princesas solteras desposables deben ser consideradas en el mismo plano de dignidad.

En cualquier caso, es una situación coyuntural, independiente de este valor, lo que hace que un «partido» sea visto como más «apetecible» que otro. Pero también hay que matizar que esta primera valoración teórica de la idoneidad de las candidatas, no puede olvidar que debe soslayar un factor humano decisivo, ya que es el Príncipe quien debe elegir,y no sólo como futuro Jefe de la Familia Real y Rey de España, sino como hombre que es, con su afectividad concreta, con su carácter y su estilo.

No puede descartarse quc el joven Príncipe de Asturias sienta mayor afinidad por otra princesa. Una de estas princesas podría ser, por ejemplo, Su Alteza Real e Imperial la Archiduquesa Catalina de Austria y Princesa de Bohemia y Hungría. En el caso de que finalmente la elegida fuese esta joven, estaríamos ante una boda real europea de considerable resonancia histórica y valor evocador.

HEREDERA IMPERIAL

La princesa Catalina de Austria nació en 1972. Tiene, por lo tanto, cuatro años menos que nuestro heredero, es decir, veintitrés años. Una edad perfecta para convertirse en futura Princesa de Asturias.

Pero, naturalmente, no es la única vinculación que Catalina tiene con España. El vínculo viene de lejos, es familiar y convierte a don Felipe y la Princesa Catalina en parientes. Catalina es nieta de la princesa Zita de Borbón de Parma, casada en su día con el Emperador Carlos I.

También es tataranieta de la princesa doña María Anunciada de Borbón de las Dos Sicilias, casada en su día con el archiduque Carlos-Luis de Austria. Como vemos, la Familia Borbón está presente de forma directa en su árbol genealógico más reciente.

Este vínculo con la rama Borbón-Dos Sicilias y Borbón Parma remite a la real boda entre don Fernando II, Rey de las Dos Sicilias, con la archiduquesa María Teresa de Austria, matrimonio que, a través de su descendencia, bifurcaría su genealogía regia en dos grandes líneas.

La primera, nacida con don Alfonso de Borbón-Dos Sicilias, conde de Caserta, se uniría a la familia Orleáns mediante la boda entre don Carlos María de Borbón Dos Sicilias, Infante de España y padre de doña María de las Mercedes, madre de nuestro Rey, con la princesa Luisa de Orleáns.

La segunda rama, que vincula a la Familia Borbón Dos Sicilias es la que ya hemos comentado, con la Casa de Austria.

La princesa Catalina nació en Weissemburg, el 14 de septiembre de 1972. Sus padres son Su Alteza Imperial y Real, el archiduque Rodolfo de Austria, Príncipe de Bohemia y de Hungría, y la princesa Ana Gabriela Von Wrede. Sus abuelos maternos nos remiten a la alta aristocracia de la Austria imperial: Carlos V, Príncipe de Wrede, y la Condesa Sofía Schaffgotschgt Semperfrei von und zu Kynast und Greuffenstein.

Los abuelos paternos de la joven son Su Majestad Imperial y Real Carlos I, Emperador de Austria, Rey de Hungría y de Bohemia y, como hemos adelantado, Su Alteza Real la Princesa Zita de Borbón de Parma.

Naturalmente, el esplendor genealógico de esta Familia Real europea tiene mucho mayor brillo en términos evocadores de un pasado imperial destacadísimo que en términos presentes. Austria sufrió especialmente los terribles conflictos europeos y su Familia Real debió pagar con el exilio y la supresión de la monarquía las consecuencias del derrumbamiento del imperio.

No importa que dada la situación geopolítica austríaca ese derrumbamiento fuese tan inevitable para una monarquía como para cualquier otro sistema. Austria proclamó la República ya en 1918, cuando perdió con Alemania la Primera Guerra Mundial y buena parte de su territorio.

Las cosas, ciertamente, no mejoraron con la República ni mucho menos. Más bien se deslizaron hacia ese clima siniestro que tan bien dejó plasmado Franz Kafka en sus angustiadas premoniciones. Y lo que vino a continuación poco tiene que ver con la Familia Imperial, en el exilio.

Será por cierto la Austria republicana la que recibirá con los brazos abiertos la entrada triunfal de su «hijo» Adolf Hitler, convertido en Canciller alemán y en restaurador de otras mitologías imperiales. Ese día, mientras una ciudadanía austríaca huérfana de liderazgo, sometida a la errática administración republicana, resentida con lo ocurrido tras la Primera Guerra, aplaude al nuevo líder en las calles, ochenta intelectuales, representativos de la elite austríaca, se suicidan en Viena.

Desde 1918 la Familia Imperial y Real, como la nobleza austríaca, son realeza y nobleza en todo el mundo menos en Austria, donde estos títulos no sólo no cuentan, sino que «están mal vistos» en tanto distinción personal. Hay quien los usa, pero carecen de valor social, o al menos eso es lo que dicen los funcionarios austríacos de 1a Embajada de Austria y los responsables del Instituto Histórico de Austria en España.

Es posible, amigos lectores, que sea difícil aceptar lo que os referiré a continuación, pero creo que tiene el interés de comprobar hasta qué punto puede llegar la cerrazón republicana y las necedades que suelen adornarla cuando se expresa de manera tan ciega y torpe.

Como es lógico, al investigar la situación actual de las princesas reales en situación de casarse con el Príncipe de Asturias, recurrí a la Embajada de Austria para informarme mínimamente, pero con absoluto rigor, sobre la familia de la princesa Catalina y sobre ella misma,

La Embajada pareció tan asombrada de descubrir que, en efecto, existía una tal princesa Catalina de Austria, hija de Rodolfo de Austria y nieta del Emperador, como si le hubiese pedido información sobre extraterrestres. No sabían que existía la princesa Catalina y hasta me miraron con incredulidad cuando les dije que había nacido en 1972.

—Una princesa austríaca no puede ser tan joven, debe de estar usted equivocado.

Cuando conseguí informarme de que en la Embajada de Austria algo debían saber de una institución que había protagonizado casi toda su historia, logré, al menos, que mi evidente desolación les ablandara el corazón y me remitieran al Instituto Histórico Austríaco, en Madrid.

Pero en este Instituto tampoco sabían nada ni de la princesa Catalina ni de su distinguida familia. Era como si uno les estuviera pidiendo información sobre alguna rama misteriosa de una Familia Real del alto Tíbet, o sobre el Rey de Papúa Nueva Guinea.

Con todo, el sol empezó a lucir cuando mi interlocutor mencionó, casi como una curiosidad o una moda, que en este momento, en Austria, hay sí un movimiento silencioso, espontáneo, que hace a la gente normal y corriente acercarse de nuevo al conocimiento de la historia de su realeza y nobleza, indisolublemente comprometidas con su historia.

En todo caso, esta digresión sirve para ejemplificar cómo al cabo de un tiempo la intuición, el instinto mismo de los pueblos, se vuelve contra aquello que le incitaron a derribar y a preguntarse si no fue una equivocación, o al menos a valorar todo lo positivo que se hizo y en el momento decisivo se prefirió olvidar para encontrar en la institución el «chivo emisario» que exorcizara nuestros demonios nacionales.

Pero, claro, los demonios no se van ni mucho menos con el «chivo emisario»; más aún: éste suele ser inocente. Los demonios se quedan con nosotros porque en nosotros habitaban y se proyectan en las nuevas instituciones para recordarnos, al cabo de algunos años, que estamos condenados a repetir el mismo drama mientras nos empeñemos en repetir el mismo ritual.

El hecho de que Austria sea una república y no tenga Familia Real reinante, nada quiere decir sobre la adecuación de la princesa Catalina de Austria para convertirse en Princesa de Asturias. No olvidemos que la historia va y viene. Por otra parte, nuestra Reina Sofía de Grecia encontró a nuestro Rey don Juan Carlos en situación similar, porque no había monarca reinante en las décadas que duró el original sistema de «regencia» del general Franco. Y más tarde, cuando, sí don Juan Carlos se convirtió en Rey y la Familia Real en Casa Real reinante, fue la Familia Real de Su Majestad doña Sofía la que se quedó sin trono.

Desde el punto de vista genealógico, como vimos, la princesa Catalina tiene unos antecedentes tan brillantes como las más destacadas princesas reales europeas. Desde el punto de vista de la formación y de la disposición psicológica, presenta igualmente las mismas ventajas de «profesionalidad» y «estabilidad» que demanda el Trono.

OTRAS ALTERNATIVAS REGIAS

Si examinamos globalmente las posibilidades que brindan las princesas alemanas —no debemos olvidar que, conforme a la Pragmática Sanción, son consideradas como princesas reales aquellas princesas alemanas de Casas mediatizadas, cuyo padre sea el Jefe o inmediato sucesor en la Familia—, veremos que hoy son mucho menos numerosas las opciones que hace algunos años.

Hace un lustro había cerca de medio centenar de princesas «libres» de compromiso para que el heredero fijara sus ojos en alguna de ellas. Hoy el número se ha reducido hasta menos de la mitad. Por otro lado, la edad de algunas de estas princesas hace augurar que al menos algunas se casarán en breve.

Algunas de estas princesas tienen la misma edad (que don Felipe de Borbón, año más o menos. Es el caso de Su Alteza Granducal María Luisa de Baden. Otras son en exceso jóvenes para pensar que pudieran convertirse en Princesas de Asturias, al menos si como creemos la boda real del heredero no se hará esperar más de un año.

Este es el caso de las princesas alemanas Ana y Maximiliana de Reuss. La primera, Ana, tiene al menos la misma edad que nuestra princesa Victoria de Borbón-Dos Sicilias, pero Maximiliana no sobrepasa los dieciséis años, algo que la deja fuera de carrera.

Más apropiadas resultan las edades y perfiles de Su Alteza Granducal Elena de Hesse y del Rhin, o bien Su Alteza Serenísima Cecilia Reuss. La más joven de estas princesas alemanas es sin duda Su Alteza Imperial y Real la Archiduquesa Priscila de Austria, princesa de Bohemia y de Hungría, nacida en Montreal, Canadá, en la recién inagurada primavera de 1979. Es, por lo tanto, una quinceañera.

En una edad perfectamente casadera se encuentran no obstante otras distinguidas princesas. Es el caso de Su Alteza Granducal Sofía de Baden, con veinte años, de Su Alteza Real Leonor-Flor de Würtettemberg, que sólo tiene dieciocho años, o de Su Alteza Imperial y Real la Archiduquesa Margarita de Austria, que actualmente cuenta con veintitrés años.

La misma edad tiene Su Alteza Real y Ducal Elika de Oldenburgo. En cambio, su prima, Rixa de Oldenburgo, tiene veinticinco años y su hermana menor, Bibiana, veintiuno.

Cualquiera de estas princesas tiene una genealogía adecuada a las más rigurosas exigencias. No obstante, hay que reconocer que algunas cuentan con el inconveniente de haber nacido y haberse formado en entornos culturales y sociales extraños y sin tradición monárquica.

Naturalmente, esto no quiere decir nada definitivo, puesto que todo depende de cómo se cultive el sentimiento y la conciencia de las personas reales alejadas del Trono, algunas forzadas a vivir lejos de sus países. En cada caso concreto habría que estimar la disposición, la actitud, la voluntad de compromiso con una Casa Real y una tradición específicas como las que encarnan en los titulares de la Corona española. En cualquier caso, el lector puede estar seguro de que nuestro «somero examen» de estas princesas alemanas no olvida ninguna de las combinaciones posibles para una eventual elección del heredero de alguna de ellas.

También interesa señalar que si contemplamos el árbol genealógico más inmediato y directo de estas princesas, veremos que todas ellas tienen algún grado de parentesco con don Felipe de Borbón y Grecia, aunque alguno sea bastante lejano.

El lector que esté interesado en tener una información rigurosa de esta genealogía y del preciso grado de parentesco de cada una de las princesas alemanas referidas, o de las otras princesas europeas que examinaremos a continuación, con don Felipe de Borbón y Grecia, encontrará el diagrama de este vínculo genealógico en mi obra «Hay que casar al Príncipe».

OTRAS JOVENES PRINCESAS

Sólo unos meses menor que don Felipe es Su Alteza Real la Princesa Alejandra de Grecia, que nació el 15 de octubre de 1968 en Atenas, Grecia, y es hija de Su Alteza Real el Príncipe Miguel de Grecia y Dinamarca y de Marina Karella. Su abuela paterna, la princesa Francisca de Orleáns, le vincula lejanamente a la Familia Real española por el tronco paterno, pero el parentesco es mucho más próximo a través de la Reina doña Sofía de Grecia.

En cualquier caso, la genealogía de don Felipe y de esta princesa, como su hermana Olga Isabel, nacida en noviembre de 1971 y, por lo tanto, con veinticinco años, remiten a la boda real que en su día unió a Jorge I, Rey de los Helenos, con la Gran Duquesa Olga Constantinowna de Rusia.

El Rey Constantino I, casado con Sofía de Prusia —princesa imperial alemana— es bisabuelo materno de don Felipe de Borbón, mientras su hermano, Cristóbal de Grecia y Dinamarca, casado con Francisca de Orleáns, es abuelo de las princesas.

Otra princesa emparentada con el Príncipe de Asturias —en grado de prima segunda— es Su Alteza Real Mafalda de Saboya, nacida en Florencia, Italia, el día 21 de septiembre de 1969 y, por lo tanto, de la misma edad que don Felipe, con diferencia de meses.

No vamos a considerar la alternativa de las hermanas de la princesa Victoria de Borbón-Dos Sicilias. Pero, aparte de la recientemente casada Cristina, están sus hermanas María de la Paloma y doña Inés. Todas ellas nacieron en Madrid. Cristina es mayor que nuestro heredero, Paloma de su edad e Inés cuenta veinticuatro años.

Mucho más distantes, menos probables, son otros nombres de la familia Borbón-Dos Sicilias, como los de las princesas Ana y Elena, hijas de Casimiro de Borbón Dos Sicilias y de la princesa María Cristina de Saboya Aosta, nacidas en Brasil en los años 1971 y 1973.

Carezco de información suficiente para estimar los casos concretos y actuales de otras princesas de la Familia Borbón.

Tanto de la rama Borbón Parma —las princesas Margarita y María Carolina, nacidas respectivamente en 1972 y 1974— como sobre la princesa María Anunciada de Borbón-Dos Sicilias, hija del príncipe Antonio Borbón-Dos Sicilias y de la princesa Isabel María de Württemberg y nacida en Alemania en 1973.

En un último grupo podríanos pensar en las princesas reales francesas, o noruega o sueca. En todos estos casos tenemos jóvenes nacidas después de 1970 y, por lo tanto, de edades muy similares a las de las princesas referidas con anterioridad.

Desde el punto de vista estrictamente «de Estado», lo que definiría el perfil ideal de una princesa europea serían dos factores: el hecho de que el vínculo matrimonial del heredero expresara la reafirmación y la voluntad de consolidar otros vínculos objetivamente deseables para ambos países, y también, por razones obvias, la confesión religiosa.

Sin embargo, es evidente que resulta vital el buen entendimiento y la «química» entre los jóvenes y que este aspecto tiende hoy aser decisivo. No es nada que haya que lamentar en sí mismo, porque también es evidente que una boda de amor, o con el amor como horizonte plausible para ambos príncipes, es algo más que lo más deseable.

Los monarcas actuales son más profesionales, pero sin duda también, por eso mismo, prefieren no alienarse convirtiendo toda su existencia en el simple ejercicio eficiente de una profesión. Tampoco estos días demandan sacrificios mutuos en bodas de Estado puras y duras como en los días en que la política de alianzas dinásticas definía las fronteras nacionales y la suerte de los súbditos.

De modo que el interés objetivo del «Estado» puede relajarse considerablemente en beneficio del factor humano, de la afinidad personal. Y este es otro factor a tener en cuenta, porque resulta claro que, en este sentido, el Príncipe de Asturias don Felipe de Borbón y Grecia cuenta con otra ventaja nada desdeñable respecto de sus antepasados.

El no tendrá «por narices», que desposar a una princesa concreta y sacrificar así su corazón en el ara del interés de la

Corona y de España. Ni siquiera deberá escoger reforzar mediante una alianza precisa la mayor seguridad nacional. De modo que puede escoger con la mayor libertad entre todas las jóvenes en situación de casarse y en disposición de darle su «sí» rendido y enamorado. Algo que no le será nada difícil a la inmensa mayoría de ellas, ya que es clamorosamente conocido que don Felipe resulta enormemente popular y atractivo.

Como advertirá el lector, no le estamos proponiendo al heredero que, sobre la base tan poco fiable que servía a sus antepasados decida su futura esposa por la caligrafía, o por el arte esmerado de sus retratistas, porque ninguna de estas jóvenes princesas le es a nuestro Príncipe de Asturias una desconocida. Las ha tratado, ha coincidido con ellas en fiestas, bodas, bautizos, ceremonias, vacaciones. Es decir, debe de conocerlas suficientemente.

ALTERNATIVA IMPENSABLE

Escoger fuera de estas princesas sería algo grave. Podrá hacerse, no lo discuto. Ni siquiera lo discuto jurídicamente. Pero eso no le mermaría en nada la gravedad. El Trono de España, no nos engañemos, no ha tenido históricamente el beneficio de una clamorosa opinión pública monárquica como ha ocurrido en Inglaterra.

No en vano, la Reina Victoria Eugenia, en cierta ocasión, después de enumerar los vicios de los últimos monarcas ingleses, sin ahorrarle a su tía la Reina Victoria el epíteto de «intratable» ni a Jorge V el de borracho exaltado, observó que no obstante todo ello el pueblo inglés les adoraba, y acto seguido: se preguntó:

«¿Qué tiene que hacer un monarca español para. que su pueblo le quiera?».

Porque, la verdad, amable lector, es que el anecdotario de nuestro maltrato de nuestros propios monarcas y nuestra capacidad para pasar de pedir sus cabezas a aclamar la restauración, son como para colmar el cáliz de la paciencia.

Todo esto viene a cuento por la necesidad objetiva que tenemos de recuperar, restaurar también, un sentimiento y una opinión monárquica. ¿Cómo podría adquirir sentido efectivo y proyección la Corona si no cuenta con la fidelidad, la obediencia y la disposición de una parte significativa de nuestra población?

Por eso mismo, conviene ser cuidadosos en esta materia. Pero ser cuidadosos sensatamente. No se trata, como hemos dicho de que no haya Corte porque la gente asocia eso con estampas de tiempos ingratos. De un lado, porque los tiempos, tanto gratos como ingratos, configuran nuestra historia y nuestro ser y no se trata de ignorarlos sino de aprender a no repetirlos. Del otro, porque no es la Corte lo impopular, sino la imagen de fiesta ininterrumpida y de vida totalmente ociosa y sin proyección social.

No, tampoco, porque esto haya sido así, puesto que la Corona y la nobleza siempre fueron bastante más eficaces a la hora de ejercer una actividad de promoción social que a la hora de vender la imagen de la misma. En esto el noble se perjudica claramente frente al burgués por la estimación de unos valores que tienden a encontrarse en las antípodas del marketing político.

Pero no cabe duda, en todo caso, de que al futuro Rey de España le aguarda consolidar y enraizar en el sentimiento y en la conciencia nacional la institución monárquica. Esto es, apoyarse en los logros y éxitos del reinado de sus padres —que sin duda ha sido especialmente saludable para el prestigio de la Corona en todo, salvo en lo concerniente a la Pragmática Sanción de Carlos III— para profundizar en la identificación entre la Corona y la nación.

El Trono es la garantía de nuestra unidad, de nuestra identidad, pero no es menos cierto que dada la fragilidad y los vaivenes de unas instituciones aún jóvenes y sometidas a la presión de la crisis, no se puede descartar ni mucho menos que al Trono le toque más temprano que tarde el deber de asumir una función mucho más sustancial como referente de los españoles.

Esto demanda ser especialmente delicado en todas las materias. Celosamente preocupado por la imagen —no en vano, es perversamente, a través de sutiles y maliciosos maltratos de imagen, que hoy combaten anónimamente a la Corona los «duendes» de imprenta y cómics de algunos medios de comunicación de masas y previsor respecto de un tiempo propicio a las situaciones imprevisibles.

Cabe preguntarse, sinceramente, si la Corona de España hubiese resistido el proceso de deterioro acelerado y pautado por exclusivas y declaraciones manipuladas que han caracterizado la ruptura entre Carlos de Inglaterra y Lady Diana Spencer.

¿En qué ha quedado aquella conmovedora comunión de afectos que hizo fundir místicamente a la Familia Real británica con su pueblo cuando las bombas alemanas empezaron a demoler Londres? Es así como por las frivolidades de unos pocos días de entontecimiento se dilapida un crédito avalado por sangre, sudor y lágrimas.

No se trata de que Carlos de Inglaterra haya sido ningún joven especialmente díscolo ni juerguista. Ni de que Lady «Di» empezara por divulgar la vida íntima de la pareja por teléfono a sus amistades. Ni el primero dejó de ser razonablemente discreto ni la segunda pasó a lo segundo sin la antesala de una depresión.

Lady Diana es una joven normal y corriente. Una buena chica, con todas las contradicciones de las chicas de su edad, con los mismos sueños y el mismo entusiasmo por convertirse en la «Reina» y emular las imágenes que alguna que otra vez vio en el celuloide.

Carlos de Inglaterra, el Príncipe de Gales, no hizo nada particular aparte de buscar puntualmente afecto entre los brazos de una antigua amiga. Diana de Gales estaba deprimida y, sobre todo, empezó por deprimirse en cuanto, al día siguiente de la boda, comprendió que no había pensado en lo que implicaba realmente ser la heredera del Trono.

Ese fue el origen de todo ese culebrón interminable de informadores ávidos, medios de comunicación en durisima competencia por el mercado del sexo y el escándalo. Una espiral que terminó alcanzando de lleno a toda la Familia Real británica y que en cualquier otro país hubiese supuesto el advenimiento de una república.

El matrimonio del Príncipe de Asturias, don Felipe de Borbón no puede hacerse con la espada de Damocles de este tipo de incertidumbres e hipotecas. Sería jugar con la Corona peligrosamente. Sobre todo si tenemos en cuenta que, si bien nuestros medios han mantenido hacia la Familia Real una actitud muy distinta (al menos formalmente), en el caso de que la coyuntura lo permitiera serían mucho más agresivamente republicanos, mucho más políticamente intencionados y orientados a derribar la monarquía.

Hasta ahora, la Corona, bajo el Rey don Juan Carlos I y doña Sofía de Grecia, ha sido respetada no tanto por un extendido sentimiento monárquico, sobre todo entre las elites, como por dos razones claras. En primer lugar, porque el Trono fue la garantía de todo el proceso de democratización. En segundo lugar, porque si había alguna duda de que el Trono era vital para las libertades y el régimen de libertades en España, esa duda se disipó por completo en febrero de 1981.

Esto es, nuestros reyes se han ganado por mérito propio ese respeto. Un respeto que ya ha empezado a ser una disposición abierta al cariño, al sentimiento entrañable, entre los espíritus más sensibles y lúcidos.

No demos pretextos para que algunos «opinions makers»,de esos comentaristas a quienes se nota la hostilidad a la Corona hasta cuando elogian a los monarcas, se permitan creer que les ha llegado la ocasión de afilar más la pluma, o la plumilla, y de poco a poco ir generando un clima irrespetuoso.

¿Ya nos hemos olvidado de aquellos chistes maliciosos, perversos, abyectos, que se hacían y divulgaban popularmente de boca en boca para desmerecer injustamente al Rey? Claro que de pronto tuvieron que callarse, naturalmente que después de intentar en vano convertirlos en «populares» se apresuraron a olvidarlos. Se los atragantó la actitud del Rey y de la Reina de España, les forzó, como a tantos otros, políticos incluso, a respetar lo que era evidentemente respetable. Y tanto como que fue la actitud más limpia y más decididamente comprometida con la forja de la España del fin del siglo.

Después de 1977 y 1978 esos chistes hirientes y abyectos ya no se oían. Nadie se atrevía a la censura que suponían en cualquier ambiente. Después de febrero de 1981 sucedió un fenómeno todavía más curioso: hasta los que los habían inventado y empezado a propalar se olvidaron que alguna vez habían escuchado una cosa tan necia.

¿Por qué eran aviesos y abyectos? No, por cierto, por su especial ferocidad. No eran feroces. Se notaba que el «laboratorio» intelectual que los amasaba temía «pasarse». En este aspecto revelaban la intención política. La estrategia consistía, como algunos años después se utilizó con éxito tocando como blanco al ministro Fernando Morán, en sugerir con la coartada del «humor» que el señor no se distingue por la rapidez mental.

Nadie se puede ofender por un chiste que, en su segunda lectura, sugiere que alguien es «tan tontín» o cosas por el estilo. De ahí la abyección, dado que es mediante la acción permanente, renovada, sistemática, de este «corrosivo psicológico» camuflado de «humor» va proyectando no una imagen, sino el hábito de considerarla sin el debido respeto.

Todos recordamos, todavía sentimos viva incluso la llaga y la vergüenza ajena, la repudiable actitud que recientemente tuvo un programa de televisión catalán que con la ineludible coartada del humor se permitía insultar sin fundamento, gratuitamente, a la Infanta doña Elena de Borbón y Grecia.

No importa que carezcan de motivos reales. Todos sabemos que las calumnias se «cortan» a la mezquina medida del alma de los calumniadores. Pero, tristemente, esto no las hace menos peligrosas, menos dañinas, menos perversas.

Si a don Felipe de Borbón le estuvieran esperando entusiastas monárquicos para que hiciera una «boda popular» y rupturista, y este paso supusiera razonablemente una reafirmación y una proyección clara de la Corona de España, otro gallo nos estaría cantando. Pero todos sabemos que no es así y que los que hoy aplaudirían la elección rupturista son los mismos que esperan el momento, al primer patinazo, para ser «tan modernos y democráticos como los ingleses, que mira cómo se meten con la Familia Real y no pasa nada».

A SU ALTEZA REAL, DON FELIPE DE BORBON Y GRECIA

Por todo esto, Señor, no caiga en la trampa. No sé, no puedo saber qué siente el corazón del hombre ni con cuánta pasión puede querer lo que quiere. Ni siquiera sé si lo que quiere finalmente no cabe dentro de la Pragmática Sanción. Por si así no fuese he creído conveniente razonar *in extenso* las razones que me llevan a pedirle respetuosamente que no empiece por poner en entredicho lo que hoy todavía nadie puede poner en entredicho.

No son sinceros quienes esperan sin recatarse que usted, Señor, se convierta en un ciudadano lo más homologable posible al resto de los ciudadanos. Pero hay más. Es posible que los españoles necesitemos al Rey mañana mucho más urgentemente de lo que lo hemos necesitado hoy, y eso sin olvidar que hasta el momento los hemos necesitado tanto que, sin ellos, no disfrutaríamos del régimen de libertades que estamos disfrutando.

Además, Señor, no queremos que vuelva a marcharse el Rey de España. No sólo los monárquicos, que cada vez que esto ha sucedido hemos vivido el drama intensamente, sino los españoles en general. Porque —si bien es cierto de que iba siendo hora de que así ocurriera— todos han comprendido que cuando se marcha el Rey aquí acabamos todos liados a tiros.

Esto decimos hoy al heredero de la Corona de España, al Príncipe don Felipe de Borbón y Grecia.

Cuando un cercano colaborador de don Juan de Borbón, después de muchos años de servicio y confianza, le preguntó una noche en su yate por qué se había casado tan joven, don Juan fue muy elocuente:

—Porque había que casarse —dijo.

Entonces, el abuelo del actual heredero era el Príncipe de Asturias, tenía veintiún años, no había tenido más diversión que el servicio activo en la Marina española primero y británica más tarde. Pero nada más obtener el despacho de teniente tuvo que casarse.

Como él siempre recordó, entonces eran seis las princesas casaderas. Se acercó a ellas, intentó comprobar si existía alguna química con la princesa María de Saboya, y acabó casándose con doña María de las Mercedes de Borbón y de Orleáns, sin renunciar al amor.

Actualmente, nuestro don Felipe de Borbón no tiene que escoger tan dramáticamente y entre tan pocas jóvenes, ni tampoco con la urgencia que aquellos días impusieron a don Juan de Borbón.

Pero no cabe duda de que la futura Princesa de Asturias, la joven princesa que se case en boda real con el heredero del trono de España, si es la adecuada —no le quepa duda al lector— se encuentra entre las princesas que examinamos en el presente libro.

V. UN *SECRETO* LLAMADO ISABEL SARTORIUS

¡Cuidado! si los monárquicos nos comportamos como gentes que tienen el hábito de controlar a sus reyes y creer que pueden decirles lo que deben hacer, como si fuéramos nosotros los jueces de la Corona, no es extraño que desde el Trono empiece a mirársenos sin la mínima simpatía, como gentes que desde un concepto patrimonial de la Corona pretenden hacer de los monarcas rehenes de su demanda. ¡Cuidado!

Todo lo que hemos comentado en relación a los inconvenientes de ignorar la Pragmática Sanción, cobra su auténtica dimensión cuando examinamos el antecedente de Isabel Sartorius. Tema que traté en su día extensamente en mi libro «Isabel Sartorius, casi una Reina».

Esta bella madrileña, nacida el 20 de enero de 1965, fue el primer «noviazgo» del Príncipe de Asturias, don Felipe de Borbón. No fue, por cierto, una relación sentimental efímera, si consideramos que se extendió durante dos años, entre el verano de 1989, en que se conocieron, hasta el verano del 91, cuando la prensa anunció en agosto que la relación había terminado.

Tomemos en cuenta, en primer lugar, la edad de los jóvenes. Isabel tenía veinticuatro años, don Felipe veintiuno. A esa edad, dos años son un tiempo considerable. Casi tantos como puede tener toda la vida sentimental a esos años y una cuarta parte de todo el tiempo que, a esa edad, es presumible suponer que lleva un chico interesándose por las chicas.

No es el único dato importante. También debemos recordar que Isabel no sólo es algo mayor que el Príncipe, sino que cuando inició su relación sentimental con éste ya era una joven que había viajado, conocido mundo, vivido sola en Estados Unidos, y tenía experiencia social y laboral.

También, como hemos documentado suficientemente en el libro citado anteriormente, es una joven de carácter, con una formación universitaria de «élite» —muy esmerada y académicamente intachable—, con sensibilidad social y voluntad de encauzarla a través de su actividad profesional.

Para valorar más este carácter vamos a referir resumidamente los datos más significativos de la vida de la joven. Como hemos adelantado, nació en Madrid el 20 de encro de 1965, en el comienzo mismo de la última década de franquismo y cuando el régimen entraba en la fase menos represiva.

Hija de Vicente Sartorius y Cabeza de Vaca, Marqués de Mariño y de la argentina Isabel Zorraquín, tuvo una infancia característica de los hijos de las clases acomodadas cuando se produce la ruptura matrimonial. Ruptura que sorprendió a Isabel con siete años y supuso un cambio brusco y doloroso en su vida.

Sus primeros años habían transcurrido en un chalé de la colonia El Viso. Sus primeros estudios los hizo con las Madres Dominicas Francesas, pero después pasó a Saint Chamont, en la Ciudad Universitaria. Al parecer sus padres habían decidido que dominara perfectamente el francés.

Isabel, actualmente, habla y escribe con amplio dominio en cuatro idiomas. De modo que esta preocupación por una temprana formación en «idiomas», característica de la aristocracia, se encuentra en la base de la formación cosmopolita de la joven.

No obstante, cuando Vicente Sartorius e Isabel Zorraquín deciden separarse, es la madre quien se hace cargo de los hijos y se traslada con ellos a Lima, Perú. Si bien Isabel es enviada a otro centro de estudios, el cambio tuvo que marcar su infancia.

Muy tempranamente —la joven tendría la experiencia de una realidad distinta y extraña. Y tampoco tendría demasiado sosiego, ya que su madre se casaría pronto con el primer ministro peruano, Manuel de Ulloa, y también pronto se separaría de este segundo marido. Ruptura que le movió a realizar el mismo viaje pero a la inversa y regresar a Madrid para vivir en otro chalé de la colonia El Viso.

No sabemos nada de interés de la relación entre Isabel y su madre. Pero, en todo caso, esta es una de las claves del carácter femenino o masculino. El tipo psicológico de Isabel

Zorraquín parece corresponder a la mujer impulsiva, apasionada, visceral.

Tampoco sabemos cómo encajó la niña la brusca separación de su padre, ni los cambios tan notables de ambiente. Desde el punto de vista afectivo estas situaciones suelen crear sentimientos de desamparo, o bien una disposición de fuerte demanda de afecto —aunque no se exprese como tal—, así como estimulan una vida emocional que pasa de los estados de dicha expansivos, optimistas, a momentos de profunda melancolía, de pesimismo reflexivo.

En cualquier caso, es evidente que este tipo de experiencia también supone, por lo general, una exigencia de madurez mayor al niño para superar los obstáculos en un entorno cambiante, inseguro, que le obliga a moverse precozmente en «territorios» ajenos.

Tampoco tardaría Isabel Sartorius en vivir un nuevo cambio de hogar. La familia decidió que completara su formación en EGB en la Parson School of Design, considerada entre las primeras de la «élite» de la educación privada a escala mundial.

Desde el punto de vista académico, Isabel añadía así otra «piedra fundamental» a su dorado currículum. Pero también es cierto que en la adolescencia se produce otra formación, menos visible y detectable, pero más decisiva, en tanto atañe a la configuración del carácter y a la educación sentimental de una joven.

Por otro lado, su experiencia «internacional» se ampliaba con un conocimiento directo de otra cultura; y no cualquier cultura, sino la dominante y modélica del desarrollo occidental en el siglo XX. Estados Unidos tuvo que fascinarla; por algo regresaría una y otra vez. En una ocasión para completar su formación superior en la prestigiosa Universidad de Georgetown —la misma en la cual acaba de culminar sus estudios el Príncipe de Asturias—; pero también para tener una experiencia laboral como traductora.

Su formación se completaría con varios «masters» de prestigio, como corresponde a una joven adorada de la aristocracia, cuyo último hito fue el obtenido en la Escuela Diplomática de Madrid, en 1991.

Como el lector puede apreciar, la formación de Isabel es perfecta para cualquier función social o política que debiera cumplir como primera Dama o ministra de un país. Políglota sin fisuras, experta en Derecho y Relaciones Internacionales, con especialización diplomática y una experiencia rica y variada en puestos de «élite»: secretaria junto con su amiga Rocio Colón de Carvajal de Javier de la Rosa, en la fase brillante de KIO —paso efímero, en todo caso— y en un medio tan exigente como el norteamericano.

INSTANTANEAS SIGNIFICATIVAS

A veces, una anécdota, un mínimo comentario, resultan síntomas inequívocos de ciertos rasgos de carácter. Así, por ejemplo, se dijo por parte de personas próximas a Isabel Sartorius, que ésta no se sentía a gusto al poco tiempo de iniciar su trabajo en KIO con Javier de la Rosa.

Isabel comentaba en esos días que echaba de menos su ritmo y la mentalidad más dinámica que había conocido en Estados Unidos cuando trabajaba para la Irish Press. De hecho, no estuvo demasiado con Javier de la Rosa y tampoco tardó en viajar a Estados Unidos.

En primer lugar, esta anécdota, como otras muchas, revelan que se trata de una joven madura, activa, y especialmente voluntariosa. Todo apunta a un carácter firme y a un espíritu liberal, curioso e inclinado a las nuevas experiencias, enemigo de la inercia.

Por otro lado, Isabel proyecta una imagen desenfadada, informal pero sin salirse nunca de la elegancia y la discreción, alegre y vital en los momentos expansivos y, posiblemente, dulcemente melancólica en la intimidad.

Si a estos rasgos sumamos su indudable belleza y atractivo como mujer, con su metro setenta y cinco de estatura, un cuerpo esbelto y un rostro especialmente agraciado en el cual destacan los ojos claros y el cabello rubio cobrizo, poca duda tiene que cabernos de que la joven «robó» el corazón del Príncipe al «primer encuentro».

No sabemos, en definitiva, si fue a comienzos del verano de 1989 en Pachá, o bien un mes más tarde en el curso de una conferencia que dio en Madrid sobre Perú un primo de Isabel Sartorius, o bien en el Gimnasio El Príncipe, como afirman otra fuentes. Pero está claro que, entre el primer momento en que se conocieron y el momento de iniciarse la relación sentimental,no pudo pasar mucho tiempo.

En agosto la prensa consigue la primera imagen fotográfica del idilio del Príncipe de Asturias y la próxima marquesa de Mariño. El escenario no podía ser más adecuado: el yate del Príncipe en la proximidad de la isla de Cabrera. Las imágenes no dejan lugar a dudas sobre la actitud de familiaridad y cariño con que se tratan los dos amigos.

Nadie debe dudar de que Isabel Sartorius tuvo que tener un significado especialmente trascendente para el joven heredero de la Corona. No sería raro que la joven le deslumbrara tanto por su formación, como por su carácter y su mayor experiencia social.

Otro aspecto a tomar en cuenta es que don Felipe de Borbón es un joven serio, que también da la impresión de una madurez mayor que la media a su edad. Y, en última instancia, para avalar la impresión que le causó Isabel no es necesario echar mano a ninguna hipótesis. Ahí están los hechos, tal como yo mismo los he referido en mi libro «Isabel Sartorius, casi una Reina».

Isabel Sartorius disfrutó tempranamente de un reconocimiento «oficioso» como «novia» del heredero, que incluyó la presencia de personal adscripto a la seguridad del Príncipe de Asturias en torno a su casa, e incluso la curiosa anécdota que entonces reseñamos, cuando uno de los policías, empeñado en alejar a los fotógrafos e informadores de la casa, dijo: «Esta chica es sagrada».

No es necesario insistir en la frecuencia de las visitas ni en las reiteradas muestras públicas de que se trataba de una amistad especialmente íntima. A pesar de que la prensa no les sorprendió —o al menos no tengo evidencia de ello— en ninguna situación comprometida, las imágenes y la conducta de ambos jóvenes confirmó para toda España que el «noviazgo» era una realidad.

Como es obvio, un heredero real puede tener amistades femeninas como cualquier joven, y también es natural que salga con algunas chicas y tenga algún que otro «noviazgo», pero, en este caso, por la duración y por múltiples factores, parecía que existía una voluntad clara por parte del Príncipe de Asturias de que esa relación se destacara públicamente.

Oficialmente, nada existió y nada se sabe. Pero a nadie escapa que sería excesivamente audaz intentar extender este juicio al corazón de don Felipe de Borbón y de doña Isabel Sartorius. Allí tuvo que pasar mucho. Sobre todo si se tiene en cuenta que la relación sentimental tuvo que enriquecerse dada la coincidencia de intereses y vocaciones de los dos jovenes.

Desde hace años el Príncipe de Asturias viene expresando en sus declaraciones públicas su especial interés en las Relaciones Internacionales, en el estudio de vías de cooperación, ayuda y desarrollo a los países del tercer mundo vinculados histórica y culturalmente a España, en la búsqueda de vías de solución a los conflictos.

Otra de sus preocupaciones atañe al Medio Ambiente. Don Felipe ha hecho declaraciones importantes en este sentido y parece un hombre con especial sensibilidad ambiental. Pero los grandes problemas medioambientales demandan una visión generalista y requieren, precisamente, el acuerdo y la cooperación internacional.

APROXIMACION AL CORAZON

Contemplemos, un momento, a este joven príncipe, entonces con veintiún años, sometido a un Plan de Formación intensivo. En la adolescencia y primera juventud, nuestro heredero de la Corona mostró una especial disposición e interés por el cosmos.

Sabemos que, cuando era todavía un adolescente, se quedó más de una vez en compañía de su madre, la Reina Sofía, para observar por la madrugada las estrellas a través de un telescopio adecuado para sus años e información del cielo. También, sabemos que se hacía preguntas por esos mundos distantes, por la maravilla de la escala abrumadora de lo real.

No se trata de un interés cualquiera. Un joven que a esa edad manifiesta este tipo de interés y se hace este tipo de preguntas tiene que tener una sensibilidad despierta y una disposición a inquirir, a detenerse a contemplar y reflexionar sobre aquello que le rebasa.

Un temperamento pragmático no se expresa así. Hay en la disposición de don Felipe una inteligencia que busca abarcar con la mirada la totalidad de los objetos que la ocupan, pero también más voluntad de saber y conocer que de poder. Cuando un temperamento tiene la pasión del poder como afecto dominante, sobre todo a estas tempranas edades, se expresa dando la espalda olímpicamente a todo aquello que, por su naturaleza, no puede controlar ni dominar ni abarcar.

Un joven puede mirar el cielo de tanto en tanto, e incluso hacerse alguna que otra vez alguna pregunta. Pero en general no le dedicará más que algunos minutos y a la primera oportunidad abandonará «ese rollo» para concentrar su interés en objetivos mucho más concretos. Un adolescente que siente la llamada del cielo estrellado, que lo contempla largamente, que insiste hasta disponer de un telescopio, no es un adolescente cualquiera.

Este dato es importante para hacerse cargo de la impresión que Isabel Sartorius tuvo que causarle a don Felipe. Algo mayor, bella y desenfadada, con experiencia social y mundana de la cual el heredero carecía, inteligente y preocupada por los mismos temas que a él le preocupaban, tuvo que enamorarle por fuerza. Y tuvo que hacerlo en una medida que no es fácil estimar para poder descartar por completo que pudiera convertirse en un serio obstáculo para casar al Príncipe de Asturias con otra joven antes, al menos, de que pase algún tiempo y don Felipe pueda encajar otra relación sentimental.

¿Por qué? Sobre todo, porque el carácter del heredero y su sensibilidad le hacen tender a rechazar con fuerza la idea de una boda que no sea una boda si no de amor al menos sí con posibilidad y horizonte para aspirar al amor matrimonial.

Don Felipe no es frívolo. Sería contraproducente además intentar imponerle un calendario estricto. Y, además, a don Felipe no puede haberle pasado por alto que la evolución de los acontecimientos —la boda de la infanta doña Elena— le sitúa en una posición de fuerza para oponerse a una boda real «de estado».

ENTORNO POCO PROPICIO

Si todo el tema se redujera a la relación sentimental en sí misma, la cuestión no tendría por qué ser delicada. Pero el problema es que no es así. Durante los dos años de «noviazgo» del heredero, se ha configurado un «partido informal» «isabelista».

De un lado, son muchos los periodistas y comentaristas que dan por seguro que la boda entre el heredero e Isabel Sartorius sería «de amor», con lo que dan por seguro «el amor» de una forma sutil que se convierte en presión psicológica sobre la opinión pública.

A mi juicio, la motivación para esta conducta es sobre todo política, si bien no digo que sea ilegítima. En mi libro «Isabel Sartorius, casi una Reina», transcribí, entre otros comentarios, uno de Luis de Villena, a los que podrían sumarse muchos más en ocasión de la noticia de la posible boda del heredero con la princesa Tatiana de Liechtenstein.

Según esta corriente de opinión, generalizada entre los republicanos y entre la opinión pública profana en materia de monarquía y tradiciones, al casarse desconociendo la Pragmática Sanción la Casa Real se pondría «al día con los tiempos» que demandan «libertad», «frescura», etc.

Bajo la máscara de la simpatía por una Corona «democrática» se oculta así —buena y mala intención— la voluntad indudable de convertir la Corona en una institución meramente decorativa, sin peso real alguno y únicamente dedicada a un trabajo de representación, de imagen protocolaria del Estado. En definitiva, una monarquía con un peso nulo y muy distinto al que le dio a la Corona en su día la autoridad moral e institucional para salvar esa misma democracia, en cuyo nombre, no obstante, se desea arrumbar a los monarcas en un espacio social equivalente al patrimonio cultural y artístico.

Quienes defienden y alientan la «boda de corazón» con estas razones, quienes tanto parecen ocuparse de la dicha de don Felipe, quienes desean permanentemente equiparar las personas reales a unos ciudadanos más cualesquiera, no desean por cierto que don Felipe de Borbón y Grecia dé a su impecable y sólida formación ningún uso aparte del decorativo-turístico para americanos deseosos de fotografiarse con algo tan exótico como un Rey.

Esto hay que saberlo y hay que decirlo. Una vez salvada la democracia el 23 de febrero, cuando todos pudimos irnos a la cama en paz porque el Rey don Juan Carlos I nos había asegurado que todo estaba bajo control, parece que ya no es necesario que el Rey reine e incluso parece que les resulta deseable que reine mucho menos de lo que reina.

No se trata de simpatía o antipatía por Isabel Sartorius, ni de apego a rancias y vetustas —tan aviesamente comentadas con sarcasmo— tradiciones monárquicas. España es una de las escasas monarquías que aún tienen algo más de peso que el protocolario. Es algo que la Corona se ha ganado con dolor, sangre, exilio, tesón y valiente apuesta por la democracia y la integración europea, que ya reclamó don Juan de Borbón en el año 1947 para irritación extrema del general Franco.

De ahí que esté obligada a ser cuidadosa con su política y con la actitud que tiene respecto de algo tan fundamental como la norma matrimonial. No por la norma en sí misma —aunque toda norma tiene derecho a ser respetada o bien derogada formalmente—, sino porque estas quiebras son «trampas» orientadas a debilitar el prestigio social, la imagen pública, la percepción que tienen los españoles de la necesidad —y no de lujo— de la Corona de España.

Esto no quiere decir, por supuesto, que no puedan modificarse las normas ni que no puedan crearse nuevas tradiciones. Pero sí exige que se trate de un proceso muy meditado y, sobre todo, jurídicamente impecable y transparente, comprensible y asumible por la opinión pública.

Es difícil entender, en este contexto, que La Zarzuela haya dejado ir tan lejos la relación sentimental entre los jóvenes al mismo tiempo que se embarcaba en una política errática y sin otros referentes jurídicos que la Constitución de 1978 para soslayar una tradición monárquica que se remonta a los Reyes Católicos y es una seña de identidad única y distintiva del trono de España.

DEMAGOGIA

Los amigos —o «amigos»— de Isabel Sartorius, los que le han salido de pronto como espontáneos partidarios de una «Reina» popular, no pueden ocultar su absoluta falta de identificación con la Corona. Sus razones son descaradamente profanas en esta materia, insultantemente republicanas. No desean un Rey sino un embajador honorífico de lujo, currículum incluido.

El hecho de que Isabel Sartorius fuese la primera joven que mantenía con el heredero una relación sentimental seria y duradera, sirvió para alentar estas expectativas. También se pudo jugar con el natural juvenil al presentar la relación como amor «imposible» por obstáculos extraños al «amor» y, en consecuencia, se sugiere desde entonces que lo suyo es hacer «posible» ese amor quebrando la tradición y enterrando sin más la Pragmática Sanción de Carlos III. No una norma cualquiera, sino la norma, dado que no hizo sino reafirmar solemnemente, con la garantía del derecho escrito, lo que ya era una norma vigente por sanción de la costumbre desde el nacimiento de la España moderna.

Esta política demagógica se entiende en su auténtica dimensión si se piensa que, ante la perspectiva del hundimiento del sistema de partidos —la crisis de la partitocracia que ya alcanzó ribetes dramáticos en Italia—, no se quiere que en este clima se potencie la imagen del Rey y de la Corona como institución sólida y con peso político suficiente para llenar el vacío natural y satisfacer la demanda de la ciudadanía.

En este sentido, la apuesta de algunos republicanos por un sistema de fuerte presidencialismo apunta a este mismo objetivo de equilibrar la imagen de un Parlamento con menor peso. En esta situación, es claro que a esta posición política no puede resultarle deseable la imagen de un Rey que tuviera el perfil de Felipe VI: un monarca culto y profesionalmente muy capaz, formado en las escuelas universitarias más exigentes, con carisma y una imagen altamente positiva para los españoles.

El republicanismo, como es lógico, no puede ver con buenos ojos esta posible coyuntura para un futuro que tampoco puede considerarse lejano, dada la celeridad con que se están produciendo los cambios históricos. Con un Rey así no habría más remedio que tomarlo en consideración como un factor decisivo a la hora de tomar decisiones trascendentes en momentos críticos.

Menos comprensible es que se hayan sumado a este coro muchas personas que, en principio, no parecen compartir semejantes preocupaciones. Pero es indudable que la «modernidad» aparentemente obvia de esta voluntad de «democratizar» el trono consiga seducir, si uno no reflexiona históricamente y carece de la mínima cultura monárquica Una carencia que sigue siendo un factor que aleja a nuestra Corona de nuestro pueblo.

Nada de esto, por supuesto, tiene que ver con Isabel Sartorius. Pero es indudable que el entorno humano y social, el clima público, los medios de comunicación, han apostado en buena medida por estimular el romance, por recurrir a mecanismos psicológicos obvios de motivación de ambos jóvenes y por culminar esta estretagia llevándolos al altar.

Por las razones que sea —esperemos que al menos se pensara en lo que se hacía—, la Familia Real tomó una actitud que parecía apuntar a iniciar un proceso de actualización de la política matrimonial, que culminara en una reformulación de la norma y en una transición suave con una tradición reformada en aras de la misma evolución histórica.

No es algo que a los monárquicos nos hubiese agradado, por cierto. Pero mayor asombro supuso entonces la convergencia del silencio en relación a este tema y, sin embargo, el reconocimiento público «oficioso» de la relación sentimental del heredero.

En diciembre de 1989, cuando la pareja lleva saliendo seis meses —que no es escaso tiempo—, Isabel Sartorius sería recibida en La Zarzuela antes de las Navidades. Por supuesto, desde el punto de vista oficial era la visita de una amiga del Príncipe de Asturias. Pero a esa altura de las relaciones no podía significar lo mismo para la opinión pública.

Desde el punto de vista psicológico todo parecía indicar que era el primer paso, y el gran espaldarazo a la relación, que acabaría en una boda morganática. Por primera vez desde los Reyes Católicos. En contra de la Pragmática Sanción. Sin explicaciones y sin fijar unos criterios de transición, y sin derogar nada.

TORPEZA MONARQUICA

Tampoco, debemos reconocerlo, los monárquicos estuvimos muy «finos» y a la altura de los acontecimientos. Como referí en mi libro «Hay que casar al Príncipe», no faltaron comentarios descomedidos y expresiones en exceso fuertes de parte de los defensores de la Pragmática Sanción.

José Antonio Dávila, en «Panorama», el 28 de septiembre de 1992, escribió:

«Yo no creo en la sinceridad de sus sentimientos hacia el príncipe (refiriéndose a Isabel Sartorius). Muchos padres no la querríamos ni como esposa para nuestros hijos, hay que tener en cuenta que vivió sola en Nueva York. Si el príncipe quiere tener vida privada que renuncie al Trono. Los que así pensamos no somos un movimiento, pero sí tenemos derecho a decirle al príncipe que entre sus deberes y entre sus deseos está optando por estos últimos, lo cual es muy grave».

Ciertamente, no es un prodigio de diplomacia este tipo de comentarios. El príncipe, como es obvio, aparte de deberes y deseos, tiene derechos. Y entre sus derechos también figura el derecho a tener una intimidad, por más persona pública que sea.

Un Rey no es una estatua. El hecho de que tenga deberes especiales no le priva de derechos. Es inhumano pretender que no tenga vida privada. Pero, sobre todo, semejante forma de crítica parece toda una invitación a «provocar» a las reales personas y a irritarlas sin más con una soberbia desmedida.

El comentario sobre Isabel Sartorius es maleducado y grosero sin más. No puede uno, salvo saberbia impenitente, decirle a una joven que no conoce ni ha tratado que uno no cree que sea honrada y encima decirlo públicamente. Si, además, se añade la malicia de ese «vivió sola en Nueva York» y la evidente brusquedad chusca dirigida al príncipe: «que renuncie al Trono» (con mayúscula) tenemos todo un manual de la política que los monárquicos no podemos hacer sin dañar seriamente nuestra causa.

En buen lugar iba a quedar la Corona de España si el Príncipe de Asturias renuncia a estas alturas para casarse por libre. Y ¿qué se hace? ¿Se da paso a doña Elena y don Jaime —sobre qué bases— o empezamos a buscarle un príncipe consorte a doña Cristina?... ¡Por dios!

Este tipo de actitud, esta voluntad de «doblegar» a las reales personas con malas maneras, esta forma tan española e históricamente tan tópica que más de una vez ha dado a nobles y monárquicos «autoridad moral» para maltratar a los reyes en nombre de la tradición y con la coartada de «sincera fidelidad» a la institución, no es por cierto uno de los menores vicios de soberbia que tenemos los monárquicos.

Si los monárquicos nos comportamos como gentes que tienen el hábito de controlar a sus reyes y creer que pueden decirles lo que deben hacer, como si fuéramos nosotros los jueces de la Corona, no es extraño que desde el Trono empiece a mirársenos sin la mínima simpatía, como a gentes que desde un concepto patrimonial de la Corona pretenden hacer de los monarcas rehenes de su demanda.

LA ACTITUD DE LA FAMILIA REAL

Ignoro si la Familia Real se sintió dolida por todas las expresiones monárquicas, por la demanda a viva voz y pública de que se atendiera a la Pragmática Sanción. En todo caso, no es pensable que fuera la simple reacción de fastidio lo que explique no sólo el silencio al respecto, sino todos los pasos que se dieron para consolidar la imagen de una relación seria y estable entre Isabel Sartorius y el Príncipe de Asturias.

Don Felipe e Isabel no se ocultaron. Se dejaron ver en público con frecuencia, acudieron a lugares de esparcimiento y a restaurantes y se hizo familiar la estampa de la pareja en la media docena de lugares que frecuentaban habitualmente o con mayor asiduidad.

Con todo, el episodio más revelador fue que, antes de que Isabel Sartorius visitara La Zarzuela, en el primer domingo de diciembre de 1989, el Príncipe de Asturias apareció en público con ella en el pueblecito de Peraleda de la Mata. Se presentó a misa.

Como pueden valorar los lectores, este es un gesto ciertamente serio. No se trata de que don Felipe decidiera pasar unos días junto a Isabel en la finca que el Marqués de Mariño tiene en Peraleda de la Mata. Se trata de que él mismo desea expresar algo vivamente.

Don Felipe, en esos días, permaneció encerrado. Fuera de su comunicación con Isabel, ocupaba el tiempo en estudiar. De modo que no salió demasiado a dar paseos por los alrededores.

Algo que, en principio, podría interpretarse como voluntad de pasar desapercibido.

Pero no es así. Para dejarlo claro, para dejar claro que él asume su relación, hace una aparición casi oficial, en domingo, ante el párroco del pueblo que lógicamente se conmociona con la presencia del heredero y sus escoltas y acompañantes.

Es evidente que don Felipe de Borbón y Grecia estaba haciendo un gesto simbólico importante. No necesariamente un gesto político; pero sí un gesto, como hombre, dirigido a Isabel, como un viril y sincero homenaje. No sólo no es algo que pueda reprochársele, sino que debe apuntarse en su «haber», ya que es lo que se espera del corazón saludable de un joven que vive su primer romance serio.

La presencia habitual de don Felipe en casa de Isabel Sartorius, por otra parte, fue asidua y registró incluso episodios tan curiosos como la «operación salida» en la cual el heredero abandonó la casa escondido en el maletero.

Hubo otros gestos. Como la presencia de una banda de música en honor de Isabel, pero en ocasión de la boda de una prima suya en un pueblecito. También existe, al parecer, una copiosa correspondencia amorosa que ilustra la intensidad de la relación. No sólo estuvieron unidos dos años, sino que cuando estaban separados se escribían regularmente.

Todos estos antecedentes, amable lector, no hacen sino avalar el sentido y la oportunidad de nuestras advertencias y desvelos en torno a la actitud de la Corona ante la Pragmática.

Una boda real no es —no nos cansaremos de repetirlo— una boda más. En primer lugar, es de por vida. Es algo que exige la tradición y la vinculación especial del trono de España con la Iglesia Católica y al catolicismo como fe y confesión religiosa.

En segundo lugar, las personas reales están sometidas a una existencia llena de presiones, encauzada por el protocolo y las exigencias diplomáticas, limitada en sus expresiones por la trascendencia que éstas cobran en tanto los monarcas encarnan el Estado.

Esto demanda un perfil muy específico para la persona que debe convertirse en Reina de España. Por supuesto, la voluntad de «ser uno mismo» no puede sostenerse, ya que de lo que se trata es de representar su ser colectivo públicamente. Todo esto requiere una formación concreta, pero también requiere una disposición y un entrenamiento prolongados para los profesionales del Trono.

El matrimonio del Príncipe de Gales, Carlos de Inglaterra, con Diana, es un ejemplo claro de los inconvenientes que suelen producirse. Unos inconvenientes que han debilitado enormemente la imagen del Trono británico, a pesar de que este sea posiblemente el pueblo más monárquico de la vieja Europa. Y, tal vez, si no fuese así no hubiese podido tampoco superar las crisis que han supuesto los sucesivos escándalos en torno a las personas reales.

No porque hayan hecho nada muy especial, sino porque se espera que sean el «matrimonio arquetípico», bien avenido, estable, sólido, que se erige como ejemplar y punto de referencia social para el colectivo nacional. Algo que no ya es incompatible con escándalos amorosos, sino con la mera sombra de las desavenencias.

Para los Príncipes de Asturias no puede tratarse de «me caso y si no resulta hay divorcio», o de «se me ocurre pasar solo/a las vacaciones», o «me voy a comer un helado porque me da la gana».

Por otra parte, si la futura Princesa de Asturias tiene ideas válidas e información suficiente, ello no quiere decir que pueda expresarlas públicamente. Tendrá que saber guardárselas, como todas sus opiniones. Y también a tener que representar opiniones que no comparte.

Esto es, la profesión de Reina es todo lo contrario de lo que puede seducir a un carácter libre, curioso, aventurero, dispuesto a encarar nuevas experiencias, voluntarioso y con deseos de participar activamente desde la perspectiva que nos brinda nuestra propia forma de ver y de pensar la vida.

No es éste, por cierto, el perfil de Isabel Sartorius. Es posible que ella misma pueda creer o desear lo contrario. Pero sufriría y, a mi juicio,sufriría mucho. Esta joven no sólo tiene carácter, sino que no parece dispuesta a renunciar a expresarse según es.

Isabel Sartorius es, en este sentido, una joven dorada educada según los patrones o modelos femeninos de la cultura del capitalismo avanzado, sobre un horizonte liberal, fuertemente impregnado de individualismo. En este concepto, la función social o política no es asumida enteramente como servicio, como encarnación personal de unos símbolos que no obstante exceden a la persona humana, sino como un medio para ser y para expresarse en tanto individuo, con la originalidad que uno crea más conveniente.

Naturalmente, no se trata de que una Princesa de Asturias, o una Reina de España, personalmente, no puedan sentir o pensar sobre cualquier tema lo que deseen, como ocurre con cualquier ser humano. Pero sí de que deben cuidarse muy bien de que estas opiniones no trasciendan como tales públicamente.

Una Reina no puede hacer las declaraciones públicas que mejor acomoden a su visión de un problema. Como es obvio, es respetable y debe ser respetada en su sensibilidad, como nosotros mismos hemos reclamado para Su Majestad a propósito de los espectáculos taurinos.

Pero no olvidemos que la Reina Victoria Eugenia sufría enormemente por tener que asistir a esta «fiesta» y que, a pesar de que hemos progresado lo bastante como para no torturar a nuestros reyes con aquello que les duele, nadie aceptaría ni siquiera hoy día que la Reina Sofía reivindicara una ley que aboliera o simplemente reformara el espectáculo.

¿Está preparada Isabel Sartolius para «tragarse» sus opiniones sobre el mundo, España, el aborto, y todo lo que haga falta? ¿O es más bien una joven voluntariosa, habituada a expresar lo que piensa y a decidir libremente? ¿Está preparada Isabel Sartorius para abandonar esta libertad y dejar su agenda de cada día en manos de un equipo que le recordará, minuto a minuto, a quién debe recibir, sonreír o a quién no puede recibir ni sonreír aun contra lo que piense y sienta?

Porque de esto se trata, cada día, en la vida de una persona real. Claro que es hermoso para una joven convertirse en Reina. Así le debe haber ilusionado a Lady «Di» Spencer su romance con el Príncipe Carlos de Inglaterra. Pero Lady Diana no estaba preparada. No había reparado en que, más allá de la imagen pública de los «príncipes enamorados como en los cuentos de hadas», estaba la dura realidad de cada día. Una realidad que hace a las personas reales, en buena medida, rehenes de una tradición, de un protocolo, de un servicio, y les fuerza a sacrificar sobre ese altar su vida íntima, su voluntad de expresarse tal cual son en tanto personas humanas.

SUEÑO Y REALIDAD

Estas son las preguntas que deben hacerse cuando se intenta responder por las cautelas que establece la Pragmática Sanción de Carlos III, mal que les pese a quienes ven en la norma y en la tradición que fija un simple anacronismo que le va muy mal al entramado de valores profanos de nuestra cultura democrática.

Una cosa es el sueño de ser Reina y otra muy diferente la dura realidad que implica ser una Reina. España, con doña Sofía de Grecia, se ha acostumbrado a tener una reina impecable en su profesionalidad. Una reina que, a pesar de haber bebido en otras fuentes, ha sabido ser una gran reina de los españoles sin renunciar por eso a la originalidad de su personalidad.

¿Por qué? Porque estaba entrenada, porque había sido mentalizada para esto desde la más tierna infancia, porque está unida por sangre, familiarmente, de la forma más íntima, a una tradición que le vincula a siglos de historia y monarquías eu ropeas, a un ámbito familiar que excede en mucho el compromiso «familiar» del núcleo fundamental más los abuelos.

Una princesa tiene experiencia bastante a los veinte años para saber qué le espera si se casa con ese príncipe. Conoce y valora el protocolo, está unida a los símbolos, está acostumbrada a pensar en términos de Casa Real o Familia Real más que de individuo.

Sensatamente, después que se diera públicamente por terminada la relación sentimental entre don Felipe e Isabel, el tío de ésta, Nicolás Sartorius, que en tanto duró el «affaire» se negó a declarar nada, dejó traslucir estos mismos pensamientos desde la óptica privada. Lo que vino a expresar más con el gesto que con las sobrias palabras fue «pero ¿para qué se va a complicar así la vida una chica que puede ser dichosa y libre conforme a sus deseos? Realmente, así es, porque no otra cosa que un giro de ciento ochenta grados tendría que dar a su vida para convertirse en Princesa de Asturias».

Esto, en todo caso, hay que pedirle a don Felipe y a Isabel que reflexionen. Una cosa es el amor y otra distinta un matrimonio o boda real. No se excluyen, por supuesto, pero se equivoca de cabo a rabo quien piense que el primero garantiza el éxito o bien compensa todos los sinsabores que conlleva el segundo.

Ahora bien, si empezamos por decir que Isabel vivió sola en Nueva York —supongo que no es delito tampoco para una princesa vivir sola un tiempo, trabajar y conocer mundo— y por decirle a don Felipe que «nanay» de boda con ella, en rigor lo que hacemos es invitarles a que persistan, a que confundan su natural y juvenil voluntad de hacer posible lo imposible contra un entorno hostil.

Tampoco es raro que en esta situación, con una opinión pública monárquica poco numerosa y portavoces algo exaltados por momentos, la Real Familia sienta la misma incomodidad que le hizo experimentar el viejo régimen al mantenerla cautiva como rehén.

Como es lógico, en cuanto pudo se deshizo de semejante cautiverio, de la losa que pesaba sobre la Corona de España y le deslegitimaba como fuente de legitimidad suprema para derivar esta nueva legitimidad de un movimiento político.

En este sentido, una actitud descomedida de los monárquicos sólo puede invitar a la Familia Real a buscar el calor de una nueva opinión pública monárquica. Y además, tengamos en cuenta que la mejor forma conocida de conseguir que unos jóvenes de carácter se empecinen en lo que sea, es intentar «mandonearles» y recordarles la idea que nos hemos hecho de ellos y de sus deberes con formas bruscas o palabras desmedidas.

Ya bastante complicadas se han puesto las cosas como para que la falta de control sobre sentimientos y pasiones les lleven al nivel de las crisis.

Aceptemos que nos hemos equivocado al «empujar» descomedidamente a su Alteza Real el Príncipe de Asturias, don Felipe de Borbón y Grecia y pidamosle doblemente disculpas en tanto será el Señor de nuestra monarquía. En primer lugar, por la brusquedad de algunas expresiones de descontento monárquico en relación a unos temores sí muy legítimos. En segundo lugar, a Isabel Sartorius —y a don Felipe por ella—, si estos temores redundaron en un maltrato inmerecido e injusto de su imagen y de su persona.

Aceptemos y aplaudamos que un joven príncipe se haya molestado con razón y haya decidido mostrar que tiene personalidad y sabe dónde ir y cómo. El episodio de Peraleda de la Mata, con la misa del domingo y un párroco y un sargento abrumados por la repentina aparición del heredero, hablan de un espíritu cálido, valeroso, galante. Es decir, hablan de esos valores que esperamos encarnen en aquellos a quienes admiramos y estamos decididos a respetar como monarcas.

¿Cómo no sentir simpatías sinceras por un joven Prínicipe que con tanta naturalidad, espontaneidad y valor asume públicamente lo que siente y estima sensatamente valioso y deseable? Nadie quiere un futuro rey pusilánime, sino precisamente un rey con el carácter de que está haciendo gala el heredero.

Que nadie diga, por lo tanto, «que renuncie si quiere tener vida privada». No tenemos mejor futuro que aquel que nos permite esperar con optimismo la buena estrella del reinado de su padre, el Rey, y su continuidad en don Felipe. Es el heredero mejor preparado de la historia de España, el primero con una formación universitaria seria y de elite. Es carismático, es de natural muy agradable y seductor, es inteligente y sin duda tiene una figura bella y saludable que ya se ha hecho entrañable para todos los españoles. No es posible decirle a este joven: bien, si usted no quiere el puesto de trabajo ya encontraremos otro. Entre otras cosas, porque todos sabemos, y asimismo él lo sabe, que no tenemos posibilidad alguna de encontrar un futuro Rey de España que dé la talla, en todos los sentidos, que él sobradamente da.

Empecemos, por lo tanto, por inclinarnos ante Su Alteza Real para pedirle —no para gritarle ni ordenarle, que nadie nos dio ni en el cielo ni en la historia semejante credencial de jue ces y tutores morales de los príncipes— que, por favor, reflexione sosegadamente sobre el tema. No podemos sino recordarle los inconvenientes de todo tipo que, a nuestro juicio, produciría que se casara dando la espalda a la Pragmática Sanción.

Y lo mismo cabe pedirle a Isabel Sartorius, incluso asumiendo que podamos errar en la valoración que hemos realizado sobre su personalidad, su carácter, su forma de pensar, sentir y vivir la vida.

En todo caso importa que reflexionen con sosiego, en lo posible olvidando el coro de unos y de otros. Porque los coros sociales suelen estimular la pérdida de contacto con la realidad. Y también porque los corifeos suelen estar animados por motivaciones políticas menos claras de aquellas que proclaman como objetivos.

El Príncipe —importa recordarlo— no tiene derecho a ser ingenuo en este sentido. Debe saber que, en principio, está solo, mucho más solo que cualquiera en tanto sólo él es el Príncipe y nadie sino él puede decidir en tanto Príncipe y asumir la entera responsabilidad de las consecuencias que se derivan de sus actos.

Por lo demás, y cuando uno contempla desde la distancia que brinda la edad otoñal a Isabel Sartorius, debe confesar que la joven tiene encantos como para traer de cabeza a cualquiera. Pero la inteligencia, el afecto compartido, las afinidades ¿no son acaso dones excepcionales que a menudo se cultivan con mucho mayor beneficio de felicidad en la amistad que en el matrimonio?

Como habrá apreciado el lector, al aproximarnos en esta ocasión a la figura de Isabel Sartorius, no hemos hecho mención a su noble genalogía, fuera de que la joven es la futura marquesa de Mariño. En rigor, si el lector está interesado en la genealogía detallada de Isabel, que en último término podría emparentarla lejanamente con don Felipe, puede consultar mi libro «Isabel Sartorius, casi una reina».

En esta obra hemos incluso añadido una breve reseña de las personas más destacadas de su ascendencia paterna y materna. Pero, dada la urgencia del momento y la evolución de los acontecimientos en relación a la boda del Príncipe de Asturias, o a sus posibles alternativas, hemos creído que era fundamental analizar a fondo los inconvenientes de una relación entre ambos jóvenes que desembocara en boda morganática.

En este sentido, hemos cumplido ante ambos lo que entendemos nuestro deber como monárquicos. Esta es nuestra opinión y estas son nuestras razones. Al darlas sinceramente y con el debido respeto, creo que hacemos el mejor servicio que un monárquico puede hacer a su Rey y a la Familia Real de la cual Su Majestad es el Jefe y el Príncipe de Asturias quien está llamado a sucederle en la regia Jefatura de España.

VI. EL *SECRETO* SE ESCONDE EN VADUZ

Una mañana España amaneció bajo la sorpresa del anuncio de un posible compromiso nupcial entre don Felipe y la princesa Tatiana, 24 horas más tarde la casa del príncipe soberano de Liechtenstein, revocaba la noticia y aseguraba que era falsa. Desde aquel momento el secreto de la verdad se escondía en Vaduz.

El viernes 31 de marzo de 1995, la Casa del Príncipe soberano de Liechtenstein, envió un fax en español a los medios de comunicación de nuestro país que habían anunciado el próximo compromiso de su hija, la princesa Tatiana, con don Felipe de Borbón, demandando una inmediata rectificación de la noticia. Una noticia que el semanal «Hola» había dado por segura y a la cual dedicaba toda la portada de la revista.

Curiosamente, este desmentido remitido por el Príncipe Hans Adam II, difundido por la agencia EFE desde Vaduz, afirmaba que la información de «Hola» «Carece en absoluto de fundamento», al tiempo que pedía una rectificación a «la mayor brevedad posible».

Es probable que este desmentido bastara para que muchos comentaristas —poco conocedores del mundo monárquico— entendieran que, a la luz del fax enviado por Hans Adam II, había que resignarse a aceptar que no había fundamento alguno para mantener la expectativa sobre un próximo compromiso oficial de los jóvenes príncipes.

En cambio, y a la luz de los antecedentes, todo parecía indicar que la revista «Hola», como antes, pero con su habitual prudencia, insinuara el periódico «ABC», había dado en el blanco. De alguna forma, por razones que veremos brevemente más adelante, el «desmentido oficial» parece ser un sello característico que preludia la confirmación de este tipo de informaciones sobre las bodas reales.

Sobre todo, si tenemos en cuenta la actitud del Príncipe de Asturias, don Felipe de Borbón y Grecia, que después de asistir a la boda de su hermana mayor, la infanta doña Elena de Borbón, con don Jaime Marichalar, fue sorprendido por la noticia en Washington, adonde había regresado para proseguir sus estudios.

En esta situación, don Felipe prefirió expresar su «sorpresa por el aluvión de «portadas» y «exclusivas» en torno a su presunto futuro compromiso y declaró que «no haría comentarios» sobre el particular. Es decir, no negó la información en absoluto, sino que dejó en manos de los soberanos de Liechtenstein, y padres de la princesa Tatiana, todo lo concerniente a la misma. De forma que el desmentido de Hans Adam II, a pesar de los términos en apariencia tan definitivos, no podía ser considerado sino como un «signo» de que, más temprano que tarde, podría ser a su vez «desmentido» por los hechos consumados.

Naturalmente, los reyes no actúan así por excentricidad ni por capricho, y mucho menos por «secretismo». Para empezar a comprender esta actitud basta con situarse mentalmente en el entorno que se crea a los príncipes alterando de pronto sus vidas.

Bastó que «Hola» publicara su número con la princesa Tatiana de Liechtenstein en cubierta, para que una nube de periodistas, curiosos, fotógrafos, pusiera a sitio de inmediato la Escuela donde la joven cursa segundo de Empresariales.

Como era de esperar, la princesa Tatiana, que sólo tiene veintidós años recién cumplidos, corrió a encerrarse en el aula hasta que la muchedumbre amainara. Antes, por otro 1ado, en varias ocasiones ya habían tenido sus amigos que tejer un cerco humano, una muralla solidaria, para que la joven pudiera evitar ser arrollada por decenas de micrófonos y fusilada desde todos los ángulos por lo «flashes», cuando no llevada en vilo por el impulso entusiasta de los informadores.

Lo mismo le pasó en su día a la pobre Lady «Di» Spencer. De pronto, su vida tranquila, dedicada a la educación infantil, se vio sacudida por este terremoto. Terremoto que encajó como pudo —no muy bien, lo que no es reproche y menos considerando que no estaba entrenada física y psíquicamente para semejante resistencia y que, en alguna ocasión, le hizo perder los nervios en público.

Al fin y al cabo, aunque muchas veces sus imágenes estampadas en papel cuché nos lo hagan olvidar, estos jóvenes «también» son seres humanos. Tampoco lo tienen muy fácil, porque deben «encajar» desde la infancia una diferencia fundamental que condiciona de forma severa sus existencias futuras.

Desde fuera, es posible que se piense en lo gratificante que debe ser «nacer príncipe». Pero la «diferencia» que «señala» a una persona como especial entre millones, no suele ser tan gratificante a la hora de encajarla en la propia persona. Hay lógicamente, asombro, extrañeza —¿por qué yo?— y también, sin duda, soledad. Mucha soledad, en todos los casos.

Ocurre con todas las personas «señaladas» de una u otra forma. No en vano el pobre Jonás huía despavorido de la «llamada de Yahvé Dios para que fuera su profeta. En ningún orden de la vida resulta psicológicamente fácil encajar que «uno no es como los demás», por lo que sea.

Con ser esta la razón humanamente más importante, no es la única ni, probablemente, la fundamental a la hora de modelar una política informativa sobre materia matrimonial. Una boda real es una cuestión de Estado.

Cuando decimos una «cuestión de Estado», no nos referimos al hecho obvio de que el Rey es el Jefe del Estado, sino al hecho de que como tal, y como Jefe de la Casa y de la Familia Real, sus decisiones son trascendentes de forma especial en esta materia.

En el caso del Príncipe de Asturias, don Felipe de Borbón, existía además la expectativa sobre el tipo de matrimonio que acabaría celebrándose. El hecho de que la infanta doña Elena no fuese excluida del derecho sucesorio por contraer matrimonio desigual, planteaba la pregunta de si este antecedente sería elevado a «jurisprudencia» con la boda del heredero.

Al parecer, la Casa Real ha diseñado una política prudente, buscando una síntesis entre tradición y renovación. De un lado, basó en la Constitución la legitimidad última en materia de sucesión con la boda de doña Elena y don Jaime. Del otro, a esta luz preparatoria, la próxima boda real de don Felipe con una princesa real de su rango, supondrá una «reverencia simbólica» a la tradición, pero desde la fuerza que implica no hacerlo por imperativo legal, sino como fruto de una elección libre.

Si ello es así, debo decir que mis anteriores reflexiones sobre el silencio de la Casa Real en torno a la Pragmática de Carlos III en ocasión de la boda de doña Elena de Borbón, deben ser rectificadas, o al menos matizadas en profundidad a la luz de lo que acabo de comentar.

En esta hipótesis, la política de la Casa Real en relación a la Pragmática Sanción sería la de estimarla como una tradición respetable y deseable —y por eso no se le derogaría explícitamente—, que establece un requisito estimable siempre que, en el caso práctico de que se trate, sea razonable y sensato cumplimentar, pero no como norma obligatoria.

La base jurídica para legitimar esta política es, naturalmente, el texto constitucional. Una decisión notable, toda vez que, con esta fórmula don Juan Carlos I y doña Sofía de Grecia, deciden libremente también en esta materia que fuente de legitimidad superior es el pueblo español y su voluntad, expresada en la Carta Magna.

Sin embargo, no hay ruptura con la tradición. No sólo ya el Rey don Alfonso XIII, al comunicar su polémica decisión de alejarse del trono de España por negarse a ser rey contra la voluntad de los españoles, implica un antecedente histórico de especial valor, sino que esta política de la Corona desde la proclamación de don Juan Carlos I como Rey de España ha sido el instrumento para que el trono dejara de ser «rehén» del franquismo.

Es la Constitución, definitivamente, la que convierte sin discusión ni apelación a don Juan Carlos en Rey de todos los españoles. Y es la Constitución, en definitiva, el texto que prima sobre cualquier otra norma de la monarquía tradicional.

Unas normas que se respetan y reverencian entonces por sentido de la tradición y fidelidad a la misma, pero no desde la servidumbre sino desde la racionalidad. Es muy posible que así sea, pero cabe también señalar que si así es ha faltado algo fundamental que va siendo hora de que no falte: la comunicación, la difusión de los principios y de la filosofía que rigen esta nueva política de la Corona, si es que la hay.

En todo caso, en materia matrimonial, por las más variadas razones a las más variadas escalas, la política real siempre ha intentado que ningún rumor ni exclusiva anticipara al anuncio oficial y formal de petición de mano y compromiso.

No hay que olvidar, además, que en el caso de que un presunto compromiso anunciado fallara, por la razón que fuera —no se trata de la simple voluntad de los futuros cónyuges sino del imperativo político—, eso supondría tanto un problema de imagen para la Casa Real como para el Estado.

Antes del anuncio, en suma, todo debe estar en orden, tanto en el corazón de los jóvenes como en relación a los imperativos políticos que condicionan la vida y las decisiones de ambas familias reinantes.

UN «FLIRT» ESPECIAL

Todo esto hace que el «flirt» entre príncipes tenga un carácter especial. Hagamos el esfuerzo de acercarnos a don Felipe y doña Tatiana y veremos con claridad el aire romántico que puede generar este entorno tan escasamente romántico en la vida sentimental de los jóvenes.

En Sevilla, en ocasión de la boda de doña Elena con don Jaime, don Felipe y Tatiana de Liechtenstein coincidieron en más de una ocasión y en más de una fiesta. Por imperativo de discreción, debieron escoger otra pareja de baile, limitar los diálogos, evitar expresiones espontáneas al sentirse centro de todas las miradas y preguntas.

De algún modo, este entorno favorece el juego antiguo y olvidado, pero bello y estimulante, del guiño cómplice, el diálogo a distancia de las miradas, la sonrisa intencionada en los cruces azarosos de la noche. Si a esto se une la complicidad de los amigos, el descubrimiento de estos amables sentimientos juveniles se llena de magia, se acerca a esa imagen de cuento de hadas que siempre sugieren las familias reales, los príncipes y las princesas.

No es, por cierto, nada saludable complicarles más las cosas con un asedio que, por otra parte, puede crear una confusión nunca deseable por esa repentina y brusca alteración del ritmo de la vida.

No olvidemos que la princesa Tatiana conoció a don Felipe de Borbón cuando sólo contaba quince años. Esta joven rubia de bellos ojos que evocan el verde profundo de la esmeralda, sólo tenía diecinueve años cuando se trasladó a España para estudiar empresariales en nuestro país. Y cuando su rostro llenó la cubierta del «Hola» todavía no había cumplido veintidós años.

Tampoco don Felipe está teniendo una juventud fácil en este sentido. A pesar de haberse mostrado siempre como un joven impecablemente discreto y prudente —incluso más contenido que su padre el Rey en la expresión del buen humor y de la vitalidad característica de los Borbones, algo en lo que se ve la herencia y el carácter materno—, entregado sin mácula a su preparación, desde hace años viene siendo presionado de forma algo descomedida.

Don Felipe, fresco y natural, fue simpático pero elocuente con aquel célebre «sin empujar» con que salió al encuentro de la inevitable pregunta: «Oiga, y usted ¿para cuándo?». No ha importado demasiado que don F'elipe haya tenido que pasar por años de formación intensísimos, que por otro lado no han terminado, ni que sea el primer heredero del trono español con una formación académica y universitaria de élite, aparte de que tenga que cumplir con los deberes que le exige ser Príncipe de Asturias. No importa que todo esto cargue sobre un joven de veintisiete años. Desde que don Felipe cumplió los veinticuatro el tratamiento que le ha dado la prensa parece más digno del miedo irracional a que se quede solterón que el debido al heredero de un Rey todavía joven.

Nosotros mismos hemos recordado que don Felipe era el Príncipe de Asturias que más tiempo ha permanecido soltero. Pero no como asedio o presión, sino por la evidencia de que el imperativo de Estado acabaría por desembocar en el anuncio de su compromiso más temprano que tarde. Por una razón simple: el peso mismo de la tradición.

Como ya dije en mi libro «Hay que casar al Príncipe», su padre, don Juan Carlos, se casó a los veinticuatro años y su abuelo, don Juan de Borbón, se casó con veintiún años. Algo nada excepcional cuando nos remitimos a los treinta y seis príncipes de Asturias anteriores.

Naturalmente, hay que diferenciar entre distintas épocas. En otros siglos, no era tan extraño que la responsabilidad de la Corona recayera sobre adolescentes. También el Papa Alejandro I casó a su hija Lucrecia Borgia cuando tenía trece años, y doña Blanca llegó al Vaticano para desposarse con el hermano menor de César, que tenía once años, cuando ella sólo contaba catorce años. Algo que, dicho sea de paso, la arrojó en los brazos de su cuñado César, a la sazón de quince años, que no obstante ya llevaba tres como Cardenal.

En otros siglos pasados, como actualmente en otras culturas, la frontera entre la infancia y la vida adulta se sitúa en la misma pubertad. En este sentido, como bien ha visto ya hace décadas la antropóloga Margareth Mead, la adolescencia es una creación de la civilización.

Cuanto más desarrollada es una cultura, más dura esta fase de primera juventud. Por una razón bien simple: la complejidad del mundo desarrollado exige una preparación más intensa y extensa y la riqueza disponible permite sufragar el coste social de los jóvenes mientras adquieren esta preparación superior.

No olvidemos, por otro lado, las especiales condiciones que rodearon las anteriores bodas reales de la Corona española. En el caso de don Juan Carlos, era urgente incluso abortar cualquier veleidad del régimen franquista de marginarle del trono, riesgo nada ilusorio y bien real que mantuvo en vilo a toda la Familia Real.

En el contexto de aquella boda celebrada en Atenas entre don Juan Carlos y doña Sofía, no sólo era una necesidad casarse, sino incluso apresurarse a tener un hijo varón que acabara de despejar las dudas y forzara la decisión del Caudillo de no cuestionar la legitimidad de la Familia Real como única depositaria de los derechos al trono de España.

Yo mismo he comentado estas especiales circunstancias en mi obra «La madre del Rey» y también, más recientemente, en mi libro sobre doña Elena de Borbón y Grecia.

En lo que se refiere a la boda de don Juan de Borbón con doña María de las Mercedes de Borbón y de Orleáns, de nuevo el imperativo político fue un factor decisivo para apresurarse.

Había que casarse. Más aún: había que casarse bien pronto y asumir la jefatura de la Familia Real en una situación difícil de exilio, penuria económica y necesidad de un relevo del Rey don Alfonso XIII para encarar los nuevos tiempos.

De modo que estos dos antecedentes son perfectamente explicables en su contexto histórico. Aparte del hecho notorio de que, en general, en este contexto también la gente corriente se casaba más joven, tenía muchos más hijos y, también, mucha menos exigencia de formación para encarar el desafío de un mundo evidentemente menos complejo.

En el caso del Príncipe de Asturias, don Felipe, ninguna de estas circunstancias operan para apresurar el compromiso y la boda. Lo que no quiere decir, en absoluto, que ambos eventos no estén próximos.

SIGNOS INEQUIVOCOS DE BODA

No obstante, los signos de que el compromiso oficial está en el aire resultan al menos tan tópicos como el desmentido de Hans Adam II desde Vaduz y el «no comment» del príncipe y el «nada hay» de primera hora de la Casa Real, sorprendida cuando nuestros monarcas se encontraban de visita oficial en Pekín.

En primer lugar, si bien en España el tema de una posible relación sentimental entre don Felipe y la princesa Tatiana sólo emergió de forma fugaz en la prensa hace algún tiempo, en el pequeño pero próspero Estado independiente de Liechtenstein esta posibilidad caló en la opinión pública.

Sin duda, una opinión pública casi familiar, toda vez que este pequeño Principado sólo tiene treinta mil habitantes, algo que, por sus dimensiones, evoca a las viejas ciudades-estado. Pero en este entorno familiar se daba como cierto que la princesa Tatiana era la futura «novia» de don Felipe de Borbón, si no ya «su amor secreto».

También, sin duda, todo rumor expresa un deseo popular que así se proyecta como «versión objetiva», pero el caso es que no es menos cierto que, como alude el refranero, «cuando el río suena...»

No debemos olvidar, por otra parte, que si bien no es forzoso que esta sea la razón última, hay algunos elementos objetivos que no podían pasar por alto a los analistas de estos temas.

En primer lugar, los rumores de que el mismo jefe del Gobierno de Vaduz habría sugerido que existía un horizonte claro que favorecía esa posibilidad matrimonial. En segundo lugar, el hecho de que, en ocasión de la boda real del Príncipe Alois de Liechtenstein, heredero del principado, con la princesa Sofía de Baviera, el protocolo decidiera sentarles juntos en las fiestas celebradas en Vaduz en el verano de 1993. Y no menos significativo fue el hecho de que, fuera de la proximidad protocolaria, cada uno fuese por su lado.

El protocolo nunca es inocente en este sentido ni en ninguno: expresa la «regla», la norma, el simbolismo que configura el idioma del gesto y del acto real como fruto de una decisión siempre intencionada, medida y pesada cuidadosamente. No se sienta a dos jóvenes príncipes juntos sin ninguna intención.

Pero asimismo es significativo que, fuera de la estampa protocolaria, no se les vea juntos, sobre todo si, en efecto, existe una afinidad personal y unas condiciones objetivas que permitan sospechar un futuro compromiso.

No sólo para evitar los inconvenientes de todo tipo que generan las especulaciones, sino para ceñir la información sobre la Real Familia a unos cauces normalizados y formales, conforme con el carácter de la institución.

Todo parece indicar, por lo tanto, que cuando se produce el desmentido oficial de un compromiso inminente entre don Felipe y la princesa Tatiana, las posibilidades de una boda entre los jóvenes ya habían sido suficientemente estimadas y valoradas por parte de las dos familias reales.

No es posible que fuera de otro modo. La princesa Tatiana es posiblemente la extranjera que presenta desde hace años el perfil más adecuado para convertirse en Princesa de Asturias primero y, más tarde, en Reina de España. Tanto por su genealogía regia, como por su religión.

Esta posibilidad tiene que haber sido estimada hace años, como es seguro que la impresión que se causaban mutuamente los jóvenes debió merecer la atención de ambas familias. El hecho mismo de que hace dos años la princesa Tatiana se trasladara a Madrid a estudiar Empresariales en la European Business School tampoco puede dejarse pasar por alto.

¿Por qué Madrid? La European Business School tiene centros en otros países europeos, y con mayor tradición que en España donde su primer intento de desembarco no fue nada exitoso y, en su segundo abordaje, le ha movido a unir sus esfuerzos con Fomento.

Por otra parte, la princesa hablaba a la perfección el alemán, el francés, el inglés y al parecer el italiano, pero no el castellano, idioma del cual conocía sólo algunas palabras cuando se trasladó a Madrid, aunque como es obvio le hable ahora con toda fluidez y corrección.

Pero ¿por qué escoger los cursos en España? Una joven princesa, atractiva, casadera, católica, con una experiencia de dos años en el país del cual puede convertirse en Reina, no puede dejar de ser considerada como la primera candidata para convertirse en Princesa de Asturias.

Sin embargo, mientras escribo estas páginas, no es posible dar por seguro algo que quienes están en exclusiva autorizados a hacerlo no hacen. De forma que también es necesario considerar la alternativa menos probable, pero en absoluto descartable, de que estemos ante el anuncio de una ruptura de las gestiones encaminadas a la realización de este boda.

En realidad, sólo se me ocurre una razón para considerar esta hipótesis. El príncipe don Felipe de Borbón es, sin duda, un heredero intachable en cuanto a responsabilidad, seriedad y preparación. Pero también ha mostrado signos de que tiene muy claro que la fidelidad personal a la identidad profunda de su misma persona no es en absoluto negociable. Al menos, esa impresión da él, como da su madre, doña Sofía de Grecia.

De nada han valido, en este sentido, las ciertamente maleducadas peticiones de que Su Majestad asistiera a espectáculos o comulgara con costumbres o valores con los que no comulga. Algo que debe ser estimado en todo su valor, en tanto eso es lo que esperamos de alguien a quien estamos dispuestos a rendir nuestra admiración.

Tengo la impresión de que don Felipe de Borbón y Grecia es en este aspecto como su madre, la Reina. Y tampoco me cabe duda de que, en consecuencia, si don Felipe entiende que su fidelidad a su conciencia le inclina a elegir otra pareja, será difícil —aparte de que resultaría francamente contraproducente— que, en tema que atañe tanto a la vida íntima, se le pueda imponer una boda exclusivamente de Estado.

¿Qué ocurre en el corazón de don Felipe de Borbón? Esa, sin duda, es la clave para despejar el último enigma sobre quien será la próxima Princesa de Asturias. ¿Podría ser otra joven? Creo que sería absurdo negar esta posibilidad. ¿Podría ser esa joven incluso Isabel Sartorius? Tampoco se me ocurren motivos para descartar esta posibilidad.

Don Felipe e Isabel Sartorius deben haber coincidido también en algunas ocasiones en los últimos tiempos. No hay que olvidar que Nora de Liechtenstein, tía de la princesa Tatiana, está casada con don Vicente Sartorius, marqués de Mariño, y que, por lo tanto, la tía de Tatiana es, a la vez, madrastra de Isabel Sartorius.

No sólo es previsible que se vean en tanto parte del mismo grupo de amigos —Tatiana e Isabel son amigas y coinciden en la finca extremeña de Peraleda de la Mata, próxima a Cáceres— sino que, seguramente, se conocen mejor y se estiman más de lo que podamos suponer. Integran la misma generación, el mismo reducidísimo grupo social, que debe esforzar, por lo tanto, los lazos de solidaridad y comprensión ante el entorno, como un movimiento reflejo e instintivo de autoprotección.

En el caso de que no todo fuese historia entre don Felipe e Isabel Sartorius, entonces sí que la prisa y el celo profesional periodísticos pueden haber causado mucho más daño de lo que pudiera imaginarse. Si el anuncio del inminente compromiso forzó una negativa del heredero, o una negativa de la princesa, no por falta de afinidad, sino porque les sorprendió en un momento de indecisión sobre una opción tan trascendente, o porque las condiciones no habían madurado adecuadamente, poca duda cabe de que el daño sería grande.

Sobre todo, en términos de dolor para los mismos jóvenes y de hipoteca sobre sus expectativas. Del mismo modo, la frustración hecha pública supondría un maltrato injusto de la imagen de unos jóvenes que no pueden ser equiparados sin más a «los famosos», o a las «personalidades públicas», entre otras cosas porque su función y su identidad histórica son otras y merecen ciertamente otro trato diferenciado. Un trato del que no debe ser un modelo la prensa británica en su permanente acoso e indiscreciones con la Familia Real británica,. a la que han convertido en blanco de «paparazzis» y en pretexto para atender la demanda de morbo por parte del público.

En rigor, la noticia —si es que hubo, como parece, filtración fiable por parte de «fuentes por lo general bien informadas» debió servirse con la prudencia de que hizo gala «ABC». Mientras que no haya anuncio formal y oficial de compromiso entre los príncipes debería asumirse el buen hábito —y la inexcusable buena educación— de no salirse del comentario o del diagnóstico «experto» sobre las posibles candidatas.

Una cosa es decir que uno está seguro de que la futura Princesa de Asturias será la princesa Tatiana de Liechtenstein o bien doña Isabel Sartorius, o bien otra joven, y otra muy distinta es aventurar informaciones o afirmaciones que comprometan a las personas reales.

Algo que, por desdicha, se está convirtiendo en un hábito cotidiano.

ALGUNAS «GUINDILLAS» DE MUESTRA

Según «El Mundo» del dos de abril, en un artículo a toda página firmado por Pilar Rubines, la prensa especializada —entre la cual debe contarse la periodista— comentó en «las terracitas del Principado» que a don Felipe «no podía gustarle la princesa Tatiana», ya que él las prefería menos «llenitas», más conforme al ideal de portada de lujo con la imagen de la modelo más cotizada.

Aparte de que, según la misma nota, es una pena que don Felipe desatienda el corazón para tener una vulgar «boda de Estado», renunciando al amor con Isabel, que se da implícitamen por hecho. Algo —por decirlo suave—poco oportuno,. sobre todo si se tiene en cuenta que lsabel Sartorius está trabajando en la redacción del mismo periódico de marras que maltrata la imagen de la princesa Tatiana.

No deja de constituir un manoseo injustificado este tipo de comentarios, o de propalación de simples rumores, como ese «se dijo que don Felipe "habría negado" por teléfono a amigos que tuviera intención de prometerse con la princesa Tatiana». O esa gratuita suposición de algunos comentaristas y columnistas, que figuran entre los más renombrados analistas de la rea lidad nacional, de que la boda entre don Felipe y Tatiana de Liechtenstein no sería una boda de amor (Martín Prieto, según la edición del periódico «El Mundo» ya citada).

¿No constituye un notable atrevimiento y una destacada muestra de mala educación esta audacia informativa sobre la vida de personas de las que no se tiene noticia alguna, ni se les ha tratado, ni consultado para nada sobre lo que no pasan de ser especulaciones sin fundamento?

Al parecer, don Felipe de Borbón y Grecia se ha confiado entre copa y copa a don Martin Prieto sobre los asuntos del co razón y este sería —¿qué otro?— lo que autorizaría una afirmación de semejante calado y contundencia sobre el corazón ajeno. De otro modo, habrá que concluir que algunos periodistas han perdido por completo el mínimo respeto a la responsabilidad que debe presidir cualquier afirmación de quien, por definición, es un portavoz privilegiado y, por eso mismo, obligado a no hacer afirmaciones gratuitas, que, además, hacen daño.

Eso nada tiene que ver con la libertad de expresión ni con la libertad de información. Es la decencia que se espera de un ser humano hacia los otros seres humanos; es, simplemente, negarse a hacerle a otros las faenas y tropelías que, seguramente, no nos gustaría que nos hicieran a nosotros manoseando hasta tal punto nuestra intimidad. Porque ¿qué otra cosa son este tipo de opiniones «expertas» y esta forma de tratar los asuntos que atañen a la Corona y a la Casa Real de España?

Naturalmente, esta crítica no se refiere a «Ho1a», que probablemente, como indican sus antecedentes y su prestigio en 1a materia, habrá publicado la noticia sobre la base de una fuente fiable, aunque, en último término, eso no signifique infalible. Y, por lo demás, el tratamiento fue respetuoso como es habitual en las páginas de «Hola».

Es más bien el «eco» de otros medios, al calor de la credibilidad alta que tienen las afirmaciones de «Hola», lo que sobre la base de esta información y especulación ha encontrado la ocasión de llevar el «cotilleo» a los extremos del mal gusto.

De un lado, habría que saber si la «filtración» no fue una manera intencionada de torpedear un propósito que todavía estuviera inmaduro. Del otro, pudo incidir negativamente en cualquiera de los sentidos que hemos comentado a lo largo de este capítulo.

En cualquier caso, nuestra Casa Real merece menos frivolidad y el mayor respeto; y es bueno recordar que cuando creemos perdérselo, en realidad, nos lo perdemos a nosotros mismos.

En el fondo, estas «piedras» no pueden tocar a las personas reales y el daño que se derive sobre su imagen será un deterioro sobre nuestra propia imagen nacional. Un pueblo tiene por sus reyes el respeto que tiene por sí mismo y cuando expresa el primero lo que hace es dar fe del segundo.

PREGUNTAS INQUIETANTES

Pero regresemos a esta segunda posibilidad que hemos comentado. ¿Qué ocurriría si, por ejemplo, el corazón de don Felipe se hubiese inclinado por Isabel Sartorius?

En esta hipótesis, lo primero que se observaría sería un espeso silencio después del desmentido y, posiblemente, que pasara un tiempo prudencial antes de hacer ningún nuevo anuncio. El silencio vendría forzado como forma de evitar el «feo» que supondría, a continuación de haberla convertido en futura Princesa de Asturias, anunciar el compromiso con otra.

Por supuesto, también sería esto lo que deberíamos observar en el caso de que no se tratara tampoco de Isabel Sartorius. o de otra joven, y el heredero hubiera decidido tomarse algún tiempo, una vez finalizados sus estudios, tanto para hacerse cargo de nuevas responsabilidades en su camino hacia la Corona, como para decidir su futuro desde la serenidad y con la tranquilidad que le permiten las circunstancias.

En el caso de que se tratara de Isabel Sartorius, los lectores ya conocen mi opinión sobre el tema de la Pragmática Sanción de Carlos III. Y también he adelantado en este capítulo una matización importante sobre esta cuestión, que a mí sigue pareciéndome vital para poder valorar con mayor claridad el carácter de la novedad que supone el reinado de don Juan Carlos I y doña Sofía de Grecia.

Dado el antecedrnte que supuso la boda de doña Elena con don Jaime, no es posible excluir tampoco la posibilidad de que el Príncipe de Asturias pudiera seguir el mismo camino sobre la base de la misma legitimidad constitucional alegada por la Casa Real en ocasión de esa boda.

Al margen del apego personal que uno, como monárquico, tenga por la tradición, no se puede ocultar que toda tradición se forja y se fragua en un permanente compromiso entre lo heredado y lo nuevo que debe crear para hacer frente a los desafíos de su presente.

Básicamente, lo que hemos comentado a propósito de la significación de un matrimonio conforme a la Pragmática con la princesa Tatiana, como elección y reverencia, serviría para este último supuesto, sólo que deberíamos suprimir la «reverencia simbólica».

Por más formalista que sea uno tampoco es nada para rasgarse las vestiduras, aunque seguimos insistiendo, como lo hicimos en nuestro libro sobre la infanta doña Elena, que lo suyo sería no dejar un concepto tan trascendente librado a la interpretación y sí, en cambio, hacer una declaración que pusiera la Pragmática Sanción en su nuevo lugar. Después de todo, ¿qué impide que un monarca decida una política matrimonial distinta a la de sus predecesores?

Lo que un Rey decidió poca duda cabe que otro Rey puede cambiar, modificar o sustituir. Sobre todo si es un Rey a quien ha tocado, como ha tocado a don Juan Carlos I y a doña Sofía, restaurar la monarquía y darle firme legitimidad y una nueva política para hacer frente al desafío de España en el alba del nuevo milenio.

Lo negativo, a nuestro juicio, y no podemos cansarnos de repetirlo en tanto creemos que nada tiene de trivial, no es sustituir la Pragmática como norma, sino hacerlo *de facto* y —sin el mínimo comentario marginal como reverencia obligada a una «regla» que cumplió su cometido, pero que no es adecuada —o eso creen algunos— para regir nuestro presente.

Cabe destacar, además, que las declaraciones atribuidas a Su Majestad la Reina doña Sofía el día tres de abril, al día siguiente del desmentido oficial enviado por fax y firmado por el padre de la princesa Tatiana, el Príncipe Hans Adam II ponían el énfasis en que don Felipe tenía a su disposición años antes de tener que decidirse a casarse.

No cabe duda de que es así. Pero tampoco de que no es demasiado probable que sea así al final. Teóricamente, es verdad: don Felipe es joven, sus padres son reyes jóvenes, e incluso si se hubiera decidido un relevo temprano no cabe duda de que éste podría esperar algunos años. De modo que don Felipe contaría con esos años para seguir siendo un «soltero de oro».

¿Por qué no es probable? Fundamentalmente, por una demanda muda pero palpable que atañe a las expectativas populares y a la afectividad que generan las personas reales. También, por la estabilidad —más en términos de imagen, pero efectiva— que brinda el matrimonio.

Aun así, don Felipe de Borbón y Grecia, a sus veintisiete años recién cumplidos, puede permitirse respirar por encontrarse todavía a tres de ese guarismo psicológico de los treinta años que suele señalar una frontera entre un joven soltero y un soltero a secas.

No creemos que suceda así y tampoco deseamos que suceda así. Pero si tenemos claro que, antes de que sea conforme a nuestros deseos y expectativas, esto es algo que debe ser conforme a las expectativas de las personas reales y a las razones que manejan para tomar decisiones sobre su vida personal.

A nuestro juicio, estamos ante el inminente anuncio de una boda real entre el Príncipe don Felipe de Borbón y Grecia y la Princesa Tatiana de Liechtenstein. No creo que me equivoque tampoco al afirmar que esta boda estaba en el horizonte de las expectativas de ambas familias reales y que se habría venido preparando con esmero, prudencia y serenidad, como corresponde a cuestión tan delicada.

Pero también creo, amable lector, que si como todos los signos anuncian este compromiso no es oficialmente confirmado en un plazo más breve que largo, entonces habrá que pensar que la operación para casar al heredero con una princesa de su rango, e idónea para convertirse en Reina de España en el futuro, fracasó a último momento por algún motivo.

No creo que, en esta hipótesis desagradable en tanto supone una frustración, la frivolidad y la ligereza del tipo de comentarios desafortunados que hemos referido, sea la mejor contribución de los periodistas que se sientan «en las terracitas del Principado» podían haber hecho a la función social que teóricamente debemos cumplir.

Los próximos meses despejarán todas las incógnitas al respecto.

VII. BALDUINO Y FABIOLA DE *SECRETO* A MILAGRO

Esta boda del rey de Bélgica ha pasado a la historia como una de las más extrañas y pintorescas ceremonias nupciales de las coronas europeas.

El secreto con el que se llevaron los preparativos, y la novia lejana a la realeza, fueron la guinda.

A finales de 1960, nadie esperaba la noticia. Los últimos preparativos para anunciar oficialmente la boda del Rey Balduino de Bélgica se habían llevado a cabo con el mayor sigilo. El último paso decisivo había tenido que correr a cargo de la que se convertiría en su Reina, pero entonces no era sino una joven desconocida, de buena familia, muy religiosa y de confesor y director espiritual: Fabiola de Mora y Aragón.

Hoy, gracias al libro «El Rey Balduino, un soberano que nos habla», del Cardenal Suenens, primado de la Iglesia belga y también amigo íntimo del monarca, podemos reconstruir fielmente tanto los episodios clave de esta historia secreta como tener elementos suficientes para valorar la personalidad del que, por aquellos años, era llamado por su pueblo «el rey triste».

La prensa, entonces, daba por seguro que el monarca tomaría los hábitos para encerrarse en una comunidad de cartujos. Así lo afirmaba incluso el «Paris Match» de una semana antes del anuncio oficial del compromiso. Por lo tanto, entonces nadie sabía nada de la vida íntima de este monarca peculiar, fervorosamente católico, que incluso llegó a abdicar durante tres días por negarse a firmar la ley del aborto en contra de su conciencia moral católica.

El Rey Balduino siempre llevó su vida íntima en la más absoluta reserva. Sin embargo, antes de morir, ordenó que después de su deceso una parte de su correspondencia privada fuese enviada al Cardenal, que por ello no hace sino dar a la luz pública lo que el mismo Rey dejó a su entender decidir si era o no conveniente hacer público.

En este contexto, es factible y más que factible que el Cardenal haya sido riguroso con ese talante enemigo de la publicidad, propio del monarca y propio de la Iglesia. De modo que, sin duda, no se incluyen muchas informaciones que podrían ser del mayor interés.

El criterio apologético del Cardenal Suenens al decidirse por valerse de testimonios, cartas y notas íntimas del Rey Balduino para avalar la imagen de un «rey-santo», tiene por fuerza que perjudicar notablemente el tipo de información que constituiría principal interés del investigador histórico o del psicólogo.

Sin embargo, es un libro fundamental, dada la credibilidad de los documentos de primera mano que aporta. Según estos, el monarca «triste» conoció a Fabiola de Mora y Aragón en la casa de una dama irlandesa, Verónica O'Brien, Legionaria de María dedicada al apostolado activo y amiga íntima del Rey.

El Rey Balduino era una persona tímida, acomplejada físicamente por sus orejas separadas, su nariz voluminosa, sus desgarbados movimientos y, sobre todo, algo que explica todos los complejos y no es ningún defecto físico: la timidez. Balduino era un tímido extremo, con un temperamento apasionadamente místico y formado en un catolicismo conservador.

Las jóvenes que le presentaban le parecían invariablemente superficiales, frívolas, a años luz del tipo de intereses y preocupaciones que le hacían sumirse entre sus libros, papeles y notas, en las habitaciones más alejadas del bullicio de las fiestas que su madrastra organizaba con la clara voluntad de conseguirle interesar por las chicas y enamorarse de alguna.

El interés central del Rey Balduino era religioso. De ahí su amistad con la dama irlandesa Legionaria de María y su encuentro con Fabiola, una chica tan católica que encabezaba su correspondencia invariablemente con una cruz y la remataba con un «H de M» (Hija de María) debajo de su firma.

La joven —sabemos hoy— había tenido alguna aproximación sentimental anterior con dos jóvenes. En rigor, todo parece indicar que les dio a ambos un «no» antes de que llegase a existir una relación que mereciera ese nombre.

También sabemos hoy que el tímido Rey Balduino no obtuvo el «sí» de Fabiola a la primera, sino sólo en ocasión de un encuentro decisivo en Lourdes —con la omnipresente O'Brien de «carabina» voluntariamente requerida— en el cual el monarca volvió a declarársele.

Así empezó esta conmovedora historia de amor entre dos tímidos. Se habían gustado a la primera, pero, como es obvio, ninguno de los dos exteriorizó ni en lo más mínimo las encontradas emociones que generó aquel encuentro.

Fabiola, que escribía cuentos infantiles y tenía un temperamento romántico, vivía estas emociones desde una sensibilidad religiosa que hoy día nos resulta más propia de generaciones anteriores a la suya.

En el «Diario» íntimo de Balduino se recogen las emociones del Rey. Son las de un adolescente quinceañero para quien el amor es un sentimiento que habita en el mundo perfecto de las idealidades platónicas. Confiesa que ella le evoca la maravilla femenina, apela permanentemente a la Virgen —como Fabiola— como patrona de su amor, confía y espera una «señal» del cielo para pedirle a ella la mano.

A su vez, Fabiola, después de dar su «sí» y en el colmo de la excitación, le pide que entren en una iglesia para rezar tres avemarías como forma de celebrar esa alegría. Pero tal vez, lo mejor sea dejar que las palabras del mismo Rey nos ilustren sobre estos píos estados de ánimo de nuestros queridos Balduino y Fabiola de Bélgica.

Para que el lector se sitúe en el clima romántico y de intriga que generan todas estas precauciones del monarca belga para mantener sus sentimientos lejos del alcance de la prensa, diremos que llegó a inventar un auténtico código secreto para comunicarse con el Cardenal Suenens y su amiga O'Brien. En este código, él mismo era «Luigi», Fabiola se convertía en «Avila» y el Cardenal Suenens se convierte en «Michel».

VIGILANTES DE SU INTIMIDAD EN EXTREMO

La cita tuvo lugar en Lourdes entre los días 6 y 10 de julio de 1960. Por supuesto, el monarca y Fabiola llegaron al lugar después de asegurarse de que nadie seguía sus pasos. Cambios repentinos de coche, cambios de hotel, salidas intempestivas, y hasta léxico esotérico, alumbraron esta situación más adecuada para un argumento de espionaje que para un argumento del corazón.

Pero fue un encuentro del corazón, de eso no cabe duda. Oigamos contar al Rey Balduino esta cita de Lourdes:

«Son las 7 de la tarde. Tras un saludo rápido, nos encaminamos solos, por un camino desierto y durante casi tres horas comentamos la situación, todo lo que hemos pensado y lo ocurrido en casa de Verónica durante el primer encuentro... Me agradaban todos y cada uno de sus comentarios y reacciones, cada vez más tenía la convicción de que Avila había sido escogida por la Santa Virgen para convertirse en mi esposa, y me sentía enormemente agradecido por ello... Pasamos la jornada en coche, puesto que llueve, y ha llovido mucho desde que estamos en Lourdes. Hemos paseado en coche, cosa que favorece la comunicación.»

Veamos, también, en qué fija su atención el Rey Balduino:

«A menudo Avila me hacía preguntas que yo me percataba de que eran una prueba, ella se interesaba más en mi reacción que en mis palabras. Ella es muy perspicaz y reflexiva, cada vez la amo más. Lo que más me gusta es su humildad, su confianza en la Santa Virgen y su transparencia... Pido a la Virgen que me dé la señal para declararme, no quiero precipitar los acontecimientos para disfrutar unas horas suplementarias de intimidad. Luego nos separamos y nos vamos a dormir.»

Al día siguiente, el amigo que acompaña al Rey le sugiere un nuevo cambio repentino de domicilio para no levantar sospechas y evitar eventuales «reconocimientos» de confirmación, si algunos hubieran creído reconocer que el Rey belga se encontraba de incógnito en Lourdes para verse con la que muy pronto se convertiría en su prometida y en su esposa.

La pareja vuelve a encontrarse en el mismo lugar: una iglesia. El marco no puede ser más significativo: la misa. Es durante los oficios religiosos que Balduino siente el repentino deseo de declararse. Lo primero que se le ocurre a este rey tímido es escribírselo en el misal. Como buen tímido, acabó por lanzárselo en el curso de los mismos oficios en un impulso.

Es inevitable que los tímidos se conviertan en audaces temerarios cuando se enamoran. Son incapaces de mirar a la joven a los ojos y tiemblan ante la simple idea de acortar distancias. Pero cuando poseen un temperamento ardiente, que es a menudo, acaban por declararse a voces durante un oficio de difuntos, o por copar una radio para lanzar el mensaje desde el éter.

Balduino y Fabiola, lectores, estaban hechos un flan. Les temblaban las piernas y no atinaban a balbucear una frase coherente. Pero estaban destinados, sin duda, y salieron de aquella iglesia juntos, sin que ella respondiera una sola sílaba a la increíblemente temeraria conducta real.

Tuvo que reunir toda su presencia de ánimo para, tres calles de silencio más adelante, pedirle que entraran a rezar tres avemarías de gratitud a la Virgen por todo lo que les daba.

Después, reunió todo el valor de tímida que encontró en su alma, y añadió:

—«Esta vez es sí, y no quiero volver a mirar atrás».

De modo que antes hubo nones, pero esta vez hubo un «sí» rotundo. Algo que, como imaginará el lector que empiece a hacerse cargo de la personalidad del Rey Balduino, situó al monarca en órbita elíptica en torno a Lourdes.

«Era todo tan maravilloso que tenía ganas de llorar de alegría —estalla el "rey triste"—... debían ser las dos de la tarde cuando nos ven llegar cogidos del brazo (el Cardenal y Verónica O'Brien). Avila les anuncia nuestro compromiso.»

Esta fue la historia secreta que, pocos meses más tarde, se convertiría en la historia pública de la próxima boda entre el Rey Balduino de Bélgica y una joven española desconocida por la «jet set» y por todos los que no fuesen de su círculo personal. Una joven tímida, no demasiado agraciada físicamente, que en 1956 se había sometido a una cirugía estética de nariz y de quien lo único realmente famoso era un hermano «dandy», juerguista, que forzaba a su señor padre a publicar en los periódicos que no se hacía cargo de las deudas que contraía su hijo calavera.

No obstante, lectores, imaginemos a la pobre Fabiola de Mora y Aragón, tan católica, tan estricta, de director espiritual y diario íntimo, de militancia religiosa, a punto de casarse con el Rey más católico que haya conocido Europa en este siglo, y con la amenaza terrible de su hermano Jaime pendiendo de su cabeza.

Don Jaime, bigote arrogante, capa española sobre los hombros y cabellera engominada, cultivaba la noche, el jazz, la buena vida, perseguido por acreedores. Este perfil de aristócrata cínico pero divertido, elegante y también insultantemente fresco, era no sólo la oveja negra de la familia, sino el único realmente conocido públicamente. Tanto por los acreedores como por los lectores que encontraron en la prensa la insólita declaración del Marqués de Casa Riera y Conde de Mora, padre del susodicho, en el sentimo que hemos apuntado.

Don Jaime puso la nota traviesa y la chispa mundana en esta boda real tan católica, aunque tuviera que hacerlo a distancia, dada la expresa prohibición belga y española que le impidió asistir a la boda de su hermana Fabiola.

Fabiola, a su vez, parece que tenía motivos más que suficientes para estar enfadada con su hermano calavera. Don Jaime negó siempre que hubiera vendido invitaciones de la boda real como fórmula de financiación de su disipada vida y de atemperar la furia de sus acreedores.

En cambio, sí reconoció haberle abierto la puerta de la casa a cuarenta periodistas nacionales y extranjeros, aprovechando que Fabiola estaba en Bélgica ultimando los detalles de su boda. No sólo vendió la exclusiva del dormitorio de su hermana, sino que, como consecuencia de la invasión de periodistas, a su regreso, Fabiola vio que le habían sustraído el «Diario» íntimo.

Como podrá imaginar el lector, se montó un escándalo sordo que movió a la policía a buscar el bendito «Diario» íntimo de la futura reina de Bélgica para dar con éste en la redacción de un medio que pudo probar que no lo había sustraído, sino más bien «adquirido»,

El famoso «Diario» se devolvió sin publicidad a su dueña, la revista no publicó nada y, más tarde, el Rey Balduino condecoraría a su director en reconocimiento de aquella muestra de elegancia y gallardía que le había movido a no publicar nada de la información a la cual había tenido acceso.

Don Jaime, no obstante, siguió alegrando el clima con sus excentricidades. De modo que la policía española —que se prestó a hacerle a la belga el favor de controlar al imprevisible aristócrata— le impidió a don Jaime viajar a París y lo mantuvo en España.

De nada le valió a don Jaime haber compuesto un vals titulado «Fabiola» en homenaje a su hermana y en descargo de su conducta, ni sus protestas de que pensaba editar el vals en París. La policía de la España franquista no tenía, como la belga, que dar explicaciones y se limitó a espetarle: «usted se queda aquí y se porta bien hasta que todo termine».

Algo que forzó al cuñado real de Balduino de Bélgica, al hermano de la Reina, a mirar por televisión la boda desde la casa de unos amigos madrileños. Así terminó este curioso esperpento protagonizado por don Jaime de Mora y Aragón, que después ha reconocido como un caballero, que le ha hecho «muchas faenas» a la Reina Fabiola.

OTRA HISTORIA OCULTA

Pero dejemos a don Jaime de Mora y Aragón en Madrid, con su vida noctámbula y disipada, para regresar junto a nuestra pareja real. En todo caso, la referencia a don Jaime venía obligada por su nota españolísima y ese encanto peculiar que tienen las «ovejas negras» de las familias aristocráticas de tanto en tanto y que son parte del «sabor» añejo de la misma tradición.

Sin embargo, no hemos traído simplemente a colación la boda real del Rey Balduino para contar un par de anécdotas, sino por una razón bien distinta. Como habrá advertido el lector, esta boda real emparejó a un monarca con una joven en un matrimonio claramente desigual.

No era la primera vez que esto sucedía en la historia de la Corona de Bélgica. En rigor, también había sido una boda real desigual la del Rey Leopoldo II con la Reina Liliana, en segundas nupcias y luego de la trágica muerte de la reina más querida de los belgas: la Reina Astrid, en un accidente de automóvil. Una boda que el pueblo belga nunca encajó bien y que terminó muy mal para Liliana, que debió abandonar el Palacio en cuanto Balduino desposó a Fabiola de Mora y Aragón bajo la presión vociferante del parlamento.

Aquí tenemos un caso interesante, en la medida en la cual permite registrar dos reacciones bien opuestas en relación a dos reinas de sangre no real. Una de ellas es repudiada, no querida y finalmente olvidada y marginada. La otra, en cambio, no provoca ninguna reacción adversa sino todo lo contrario.

Sin embargo, aparte de otro tipo de consideraciones, importa señalar que la Reina Fabiola es una persona muy especial, que por su misma fe religiosa, su formación y apego a la autoridad y al orden, nunca dio pie para la mínima malicia ni hizo temer que un día se despachara con una salida de tono comprometedora.

En tal sentido, no nos sirve como referencia para decir que una boda real morganática no tiene porqué no ser tan exitosa o más que una boda real entre dos «profesionales» del trono. La boda real entre Balduino y Fabiola no es una boda real equiparable a las otras, sino una boda real entre dos temperamentos místicos, ambos muy próximos al tipo de sensibilidad humana que lleva a la gente a hacer los votos y dedicarse a la Iglesia, como prueba el hecho de que ambos hubieran considerado seriamente tomar los hábitos con anterioridad.

Para Balduino y Fabiola el matrimonio, en aras del cumplimiento de una función social que ambos entendían subordinada a la Iglesia en tanto católicos obedientes hasta la literalidad con magisterio, fue una forma de servicio religioso, no otra cosa.

Basta leer el Diario del monarca, lo que se ha publicado de su correspondencia, para ver que para él la boda tenía este carácter de «deber», de «voluntad del cielo», de «misión» tal vez inescrutable hasta que el objetivo sagrado se hiciera evidente. Un sentimiento que compartían ambos jóvenes, como se deduce de las confidencias del Rey Balduino.

Ambos esperaban una «señal de la Virgen». Balduino aguardó la «señal» para declararse. Fabiola y él se muestran muy enigmáticos y cómplices en un secreto compartido, pero que es evidente que gira en torno a «estas señales» celestes que respaldan la decisión de casarse del Rey.

Esta experiencia tuvo que ser muy fuerte. Balduino había considerado de verdad hacer voto de castidad y recluirse como monje de clausura. Fabiola había escuchado y accedido a la sugerencia de su confesor y director espiritual para tomar los hábitos de monja.

Ahora bien, como resulta obvio, una experiencia mística que convenza a ambos jóvenes de que el cielo puede querer otra cosa y eso puede pasar por el matrimonio, tiene que ser suficientemente intensa para motivar semejante cambio. Ambos tuvieron que consultar con sus confesores, clérigos expertos, y estos tuvieron que avalar esa interpretación, o de otra forma los acontecimientos no hubieran discurrido como discurrieron.

¿Qué fue lo que pasó? ¿Cuál fue en definitiva esa experiencia mística que causó tan honda impresión y movió a un cambio tan radical de planes en dos personas como Balduino y Fabiola? No lo sabemos. Y si el Cardenal Suenens lo sabe, es evidente que prefiere callarlo.

No cabe duda, no obstante, de que tuvo que tratarse de una vivencia profundamente asumida desde la perspectiva religiosa como un equivalente de «revelación». Sólo así se explica esa atención y esa espera de una «señal» de la Virgen para dar el paso decisivo.

Para terminar de perfilar esta situación no hay más que echar mano de las mismas declaraciones del monarca belga:

«¿Por qué, Señor —escribe en su Diario— has removido cielo y tierra para regalarme esta preciosa perla que es mi Fabiola?»

Pero asimismo es evidente que su enamoramiento tiene también una vertiente mucho más humana y familiar para cualquier sensibilidad humana:

«Tiene un modo de estar con las gentes maravilloso; es tan atenta, tan preocupada por los demás, que entiendo que todos la adoren... Es tan amorosa, me derrite el corazón con su presencia silenciosa y activa. Es una inmensa alegría, Señor, cómo me has complacido.»

A mi juicio, la clave secreta de lo que ocurrió entre Balduino y Fabiola se encuentra en una expectativa mística alentada por sus confesores y por los severos dómines que rodeaban al «rey triste» y siempre encontraron, desde la más tierna infancia de éste, ocasión de advertirle sobre las sutiles trampas de la carne, el mundo y el infierno.

Balduino no era un temperamento religioso ordinario. En su alma luchaban, evidentemente, dos tendencias, dos vocaciones. Una de estas vocaciones era «contemplativa» y fue la que le hizo considerar la opción de alejarse del mundo y encerrarse en una Orden de Hermanos Trapenses. Pero la otra vocación le impulsaba a la actividad, a la militancia, a la búsqueda de caminos para impregnar de religiosidad sus actos como monarca.

Como Balduino había desarrollado en la cotidianidad de la oración, el ayuno y el retiro, un «diálogo» con Dios, no es raro que su relación con la divinidad fuese tan familiar como para decir que casi «despachaba» con El diariamente.

Todas las mañanas, muy temprano —Balduino oía misa a las ocho y se levantaba una hora antes— el Rey «despachaba» en la Capilla del Palacio con la divinidad. En estos rezos, según él mismo nos cuenta, pedía ayuda para gobernar el país, claridad para alumbrar un camino católico.

Escuchemos directamente al «rey triste» para hacernos cargo de esta situación:

«Esta tarde hemos tenido una recepción del cuerpo diplomático, con autoridades de la OTAN, del Mercado Común. Señor, te necesito, necesito tu fuerza y tu sostén. Sabes la angustia que soporto. La situación de Bélgica me inquieta.»

Este hombre, este Rey, como vemos, vive intensa y dramáticamente su religiosidad. Sin duda, tuvo que padecer mucho al moverse en el duro e implacable mundo de la política. La única razón, por lo tanto, para haber elegido este sufrimiento moral en lugar del retiro contemplativo tiene que ser que el Rey Balduino sentía o presentía que estaba llamado por el cielo a hacer algo como «guía» de su pueblo.

Algo grande, sin duda, ya que durante muchos años ambos cónyuges estuvieron atentos a las «señales». Unas «señales» que interpretaron como mensaje celeste para que se casaran y que ellos supusieron que no podía responder más que a una futura «misión» que les encomendaría la Virgen.

REGALO SU ABRIGO A UNA MUJER

Es difícil no sentir una viva simpatía por este monarca que tan honradamente vivió su fe. De un lado, el Diario, como la correspondencia, nos muestra a un hombre sensible y solidario, a un espíritu siempre dispuesto a identificarse con los otros, a una conciencia que sufre ante cualquier sufrimiento.

En ocasión de unas inundaciones, por ejemplo, visita la región afectada y, más tarde, encontramos esta anotación sobre esa visita:

«Esta mañana he ido a visitar la región inundada. Había una pobre mujer, triste y desamparada, que no tenía ni abrigo para protegerse. He tenido la inmensa alegría de poderle dar el mío.»

No es un jefe de Estado el que habla. No vemos ninguna observación económica de los daños, ni una valoración sociológica, ni una reflexión sobre costes o sobre medidas necesarias para volver a poner en marcha la región afectada. Balduino no es el ministro o el presidente que acude al lugar por imperativo político y acaso recorre en helicóptero la zona para tener una idea global y dar una imagen de preocupación pública.

Nada de esto. Para este rey triste únicamente existe el ser humano concreto, esa pobre mujer con sus lágrimas y su desamparo; para él sólo existe el compromiso cristiano con el prójimo en tanto prójimo. No se siente «rey», sino «hermano» dispuesto al servicio, a la asistencia, a la ayuda.

Es difícil no sentir un enorme respeto por esta personalidad tan atormentada como sincera, que por otra parte se expresa de forma tal que no admite ninguna sombra de duda. Y este mismo respeto, este obligado respeto a quien de verdad se atreve a ser coherente consigo mismo hasta el límite, es también la clave de que los belgas, con el mejor tino, no pusieran el grito en el cielo cuando su monarca abdicó por razones de conciencia durante tres días.

Este notable episodio tuvo lugar entre los cdías 3 y 5 de abril de 1990 y debe computarse entre los fenómenos más atípicos que registren las monarquías parlamentarias. El motivo era que el Rey Balduino, como jefe de Estado, debía firmar la recientemente aprobada Ley del aborto.

Pero dejemos que sea el monarca quien diga con sus palabras cómo vivió este agudo conflicto entre su deber de Rey y su conciencia católica:

«La tuerca del aborto es una vuelta más. Todo esto, Dios mío, me fuerza a buscar sólo tu ayuda, condúceme. Cada vez estoy más convencido de que cualquiera que sea la decisión que me mandes tomar será para mí una especie de muerte. Dame la gracia de estar preparado a seguirte cuando llegue mi hora.»

Como habrá advertido el lector, Balduino está convencido de que sus decisiones últimas provienen de la interpretación de los signos o señales que le envía el cielo. No siente que él mismo decida en conciencia, sino que siente que «obedece» lo que Dios «manda» a través de esas señales.

Como todos sabemos, el Rey sintió que no podía firmar aquella Ley. El revuelo interno, como es lógico, tuvo que ser mayor de todo lo imaginable. No cabe duda de que se le sometió a fuertes presiones para evitar una imagen poco edificante de crisis entre el Parlamento y la Corona.

Tampoco cabe duda, y menos a la luz del Diario, que el Rey Balduino estaba dispuesto a todo antes que a firmar. No era posible amenazarle. Si su conciencia católica le pedía algo esto no era negociable para el monarca. Estaba dispuesto a enfrentarlo todo: desde la destitución al escándalo.

Nada de eso fue necesario por fortuna. Bélgica tuvo el buen tino de reverenciar la entereza y la honradez espiritual de su monarca, que sólo dejó de serlo durante esas treinta y seis horas necesarias para obviar el trámite de la firma que diera «luz verde» a la Ley del aborto. Después, el Rey Balduino regresó con naturalidad al Trono simbólicamente abandonado y todo siguió su cauce normal.

En cuanto a sus sentimientos amorosos, tampoco cabe duda de que eran los de un católico convencido de la indisolubilidad del vínculo, lo mismo que su real esposa, Fabiola de Mora y Aragón. En su Diario dejará escrita también una frase que resume los sentimientos de Balduino al respecto:

«Gracias, Señor, por haberme dado a Fabiola como esposa, y a Verónica como ángel guardián.»

Nada tiene de raro que un monarca con este perfil, casado con una dama de temperamento afín al suyo, no planteara ningún problema de imagen, ni diera jamás pie a ninguna murmuración sobre su conducta o sobre desavenencias conyugales.

En cuanto a la imagen de Fabiola entre los belgas, cabe señalar que la coyuntura que se vivía cuando saltó la noticia de que el Rey Balduino se desposaría en breve era la más favorable para que partiera en la mejor posición.

Para los belgas, Balduino era «el rey triste». Ya nadie esperaba que se casara. No sólo habían fracasado todos los intentos de la Familia Real para interesarlo mínimamente por la vida mundana y las jóvenes, sino que se daba por seguro que ingresaría en una Orden monástica de clausura.

En este marco, psicológicamente, los belgas echaron toda la culpa de la tristeza de su monarca a la madrastra —la «mala» tópica de los cuentos de hadas— que se había casado con el Rey Leopoldo II usurpando el lugar sagrado que había dejado la muerte de la Reina Astrid.

Pero vamos a detenernos un momento en este aspecto de la historia, ya que tiene especial interés para el tema que tratamos en este libro. Me refiero, claro, a la psicología popular y a la necesidad de reconocer cuáles fueron los elementos que explican tanto la violenta reacción contra la Reina Liliana como a favor de Fabiola.

En primer lugar, debemos hacernos cargo de ese estado psicológico mencionado más arriba sobre el «rey triste». Para muchos, todo se debía a oscuras y siniestras maniobras de la «mala» Liliana, que había acaparado y enfermado el espíritu del monarca y le tenía bajo el influjo de un hechizo maléfico.

Tanto es así que algún parlamentario llegó a vociferarle a la esposa del Rey Leopoldo II, a decirle de malas maneras que dejara tranquilo al Rey y se marchara de una buena vez de Palacio, ya que el monarca debía enfrentar la vida solo, como un hombre.

El malestar tenía alguna base, aunque se fuese injusto con la Reina madrastra. Balduino se crió entre mujeres y es posible que, en buena medida, su carácter fuese ya modelado en la primera infancia por un entorno poco saludable. Sin embargo, esto no avala la imagen de una «pérfida» reina empeñada en secuestrar al monarca de los belgas.

No importa demasiado para el tema que tratamos, naturalmente, toda vez que, al margen de que responda a una idea equivocada o acertada, es la idea lo que cuenta a la hora de explicarnos determinados patrones de conducta popular.

De un lado, por lo tanto, tenemos a una «mala» que tiene «hechizado» al Rey; también un monarca escasamente carismático, desgarbado, tímido, que parece condenado a dejar a los belgas huéfanos de Corona para abrazar una vocación religiosa.

Del otro, aparece en escena una joven española, ferviente católica como ese monarca, que modifica repentinamente la situación. De la noche a la mañana, la prensa pasa de predecir el ingreso en una Orden religiosa de Balduino a afirmar que se ha enamorado perdidamente y que se casará con la joven española.

En esta coyuntura, como es lógico, Fabiola fue identificada rápidamente no sólo como la «buena» de la intriga palaciega clásica de los folletines, sino que se le vio como a la versión femenina del caballero que despierta al «bello durmiente» —Balduino— rompiendo el hechizo y enamorándolo, cosa que parecía imposible dada la notable violencia con que este rey rechazaba siempre cualquier insinuación de que debía casarse.

El alivio tuvo que ser enorme y la inesperada buena noticia surgió ante los belgas como un regalo del cielo. Fabiola de Mora y Aragón proyectaba una imagen poderosa y heroica; no sólo salvaba al monarca, le rescataba de su voluntad de aislarse del mundo, sino que le «rescataba» asimismo del secuestro y exorcizaba a la «mala», ya que desde el Parlamento a la Corte todos esperaban con ansiedad una oportunidad para echarle del Palacio y de la vida del Rey como a la influencia más perniciosa.

En estas condiciones, como comprenderá el lector, la coyuntura auxilió a Fabiola de forma decisiva. ¿Quién iba a reparar en su genealogía o en cualquier detalle, incluyendo a su hermano calavera, cuando surgía en Bélgica como una figura redentora, inesperada, a último momento, para salvar al Rey y a la Corona?

Por otra parte, se tenga la visión del mundo que se tenga y aunque ésta esté en las antípodas de la de Balduino y Fabiola, poca duda cabe de que las personas profundamente religiosas, si son dulces y honradas y no tienen veleidades de «guerreros santos», nos inspiran no sólo respeto, sino también confianza y credibilidad en relación a los problemas.

El motivo es bien obvio. En primer lugar, este tipo de honradez plena con la conciencia y las propias ideas y principios no es nada frecuente, ni en la vida ni, mucho menos, en la política. En segundo lugar, aunque no estemos de acuerdo con esas ideas y esos principios, en general la gente acepta que alguien que viva conforme a ellos es «una buena persona» y nunca sacrificará la injusticia en el ara del interés o del feroz pragmatismo de que suelen hacer gala los estadistas.

Bélgica sí sabía de Fabiola lo que le interesaba saber. Y aquello que sabía significaba que no había razón para temer que la futura Reina fuese frívola, ni dispendiosa, ni capaz de hacer sufrir a su esposo con celos o infidelidades, ni tampoco indiferente ni insensible al dolor o a los problemas del pueblo.

Para los belgas, Fabiola era ideal: católica, sobria, impecable desde el punto de vista de su historia personal y sentimental. Era lo que necesitaban para el rescate del monarca.

Además, los belgas no vivieron este proceso poco a poco, de modo de seguir sus alternativas y tener ocasión de reflexionar sobre los distintos escenarios. Todo lo contrario. Se acostaron convencidos de que pronto Balduino entraría en una Orden y se despertaron, todavía con el «Paris Match» anunciando esa noticia, con la inesperada dicha de descubrir que no sólo se había «echado novia», sino que se casaría.

Para terminar de rematar el éxito de Fabiola entre los belgas, hay que hacerse cargo del cambio espectacular que se operó en el Rey Balduino. Aquel «monarca triste» estaba feliz, exultante de dicha, ansioso y optimista en relación al futuro, convencido de que tenía algo trascendente que hacer y que esa tarea, voluntad del cielo comunicada por la Virgen, era algo para emprender con esa «gracia bendita» que se llamaba Fabiola de Mora y Aragón.

Es así como Fabiola, sin buscarlo ni quererlo, aparece ligada a la imagen del «milagro» benéfico. No sólo porque la coyuntura era favorable para que el pueblo proyectara esa imagen que rayaba en lo religioso, sino porque desde su conciencia religiosa así también lo vivían Balduino y Fabiola, los primeros en creer con firmeza que no hacían sino cumplir la voluntad expresada por la Virgen.

LA «CHICA BUENA» DE UNA BODA MORGANATICA

Si nos hemos extendido en los secretos de esta peculiar boda real, ha sido, como ya adelantamos, en relación al tema central de este libro. Sin duda, el matrimonio del Rey Balduino con Fabiola registra el éxito clamoroso de una boda real morganática. Pero no es menos cierto que el éxito final contó con una coyuntura muy favorable y la predisposición de los belgas a favor de la «chica buena» que liberaba a su Rey de las cadenas urdidas por su «pérfida madrastra».

No nos sirve, en consecuencia, como antecedente de boda real morganática exitosa por las peculiaridades que presenta. Como tampoco sería de recibo utilizar la boda real morganática del Rey Leopoldo II para concluir que es un antecedente que ilustra con claridad que este tipo de matrimonios reales conducen a sonados fracasos.

Pero sí nos sirve para reflexionar sobre la importancia decisiva que tienen los «imprevistos», los «imponderables» de todo tipo, a la hora de que una imagen pública sea aceptada con entusiasmo o sea rechazada como una abominación o marginada en el olvido.

Como comprenderá el lector, el Rey Balduino nada tiene en común con don Felipe de Borbón y Grecia, ni Fabiola de Mora y Aragón con Isabel Sartorius. Tampoco, claro, la coyuntura española ni la imagen del heredero tienen nada que ver con las que hemos comentado en relación a la boda real belga.

No obstante, es importante hacerse cargo de que, en definitiva, la elección acertada del momento adecuado —la coyuntura— es fundamental para que una imagen proyecte un horizonte sombrío o unas expectativas ilusionadas. La misma persona no tendrá el mismo significado público si la imagen se proyecta en contextos distintos.

No es necesario explicar demasiado este fenómeno obvio. Es evidente que, aunque las princesas alemanas fuesen en general muy mal queridas por el pueblo austríaco —por poner un ejemplo cualquiera y sin que esto signifique nada respecto de las nacionalidades—, una princesa alemana sería muy bien recibida si con su boda se obtuviera un bien tangible: mayor seguridad, una alianza poderosa, etc.

Del mismo modo, si un país depende de otro en alguna materia fundamental, parece claro que una boda real entre su soberano y una joven plebeya del país en cuestión pueda llegar a ser mucho más popular que una boda principesca o real con una persona que nos vincule a un país que resulta indiferente para nuestros intereses.

El momento siempre es vital. Por otro lado, los pueblos suelen fraguar sus imágenes afectivamente, sobre la base de las impresiones recibidas y que están estrechamente relacionadas con esa coyuntura a la que hacíamos referencia. De ahí que la misma persona que este mes podría ser recibida en medio del entusiasmo popular, el próximo mes pueda ser recibida con total indiferencia.

En este sentido, al solicitar «tiempo», también la Familia Real española quiere disponer de un margen de maniobra adecuado, que le permita hacer público el destino civil y religioso del heredero en el momento más favorable para proyectar la imagen más positiva.

La afectividad popular juega en este sentido un papel muy importante. Así, por ejemplo, si don Felipe de Borbón y Grecia demora en casarse, si al mismo tiempo que prosigue su soltería y se hace cargo crecientemente de nuevas responsabilidades, se proyecta a través de los medios la imagen de un amor «imposible» por razones de estirpe, poca duda cabe de que la opinión pública se volcará masivamente, con entusiasta simpatía, en defensa del derecho de los jóvenes a una boda de amor.

En esa coyuntura, en este escenario hipotético, no sólo la opinión pública se volcaría a favor de una «reina» popular, sino que vería con muy malos ojos que surgiera en el horizonte la amenaza de la boda «de Estado». Ninguna princesa de sangre real, en este escenario, sería bien recibida.

El dato es más importante de lo que pueda parecer a primera vista y el tiempo, más temprano que tarde, dirá si nuestro diagnóstico es o no es acertado. Pero a mí me parece transparente que todo el movimiento en apariencia informal, espontáneo, en favor de la boda «de amor» entre don Felipe e Isabel Sartorius, apunta a este deliberado interés político.

Precisamente, por esa imagen de espontaneidad, de verdad que es un secreto a voces, de afirmación confiada en que los dos jóvenes se aman. Es curioso observar que esta seguridad ni proviene de las declaraciones del Príncipe de Asturias, que siempre ha definido a Isabel como a «una amiga y nada más», sino de unos comentaristas e informadores que, pese a lo que el heredero diga, están decididos machaconamente a sostener que hay amor.

Cuando se dice que hay «amor» entre los jóvenes no se dice que estén «enamorados» normalmente, sino que se trata del Amor con mayúscula, del «gran amor» tópico del folletín, del amor a lo Romeo y Julieta. Lo que se le susurra al oído a la gente de pueblo, tan emotiva en este sentido, es que no debe permitir que el Príncipe de «cuento de hadas» y la bellísima «Cenicienta» noble, sean separados por las madrastras maléficas y los insidiosos hombres de «Estado».

Esto es lo perverso. Sobre todo porque dejan ver el plumero con bastante claridad. Es Martín Prieto dando por seguro que los jóvenes se aman —¿de dónde sacó el aval para afirmación tan contundente como temeraria?— o Pilar Rubines diciendo por las claras —tan bien educada ella— que la princesa Tatiana de Liechtenstein es «demasiado gordita» para que le agrade al heredero y que, en cambio, Isabel es quien le hace soñar.

Ahora bien, como no puede ser de otro modo, este tipo de comentarios están destinados a generar un clima que termine por casar a don Felipe en una boda morganática, con Isabel o sin Isabel, eso es lo de menos en el fondo, aunque digan otra cosa. En esto están empeñados los menos monárquicos y los republicanos de toda la vida, entre quienes, por cierto, hay un buen número de «juancarlistas».

Lo que busca es convertir el enamoramiento normal de un joven por una joven bella y llena de encantos que ha sido la «primera», en una ofuscación arquetípica de rebelión humana y natural contra aquello que se vive como imposición. Así, es más fácil que el enamoramiento se transforme públicamente en el «gran amor imposible que al final todo lo puede porque, precisamente, para eso es el gran amor».

Esta estrategia republicana apunta a una grosera falsificación de la monarquía, pero sin presentarse como antimonárquica, sino como monárquica en el sentido preciso de «juancarlista».

No olvidemos que algunos de quienes así piensan, también estuvieron entre quienes mal aconsejaron a don Juan de Borbón y le alejaron del Trono. Todos esos que en su día, a pesar de ser antimonárquicos, se presentaron como «juanistas» y «antijuancarlistas», son los actuales «juancarlistas».

Sutil y diabólica estrategia de desnaturalización. Es evidente que cualquiera puede ser republicano o monárquico o lo que le venga en gana, pero hay que decirlo bien alto para evitar manipulaciones groseras: no se puede ser juancarlista sin ser monárquico y quien así se define es antijuancarlista jurado, toda vez que se vale de la coartada de su respaldo a un Rey para debilitar la institución que esta persona encarna.

Convendría que el heredero y su padre, nuestro Rey, reflexionaran algo sobre este punto. Y que reflexionaran a la luz de la misma experiencia histórica reciente de la Familia Real española en relación a todas esas «danzas» y «mascaradas» urdidas por el «juanismo» no monárquico en torno a Estoril y a la conveniencia de que don Juan III se opusiera con todas sus fuerzas a que su hijo, don Juan Carlos, aceptara la sucesión del trono de España.

Los mismos que en su día alentaron a don Juan para que respaldara incluso las acciones armadas del maquis, o cualquier fórmula de alianza con aquellos que, precisamente, no sólo fueron responsables de la caída de Alfonso XIII, del exilio de la Familia Real, sino también en buena medida de todos los desastres que nos condujeron a la guerra civil... Pues bien, todos estos señores se volvieron de pronto «juanistas» en contra de Juan Carlos I, como ahora se declaran «juancarlistas» en aras de todo lo que la Corona hizo por las libertades.

No conviene olvidar la frágil memoria de la gratitud cuando se crea en el cuerpo social una coyuntura que les permite abandonar la máscara juancarlista para ponerse a pedir la cabeza del monarca que sea y el advenimiento de la República.

Es necesario medir y pesar muy bien cada gesto. No cabe duda de que es factible concebir escenarios de futuro favorables a cualquier tipo de boda real. Pero tampoco cabe ninguna duda de que, en relación a la tradición, nunca es excesiva la prudencia a la hora de proponer novedades... Salvo que se quiera correr el riesgo del aprendiz de brujo y acabar lamentando que lo que pretendíamos fuese una actualización, se nos convierta en otra cosa muy distinta.

Kalina
de Bulgaria
Nuria 94

Tatiana
de Liechtenstein

Victoria
de Suecia

Marta Luisa
de Noruega

Isabel
Sartorius

Nataly
de Prusia

ESCUDO DE ARMAS DE FELIPE DE BORBON

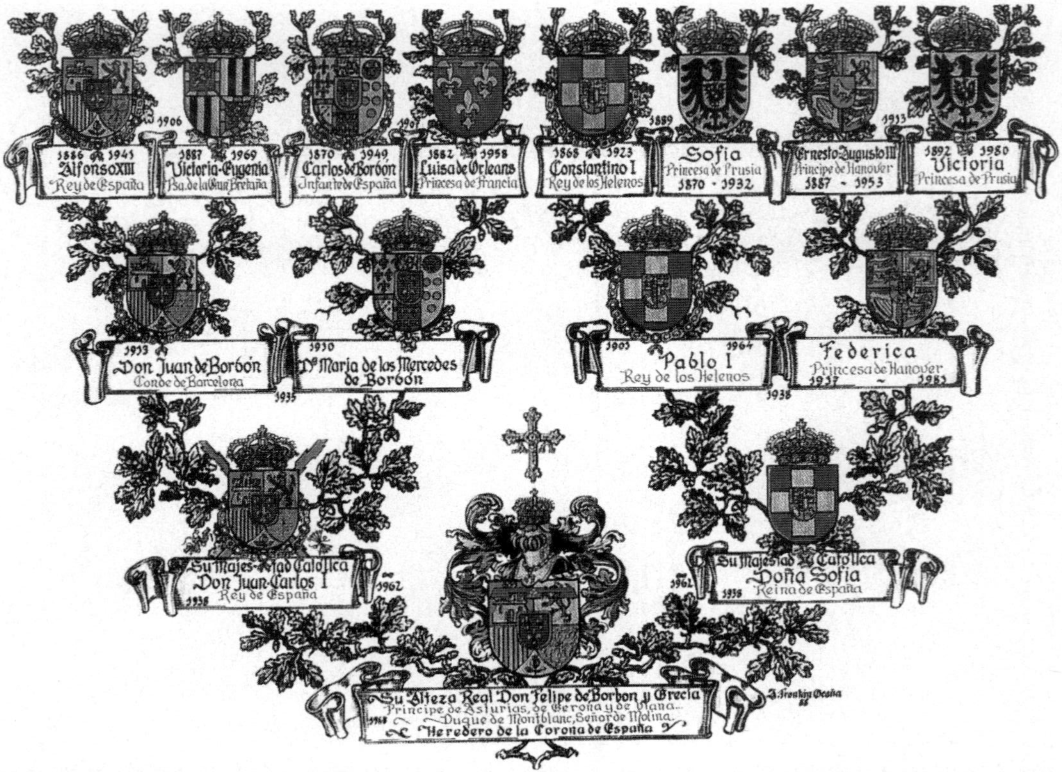

VIII. LOS *SECRETOS* DE LA ULTIMA BODA REAL: ELENA Y JAIME

Toda boda real tiene dos historias. Una es protocolaria y pública. La otra es íntima y oculta y suele constituir un secreto inescrutable.

La última boda real celebrada en España está todavía fresca en la memoria de todos los españoles. Fue un acontecimiento histórico que llevaba sin repetirse setenta años, desde la boda del bisabuelo de la Infanta Elena. Su enlace tuvo lugar en Sevilla, ciudad especialmente unida a la historia de la Corona española y a la afectividad de las personas reales.

Esta boda llegó con la primavera de 1995. Precisamente, en vísperas de la llegada oficial de la estación florida, cuando la naturaleza entera se despereza y sale del largo letargo del sueño invernal para sonreírle a un sol de creciente poder que empieza a dorar los campos.

La Infanta doña Elena de Borbón y Grecia, primogénita de los reyes, es la segunda en el orden sucesorio del trono. No vamos ahora a volver sobre el tema de la boda morganática, dado que hemos reflexionado abundantemente sobre esta cuestión en muchas páginas de este libro. Pero sí vamos a ocuparnos de algunos aspectos que creemos importantes en torno a la boda.

Como recordará el lector, yo fui casi el único que en solitario, en los días en que se anunció esta boda real, sostuve que no se celebraría en los Jerónimos Reales de Madrid, dado que este espacio emblemático de la Casa Real española debía reservarse a la boda real del heredero, don Felipe.

Dos días antes de que mi convicción fuese confirmada como acertada por la misma Casa Real, hasta yo en una entrevista por radio expresé que, pese a mi convicción, empezaba a dudar de lo evidente, dada la casi unanimidad con que los medios daban por hecho una boda en Madrid.

Este episodio ilustra la falta de cultura monárquica entre los españoles. Bastaba echar una mirada superficial a la tradición de la Corona para hacerse cargo de que Madrid no albergaría el escenario de ninguna boda real antes de la del Príncipe de Asturias.

En los días anteriores a la boda de la infanta doña Elena con don jaime Marichalar, la Corona de España estuvo presente a escala planetaria. Se constituyó en un centro o foco de atención que excedía en mucho el ámbito español. Para dar una idea de esta realidad, diremos que los españoles que siguieron por televisión la ceremonia, representaron sólo el cuatro por ciento de la audiencia total de la boda, estimada en mil millones de telespectadores.

Sí, amigo lector, mil millones de televidentes miraron las mismas escenas que nosotros, pendientes de los mismos pasos, atentos a los mismos rostros. En la América española el evento fue seguido por la abrumadora mayoría, como en España. De forma que los televidentes hispanoparlantes, la audiencia en nuestra lengua y pautas culturas, pudo suponer en torno al treinta por ciento de la audiencia total.

Si sumamos a este porcentaje la audiencia de los países monárquicos, sea porque disponen de Casas Reales reinantes o bien porque cuenten con la tradición monárquica como pasado inmediato, si añadimos a la tan vital opinión pública norteamericana, y asimismo a Brasil y Portugal como parte del ámbito cultural ibérico, podemos llegar al setenta por ciento de la audiencia.

Es decir, entre los televidentes que escogieron interesarse abrumadora y masivamente por esta boda real hay unos trescientos millones de personas más. ¿Quiénes son? Podríamos decir que el resto del mundo: Australia, Asia, Africa. Algo que nos permite hacernos una idea del peso de la Corona de España y de las expectativas amplificadas que suscitará la boda real del heredero del trono.

No cabe duda de que nos convertimos fácilmente en el centro de todas las miradas. Algo que debe agradecer la opinión monárquica de todo el mundo, porque beneficia claramente la imagen de la institución y su vigencia en el presente vivo. No en vano, en ocasión de la boda real de Sevilla acudieron en calidad de invitados representantes de cuarenta y dos Casas Reales reinantes y unos trescientos miembros de la realeza.

Sevilla, digámoslo con claridad, no es menos que Madrid, sino otro símbolo. No se trataba de que la boda real de la Infanta tuviera un «rango» menos destacado y esta jerarquización se expresara cambiando la capital del Estado por la capital hispalense.

Sevilla está íntimamente unida a la historia de la Corona y a la memoria más reciente de la Familia Real española. Es la tierra de adopción de doña María de las Mercedes de Borbón y de Orleáns, la tierra sagrada que nuestra Reina en el exilio evocaba en su residencia de Estoril —La Giralda— y que aparecía incluso en la iconografía de un mosaico a la entrada de esta residencia portuguesa.

De Sevilla llegaron en su día las más bellas ofrendas florales de los campos de Villa Manrique en tierra andaluza, a la Roma eterna en la cual se celebró la boda de don Juan de Borbón y de doña María de las Mercedes. Y de Sevilla de nuevo llegó tierra consagrada, tierra española y andaluza, para dar reposo en el campo santo portugués a don Alfonsito.

Esta ciudad, como la Catedral, son símbolos poderosos de la historia de España. Antes que Catedral, en este espacio se alzó la arquitectura sagrada árabe. Fue la victoriosa cruzada que dio paso a nuestra unidad nacional la que permitió construir en su lugar, aprovechando emblemáticamente su cimiento, este precioso monumento cristiano, cuya sillería fue labrada por artistas de la pericia y celebridad del maestro Berruguete.

En esos días, además, el encanto, el embrujo sevillano, se extiende y llena las calles con el aroma de los naranjos en flor, de los azahares. Estamos en medio del aire y de la música que mayor presencia española ha difundido por el mundo. Nada falta a esta cita con el amor.

Ni el aroma, ni el azahar, ni la música, ni el calor popular, ni la memoria histórica, ni los recuerdos de nuestra querida doña María de las Mercedes de Borbón y Orleáns, que quiso, a continuación de la boda de su nieta, rezar junto a los jóvenes en la Iglesia del Salvador, donde descansan restos de miembros destacados de la Familia Real.

Vamos, un instante, a detenernos en esta imagen nimbada por una luz azul, emblemática de la monarquía y del cielo. A este destino peregrinaron los restos del infante de España Carlos de Borbón, atravesando España para ser recibido por el dolor de sus padres. A estas cálidas tierras del sur llegó entonces el cuerpo del joven príncipe muerto en la guerra civil, desde el frío norte donde le había dado alcance la muerte en combate.

Había al filo de esta reciente primavera una ofrenda de flores en la iglesia del Salvador, enviada por doña María de las Mercedes. Alguien se disculpó de que las flores no estuvieran en la cripta, de que aún no hubiesen sido colocadas en su lugar. Pero nuestra Real Señora hizo notar, con sabia precisión, que estaban muy bien donde estaban, a los pies del Señor, como todo lo que allí había y estaba guardado.

¿Qué habrá pensado y hablado a sus jóvenes duques de Lugo nuestra doña María de las Mercedes? Seguramente que se trababa de España, como siempre se trató de España en todos los gestos de su vida. Sin alardes, sin la mínima pretensión de protagonismo, haciendo de su vida el más claro símbolo de la abnegación por el servicio y la modestia extremada respecto de su persona.

Es el instante de refuerzo del vínculo dinástico y familiar como afirmación de la identidad que define a quienes forman parte de la Familia Real. Un acto solemne, lleno de contenido en la medida en la cual encarna una situación fuertemente evocadora del esplendor y del drama del trono.

Esto ocurría tras la ceremonia nupcial, como fórmula de cierre privado y familiar al acontecimiento público, multitudinario, que hizo de toda la ciudad el eje de mil millones de personas.

Nosotros no vamos a repetir aquí lo que de sobra todos los españoles saben de esta boda real. No se trata de reiterar la crónica de los hechos, suficientemente referida. Pero sí los detalles, al menos como forma de auscultar el latido del secreto significado que nos puedan aportar.

De toda la ceremonia nupcial hay dos momentos especialmente significativos, porque nada tienen que ver con los momentos previstos por el ritual. El primero es el de las permanentes miradas cómplices, llenas de emoción y alegría, que lanzaba la infanta doña Elena a sus padres y la expresión de Sus Majestades, que revelaba el mismo sentimiento de emoción que conocen todos los padres en estos momentos.

Sobre todo, porque este detalle de permanentes intercambios de miradas, se convirtió en un instante de distracción cuando la Infanta Elena debió pedirle a su padre el Rey la venia preceptiva, y no recordó hacerlo. Nadie ha dado ninguna relevancia especial a este hecho, que en sí mismo es tan trivial que no merece otro tratamiento. Pero en cambio sí es curioso que el protocolo fallara y la Infanta precisamente no estuviera mirando a sus padres en uno de los escasos momentos en que no miró hacia el lugar que ocupaban Sus Majestades.

El segundo detalle se refiere a la personalidad de doña Elena de Borbón, a su frescura y sincera dicha de ese día, cuando asomó en forma de lágrima que corrió por su mejilla en el momento en que la pareja de recién casados salía por la Puerta de los Palos, finalizada la ceremonia.

Hay una foto muy oportuna que felizmente guardará ese instante para la historia. En esta imagen, don Jame Marichalar seca la mejilla de su emocionada esposa con una caricia y la mira con expresión de ternura.

Al parecer, la gente encargada de realizar fílmicamente la boda para televisión se encontraron también con otro pequeño despiste. Estaba previsto que, al acabar la ceremonia, en el momento de los saludos, los esposos hicieran un itinerario distinto para ser tomados desde una perspectiva determinada.

Pero como es natural, no son esos momentos los más indicados para ponese a dar instrucciones de cómo moverse en la escena para salir en el celuloide tal cual concibió el director la imagen.

A mí me parecen rupturas de protocolo no sólo mínimas sino altamente saludables. Siempre surgen y dan a la Familia Real española un encanto especial que nunca podría planificar ningún asesor de imagen. Un encanto que, a mi juicio, constituye una de las claves del éxito, del secreto que hace que esta Familia Real se haga entrañable a partir de una inicial simpatía que es inevitable, que tiene además el sello de la originalidad no programable.

Para entenderlo basta fijar un poco la atención en la memoria visual que nos dejan las instantáneas del Rey don Juan Carlos. Cuando era Príncipe de Asturias anduvo en vísperas de la boda con el brazo en cabestrillo por un traumatismo en el curso de unos ejercicios de kárate con su cuñado, el Príncipe Constantino de Grecia.

No sé cuántas veces nuestro Rey ha tenido que presentarse así —brazo o pierna— como efecto de su pasión deportiva. La última vez fue en ocasión de la boda real de su hija, como consecuencia de un resbalón en el hielo.

Hay una imagen de frescura no buscada que proyecta la figura del monarca. Sus rupturas de protocolo, su expresión siempre más viva que lo que exige un protocolo, su franca disposición a relajar la solemnidad, son parte de su carácter, de su originalidad personal.

Por otra parte, no sólo no se trata de una imagen buscada. Es evidente que el Rey no es temerario y no lleva su pasión a extremos que pudieran angustiarnos con riesgos mayores, como es evidente que cuando las circunstancias lo demandan puede ponerse todo lo serio que haga falta. Pero al expresar esa disposición amable, distante de lo solemne y hierático, no cabe duda de que proyecta una imagen que vemos con simpatía.

La Reina, doña Sofía, es más formal, en este sentido. Pero tiene un don especial para conectar con la sensibilidad de las gentes. Sabe ser dulcemente amable sin violentar nunca la forma y sabe ser espontáneamente elegante, de una manera que hace de su estilo algo inherente a su naturaleza y, por lo tanto, no distancia, aunque sí genere más admiración que inicial simpatía.

En suma, el Rey tiene más «gancho» de entrada y la Reina consigue proyectar su imagen de modo que va creciendo a medida que pasa el tempo. Doña Elena tiene una imagen alegre, sensible, bien humorada. En cambio, doña Cristina parece más próxima al estilo de su madre.

En don Felipe de Borbón, como él mismo ha advertido alguna vez, es difícil ver cuánto hay del padre y cuánto de la madre. Algo que tal vez sea parte de su atractivo. Es formal, pero sin rigidez, con una vertiente permanente hacia el lado amable, el buen humor, cierta dosis de informalidad o de saluble relajamiento. Pero también da la impresión clara de saber distinguir qué momentos son adecuados para una actitud y qué momentos resultan adecuados a la otra.

Es gracias a un correcto diagnóstico de estos signos que poco a poco se perfila la identificación de las personas reales, su individualización en la conciencia de los españoles. Por eso creo que este estilo, este aire no buscado sino natural, es uno de los secretos del éxito rotundo de la Corona desde la proclamación de don Juan Carlos como Rey.

Pues bien, la boda real de Sevilla tuvo, no podía dejar de tener, esas pinceladas de imposible programación que nos recuerdan que las personas reales son humanas, que nos facilita el que se nos hagan entrañables en la misma medida en la cual nos hacemos cargo de que tienen que cumplir una función nada sencilla y que atañe al bienestar de todos.

Como no podía ser de otro modo, el Rey no se quejó ni mucho menos de que su primogénita hubiera olvidado pedirle la venia. Ya se la había dado, y también volvió a dársela seguramente con el corazón porque estaba claro que doña Elena se lo había pedido con el corazón. En cuanto a los directores de escena, magnífico azar el que les fastidió el intento de convertirnos a los duques de Lugo en figuras del escenario fraguado por un director de arte. Nada de eso. Lo que procede es hacer el trabajo sin molestar a los protagonistas, toda vez que se trata de captar la vida de una ceremonia y no de montarse una ficción de boda real.

¿Cómo se iba a quejar el Rey? El mismo había iniciado estas pinceladas ineludibles y bienvenidas cayéndose en el hielo y presentándose a las vísperas de otra boda —esta vez la de su hija— con el mismo aspecto con que tuvo que encarar las vísperas de su boda en Atenas.

En situaciones así uno no puede evitar imaginarse los comentarios o bromas que puede haberle bastado su esposa. Y estos son detalles que siempre nos acercan la imagen de los monarcas, que nos dan la sensación de mayor familiaridad.

DETALLES AMABLES Y CURIOSOS

La Reina doña Sofía escogió personalmente la música nupcial que acompañaría la entrada de su hija en la Catedral. Para ese momento, toda España se había volcado en muestras de simpatía hacia la Infanta y su futuro esposo, Jaime Marichalar. Algunas de esas muestras, como corresponde a aquello que es realizado especialmente para un acontecimiento real tan importante como una boda o un bautizo, volverán a aparecer para engalanar en el futuro otros acontecimientos importantes que tengan lugar en la capital hispalense.

Así, por ejemplo, ocurrirá con los 16 estandartes, de nueve metros, con los colores reales, que marcaron el recorrido de la comitiva real para la boda. Este fue el mayor despliegue ornamental ordenado por las autoridades de Sevilla.

Los estandartes fueron realizados contra reloj, dado el escaso tiempo disponible, por varios talleres artesanales sevillanos. Esta realización corrió a cargo del escultor Francisco Parra y el orfebre Fernando Lozano.

Pero tal vez uno de los regalos más originales que ha recibido la pareja, sea el que les hizo nuestro Premio Nobel Camilo José Cela. Una pareja de burritos de seis meses, «Alfajor» y «Trufona», que implican además el simpático detalle de un sutil homenaje monárquico por parte de un republicano tan destacado como Rafael Alberti.

Porque el caso, amigo lector, es que estos burritos que Cela regaló a la infanta doña Elena y a don Jaime Marichalar, son hijos de «Golondrina», burra propiedad de don Camilo sí, pero en fruto de su comercio marital con «Carabine», que es burro republicano perteneciente al señor Alberti.

Nada que objetar. Precisamente, como hemos dicho, los reyes siempre han querido ser los reyes de todos los españoles, se han ganado por propio mérito la estima de todos y hasta algún homenaje tan significativo como el que les hizo el famoso poeta comunista, al declarar en una ocasión que les parecía muy bonito el título de «marqués de la Bahía de Cádiz», aunque no estuviera pidiéndolo. Algo que reforzó ese carácter de homenaje a los actuales monarcas.

TRES INVITACIONES DISTINTAS PARA UNA MISMA BODA

Para esta boda real se hicieron tres tipos distintos de invitaciones. Una de ellas a cargo de la familia Marichalar. Otra, firmada por el Jefe de la Casa de su Majestad el Rey, el Vizconde de Almansa, es una invitación a la ceremonia religiosa que tendrá lugar en la catedral de Sevilla. La tercera, encabezada por el escudo de la Casa del Rey es una invitación personal al almuerzo que tendría lugar después de la ceremonia nupcial, en los Reales Alcázares.

Como no podía ser de otra manera —se casaba una infanta de España con un artistócrata español—, el banquete de bodas fue muy español. El mar, tan característico de nuestra vida, nuestra aventura histórica y nuestra gastronomía, estuvo presente en la lubina del Cantábrico, trufada y con almendras.

La caza, tan característica del ocio histórico de nobleza y realeza, el monte y la tierra, estuvieron presentes en la perdiz roja española en salsa castellana. Y como era de esperar los vinos no dejaron de acompañar emblemáticamente los brindis españoles.

En el caso de los Rioja, un caldo de los grandes reservas de la Denominación de Origen Calificada de Rioja, llevaban en las botellas impreso un texto que debe darles un considerable valor a los cascos vacíos: «Enlace de la Infanta Elena de Borbón y Jaime de Marichalar: Sevilla 18-3-95».

En esa etiqueta que ya es testimonio histórico destacado y pieza valiosa dedicada por los coleccionistas, figura asimismo el escudo Real y el anagrama del Consejo Regulador de Rioja. Todo un botín para quien se haya hecho con alguna botella.

Pero tampoco faltó a esta cita Cataluña. Para los postres y la tarta se escogió un cava brut del Penedés, seleccionado por expertos del Consejo Regulador de la Denominación de Origen Cava. También estas botellas, en un número de mil, disponían de etiquetas especiales que testimoniaban que se trataba de una partida exclusivamente «editada» para la boda real de la hija primogénita de los reyes.

Para agasajar a doña Elena, además, los monarcas encargaron a la firma de lozas La Cartuja de Sevilla, fundada por Carlos Pickman en 1841, una colección especial diseñada con motivos de la boda.

Tampoco vamos a detenernos en la cantidad de regalos, muchos de poderosa originalidad e indudable testimonio de afecto. En todos ellos destaca con fuerza la presencia de todos los rincones de España, de todas sus gentes y de sus culturas. El calor de la sociedad en su conjunto estuvo acompañando la boda real de esta infanta de España.

El lector conoce nuestra posición en relación a esta boda real desde el punto de vista estricto del orden sucesorio. Pero también cabe hacer otro comentario respecto de esta boda real desde la perspectiva distinta que brindan las personas concretas que han unido sus vidas mediante el matrimonio.

En este sentido, como también hemos destacado en nuestro libro sobre la infanta Elena de Borbón, no cabe duda de que la imagen de Jaime Marichalar resulta impecable en todos los otros sentidos y desde la perspectiva que se desee asumir. Es un joven exquisitamente sobrio, serio, ocupado, culto, distante de toda veleidad de protagonismo, de cualquier tentación de convertirse en «estrella», con una imagen por completo ajena y extraña a cualquier interés que pudiera inquietar en una persona real... Sí, amigo lector, persona real, toda vez que se ha casado con la primogénita de los reyes, que se convertiría en monarca consorte en el caso de que doña Elena fuese llamada un día a reinar y así debemos considerarle, al menos hasta que el Rey nos saque de dudas respecto de esta espinosa cuestión.

Como hemos dicho, el hijo de la Condesa viuda de Ripalda, doña Concepción Sáenz de Tejada, no puede ofrecer un perfil personal más impecable en este sentido. Por otra parte, aunque él no tuviera título nobiliario, sí es un noble por vínculo familiar directo, como cuarto hijo del Conde de Ripalda, título que naturalmente ostenta su hermano mayor.

No es tampoco un título más, sino el que corresponde a la más rancia y respetable aristocracia castellana. Todos estos son elementos para tomar en consideración a la hora de entender esta boda real en el contexto de la política dinástica y sucesoria, que esperamos se aclare más temprano que tarde para, al menos, saber a qué nos debemos atener en cuanto a nuestras expectativas los monárquicos de este país.

Si a una respetable cuna noble, de una familia igualmente impecable, unimos el perfil persona de don Jaime Marichalar, no cabe duda de que el duque de Lugo encaja muy bien y sin dificultad en la Familia Real. No es un burgués acomodado que al unirse a una infanta de España recibe un título que le ennoblece. Don Jaime viene de cuna noble y recibe un título que por cultura, tradición familiar y devoción personal no presenta ningún problema para que lo encarne con naturalidad.

¿Debería aprovechar este enlace la Familia Real para revisar la política real en relación a la aristocracia española? ¿Podría ser esta fórmula una manera viable, suave, ordenada, de generar ampliaciones en la política matrimonial de la Corona como modo de actualizarse en vísperas del tercer milenio de nuestra Era?

Sin duda, no son las páginas de este libro suficientes para reflexionar en profundidad sobre este tema tan fundamental para nuestro futuro como nación. Pero no podemos dejar de plantearlo al menos en sus líneas más generales, como hemos hecho a lo largo de las páginas de este libro.

Pero no es un tema que pueda descartarse. Si las limitaciones que supone la Pragmática Sanción son consideradas inconvenientes, o potencialmente inconvenientes, habrá que buscar cauces formales que establezcan alguna política matrimonial sustitutoria. Pero está claro que debe existir una política matrimonial que regule algo tan importante como el acceso de una persona al trono de España.

Cabe preguntarse, por ejemplo, si en el contexto de ausencia total de garantías que parece dominar en relación a la realeza de las actuales Familias Reales europeas, no es hora de encontrar un horizonte mayor de maniobra que, sin embargo, no implique la equiparación de la boda real a un matrimonio civil cualquiera.

A nadie escapa, amable lector, que no estamos proponiendo que don Felipe despose a Carolina o a Estefanía de Mónaco, ni tampoco que se vea forzado, por falta de alternativas, a una boda real que, aparte de no ser de amor, tampoco sea de Estado, ya que se acaba por llegar a la esposa por descarte.

En el límite cabe el disparate de sacrificar el amor y el interés del Reino, toda vez que la Pragmática, en el actual contexto, puede plantear una limitación puramente formal y sin valor político alguno. En suma ¿qué ganamos como nación o reino por casar al heredero con una princesa real si esta Casa Real a la cual se vincula nuestra Familia Real nada tiene que ver con nuestro interés?

Un ejemplo podría servirnos mejor para ilustrar este punto de vista. Supongamos que, por un repentino sarampión matrimonial, todas las princesas casaderas reales se casan con plebeyos en bodas morganáticas menos una, la hija del Rey de

Jutlandia del Sur. Supongamos que a don Felipe de Borbón le agrade tanto casarse con la princesa de Jutlandia como con la Hidra. ¿Le casaríamos de todos modos con ella en perjuicio suyo y sin beneficio alguno para el reino, la Familia Real y España? No parece demasiado sensato llevar hasta semejantes extremos la defensa de la Pragmática Sanción.

Sin embargo, se impone una política matrimonial que no implique una ruptura brusca, que pueda ser concebida como actualización de la Pragmática a las exigencias objetivas de nuestros días.

LA APERTURA ARISTOCRATICA

Dado el deterioro de las costumbres tradicionales en la práctica de las casas reinantes europeas en los últimos años, cabe preguntarse si cierta nobleza seria no puede acudir a la llamada para dar un ámbito de vitalidad nuevo a nuestra Casa Real.

De un lado, la futura Princesa de Asturias podría pertenecer a la aristocracia española o europea, o a cierta aristocracia. Si esta apertura no se desnaturaliza podría constituir una alternativa. Al fin y al cabo, es de la aristocracia que surgen las casas reales y es en la aristocracia donde históricamente se buscan y encuentran las nuevas familias reinantes cuando se extinguc la que ocupaba el trono.

También, no cabe duda, se podría considerar la demanda objetiva de una nueva aristocracia, o de una revitalización de la misma mediante el ennoblecimiento de personas que destaquen por encarnar unos valores modélicos que siempre han sido patrimonio guardado con devoción por realeza y nobleza. Porque tampoco cabe duda de que si se desea revitalizar esta nobleza habrá que reactivar los mecanismos para actualizarla, para permitir la permeabilidad social mediante una política inteligente.

No se trata, claro, de empezar a repartir títulos de hidalgo y caballero a cada ciudadano que cumpla correctamente con su deber, pero sí de poner en marcha un ámbito que pueda seleccionar y reclutar una nueva élite para convertir a la nobleza del futuro en un estamento prestigioso que cumple una función social saludable para el colectivo nacional.

En definitiva, este tipo de soluciones, de actualizaciones, tiene la doble ventaja de evitar los inconvenientes de una norma que en el actual contexto puede llegar a implicar más problemas que ventajas y no hacerlo cerrando en falso la cuestión con el expediente de ignorarla sin más.

Acaso algunas de estas reflexiones han estado presentes y bien presentes entre las reales personas en ocasión de la boda real de la infanta. No es razonable ni sensato pensar otra cosa. La boda de doña Elena y don Jaime tiene el carácter histórico de ser la primera boda real morganática celebrada por la Familia Real desde los Reyes Católicos.

Nadie podía dejar de reparar en la novedad que implica este carácter, en las interrogantes que abre sobre cuál ha de ser la política real respecto de las próximas bodas. Tanto la de la Infanta doña Cristina de Borbón, a quien ahora las revistas harán ocupar el primer plano y el objeto favorito de la clásica pregunta sobre cuándo se casará, como la del heredero, que en este sentido, por su inmediata trascendencia, es la que suscita mayores dudas.

De todos modos, para cerrar definitivamente esta cuestión, importa recordar que, desde un punto de vista jurídico, la cuestión ya ha sido resuelta por los hechos mismos y en esta situación proseguirá hasta que el Rey decida que ha llegado el momento de fijar con claridad una política que no se limite a responder que el heredero se casará con quien él quiera.

El tiempo, por otra parte, dirá su juicio definitivo sobre la oportunidad de la entrada de don Jaime Marichalar en la Familia Real. Es algo que no podrá dejar de resolverse de forma satisfactoria.

Así, por ejemplo, habrá que conceder a don Jaime el tratamiento de Alteza, dado que no veo que pueda escatimársele semejante distinción a quien, en atención al derecho sucesorio, se encuentra ligado por su esposa, una infanta real, al lugar inmediato que sigue al del heredero directo del trono. ¿Es o no es don Jaime Alteza? Aparte de duque de Lugo naturalmente.

Sus hijos, los hijos de la Infanta Elena y del duque de Lugo, serán asimismo herederos del trono de España. No serán infantes, en tanto no serán hijos del Rey ni del Príncipe de Asturias, pero sí personas de la Familia Real.

Si el «encaje» de don Jaime en la Familia Real es todo lo bueno que promete y le deseamos, poca duda cabe de que este antecedente estimulará la consideración de una política de apertura más decidida hacia la nobleza. Es algo que, en este momento, depende en buena medida del acierto que haya implicado la elección amorosa de la primogénita de los reyes.

EL ULTIMO SECRETO

Antes de cerrar este capítulo, voy a atender al último secreto de la boda de la infanta Elena y don Jaime, aunque también debo aclarar que no podré despejarlo más que en un sentido. Me refiero, claro, al itinerario de su luna de miel: un secreto muy bien guardado, al menos durante los primeros días, y que Sus Majestades se negaron a revelar ni a sugerir.

Es saludable que así se haya decidido. En primer lugar, porque deberíamos asumir que las personas reales, aparte de ser personas públicas, necesitan como todo ser humano un mínimo de privacidad, de espacio y tiempo íntimo y a salvo de miradas ávidas de información.

Pero esta voluntad de no convertir las lunas de miel en viajes de estudios y de representación protocolaria salpicados de imágenes de ocio, revela también el buen tino de nuestros reyes. Y concretamente, creo, la influencia benéfica que ha tenido para nuestro trono español la aportación del aire heleno que trajo nuestra entrañable Reina Sofía.

Doña Sofía, en este sentido, ha sido persona de buen sentido y carácter. Así, por ejemplo, se negó en redondo a aceptar las increíblemente ceremoniosas comidas reales, que implicaban que la Reina y el Rey tomaran sus alimentos de cada día en compañía de una cantidad de personas.

No le iban a escatimar a doña Sofía uno de los escasos momentos disponibles para compartir solamente con don Juan Carlos. Y este es sólo un ejemplo de muchos que podrían mencionarse: detalles significativos, en los cuales vemos a menudo la mano de la Reina en la actualización de unas formas en exceso esclerosadas.

En relación a la formación de los príncipes también se advierte este influjo benéfico. La sensibilidad por el arte y la música, la adecuada valoración de la formación humanística, la sensibilidad ecológica y medioambiental, el estímulo de todo lo que sea cultivar lo más elevado y noble del espíritu, han tenido en ella a una promotora infatigable, cualificada y sin duda eficaz.

No sólo —como se ha dicho con justicia— es doña Sofía una gran profesional. También, y es bueno no olvidar ponerlo junto a esta profesionalidad para que el reconocimiento no orille el insulto involuntario, ha demostrado ser una madre atenta y preocupada, lúcida y discreta en este difícil papel.

En este sentido, creo que la Reina podría aportar mucho al diseño de esa nueva política que reclamamos. Al menos, tiene la suficiente autoridad intelectual para ser escuchada con seriedad. Tiene la ventaja, para hacer esta aportación, que tiene toda persona inteligente y cultivada que, al llegar desde otra realidad, puede comparar, enriquecer con una experiencia distinta, poner en evidencia puntos convenientes o inconvenientes que a nosotros nos resulta más difícil objetivar porque es también frecuente que el árbol oculte el bosque en estas situaciones.

El momento histórico es trascendente. No se trata de un período que prometa tranquilidad, sino que más bien presagia profundos cambios sociales en un marco de demanda objetiva de referentes, guía, valores, rumbo colectivo. Un período, por lo tanto, en el cual la monarquía, el trono de España, se jugará el futuro, el papel que ha de desempeñar la Corona en el complejo y en buena medida imprevisible universo cultural del siglo XXI.

Tal vez, emblemáticamente, la boda real de don Felipe de Borbón tenga lugar sobre estas fechas. Podría ser la boda real del año 2000, con un simbolismo evocador y poderoso cargado de intenciones, o bien en 1999, cuando el heredero haya estrenado la dorada edad de los treinta años.

Seguramente, para esos días, los duques de Lugo lo habrán convertido en tío y acaso la infanta doña Cristina haya encontrado también a la persona con quien unirá su vida para siempre.

Hacemos votos porque así sea. La próxima boda real —salvo que doña Cristina se adelante al heredero, cosa nada improbable— tendrá lugar en Madrid, en los Jerónimos Reales, y será la boda del futuro Rey de España, de aquel que subirá al trono con el nombre de don Felipe VI.

Hagamos votos porque así se cumpla, conforme a nuestras esperanzas, conforme a los mismos votos que hemos hecho cuando recientemente tuvimos la alegría de brindar con la Infanta Elena por Sevilla, pero añadiendo nuestra salutación y mejores deseos para toda la Familia Real.

IX. GRANDES *SECRETOS* DE LAS BODAS DE LOS BORBONES

Desde Felipe V a Alfonso XIII, los Borbones han protagonizado innumerables anécdotas durante sus enlaces matrimoniales.

Anécdotas en muchos casos desconocidas o guardadas con siete llaves como secretos.

Los españoles actuales, tienen una falsa visión de lo que han sido en la mayoría de los casos las bodas de sus reyes.

La literatura y el cine más tarde, han creado unas secuencias amables y falsas de muchas de aquellas bodas reales.

A lo largo de muchos años hemos estado viviendo con historias contadas de preciosos palacios, fiestas increíbles, ceremonias religiosas deslumbrantes, corridas de toros para festejar los nuevos matrimonios, y hasta fuegos artificiales en sus noches de luna de miel realizados por artesanos llegados directamente desde el extremo Oriente con carromatos repletos de pólvora y polvos inflamables de todos los colores.

Pues bien, por debajo de todo este entorno bello y feliz han existido innumerables desatinos, noches de llanto y pavor, matrimonios que se iniciaron al menos cargados de odio, por lo que suponían de arreglos de estado y cambios de reinos. Bellas princesas enamoradas de jóvenes caballeros que se vieron obligadas a casarse con reyes extranjeros viejos, malolientes y crueles.

También reyes que tuvieron que prestarse a las nupcias con princesas feas, absurdas y en muchos casos neuróticas.

Esta es una parte, desconocida, de las bodas reales en España. Unos acontecimientos muchas veces desgraciados y otras pocas felices, pero que se han venido manteniendo como un alto secreto para el pueblo.

Felipe V, el primer Rey Borbón de España, se casó por poderes, con la princesa María Luisa Gabriela de Saboya, cuando esta gentil niña sólo contaba 13 años.

La historia recuerda que la noche de ese mismo día, la pequeña se la pasó llorando y abrazada a una muñeca de tela rellena de serrín. Era su adiós definitivo a una corta infancia y ya había sido prevenida de que a partir del amanecer se le acabarían para siempre sus juegos, el aro, las muñecas y todos los símbolos de la niñez, para dedicarse por entero a proporcionar placeres carnales a su futuro esposo, un hombre que sólo llegó a sonreír tres veces en toda su vida, que era mucho mayor que ella, obseso genésico y tarado mental.

Tres noches costó convencer a la niña-reina que no tenía más remedio que pasar al tálamo nupcial donde la esperaba su marido el Rey Borbón. Un rey que daba paseos a zancadas por los pasillos, y entre exabrupto y exabrupto gritaba en la madrugada: «¡Esto no es más que una niñería de mal criada que ya me encargaré yo de que se le pase!».

Al final del tercer día, y cuando ya toda la corte se había partido de risa por lo que a su Rey le venía ocurriendo, María Luisa Gabriela de Saboya cedió y se entregó, entre humillada y dolida a sus deberes matrimoniales, algo que parece ser que no pudo culminar el rey en la primera semana, ya que llegaba al lecho repleto de cenas copiosas e inundado de vino.

Historiadores de la época, y entre ellos la primera dama de compañía de la joven reina, escribieron: «Todo el entorno lleno de presiones y consejos martilleados, llevaron a María Luisa hasta el tálamo nupcial a la tercera noche. El rey, embutido en un largo camisón y sin poder ocultar la desagradable apariencia de su abultado vientre, la esperaba al lado de la cama.

Se inició la «ceremonia» sin el menor tacto, sin una palabra, sin una caricia, sin una sonrisa. El monarca embestía con brutalidad sobre la niña, y la daba continuas bofetadas y golpes para reducirla. Ella, gritaba y forcejeaba hasta que el esposo, agotado y bañado en su propio vino que repetidamente vomitaba, se quedó dormido.

María Luisa Gabriela de Saboya buscó un rincón en el gran lecho para tranquilizarse, aunque a partir de esa noche se le quedaría grabada en la mente la terrible secuencia.

La esposa del primer Rey Borbón de España, Felipe V, fue una pobre mujer que jamás pudo huir de su atávica abulia desoladora. Tenía un comportamiento enfermizo y un notable desinterés por todo.

Inmersa en su complacida y amarga soledad, no pudo, por sus neurosis, ni criar a sus tres hijos, que fueron educados por miembros de la corte, hasta que murió por tisis.

De este matrimonio, arreglado por intereses políticos, y por el interés patológico del propio rey al estar obsesionado con poseer a una niña de 13 años como esposa, no hay muchas cosas que aplaudir y sí por el contrario de recordar con profunda amargura, pero la historia es así, y la verdad hay que contarla hasta con el mayor sentimiento monárquico.

Todavía nos sigue dando vergüenza o miedo contar las cosas como realmente sucedieron, y es curioso cómo escritores como Fernando García de Cortázar, llega a publicar en marzo de 1995 un amplio reportaje en «El País» titulado «Borbones ante el altar», y relata este matrimonio del primer rey Borbón Felipe V sin mancharse y obviando todo lo duro de la historia. Dice: «La boda se realizó por poderes, una tradición muy arraigada entre los monarcas españoles, el 11 de septiembre de 1701 en la capilla de la Sábana Santa de Turín. Dos meses más tarde, la reina se reunía con su esposo en Figueras, donde se celebró tan esperado acontecimiento. En el banquete nupcial, las damas de honor españolas, que ya empezaban a estar hartas de la "grandeur", hicieron gala de patriotismo culinario y se negaron a comer los platos franceses, una actitud que parecía anticipar los problemas del nuevo soberano en ser aceptado por todos sus súbditos». Cómo verá el lector, para este escritor los graves problemas de alcoba no existieron, y sólo le preocupa el aspecto culinario. Pobre reina que ni aun después de tantos años puede llamar la atención de los movimientos feministas con su trágica historia.

NUEVA VICTIMA

Isabel de Farnesio, hija de los duques de Parma, fue la siguiente esposa y víctima del primer rey Borbón en España Felipe V.

A los diez meses y once días de la muerte por tisis de la pobre María Luisa Gabriela de Saboya, don Felipe desfloraba otra doncella con sus brutales métodos, y su lasciva posición de hombre obseso en los temas carnales.

Esta nueva esposa tenía 22 años, contra los más de cuarenta de su esposo. También es justo decir que contrariamente a la anterior, no fue una niña atemorizada, sino una mujer repleta de arranque y autoridad. Su aspecto físico tampoco tenía la frescura y el encanto de María Luisa, y por el contrario se trataba de una mujer corpulenta y muy metida en carnes.

A Felipe V, tan ávido de hembra, no pareció disgustarle demasiado cuando por primera vez la tuvo delante de él, al extremo de confesarle al marqués de Santa Cruz, su mayordomo mayor: «Esta dama no es en absoluto lo fea que malas lenguas me murmuraron y, para mi gusto, la encuentro apetecible y hasta muy hermosa».

En el tálamo nupcial, el rey Borbón volvió como siempre, a provocar con su torpeza un malestar que duró mucho tiempo en subsanarse. «Espero que seáis completamente virgen» le dijo a su mujer al oído, y ésta se sintió humillada y sonrojada.

Conteniendo la rabia, la sagaz parmesana Isabel de Farnesio, siguió los consejos, sabios consejos de una vieja dama de su corte, y decidió desde la primera noche convertir el lecho conyugal en su trono desde el que reinar.

La noche de bodas duró mas de veinticuatro horas, tiempo éste en el que no se abrió ni una ventana ni una rendija de puerta para dar acceso a nadie, ni aun portando bandejas de alimentos.

Isabel no sólo accedió, sin trabas, a todos los desordenados apetitos sexuales del rey Borbón, sino que le estuvo permanentemente incitando para que su promiscuidad fuera buscando derroteros desconocidos.

Isabel de Farnesio tenía muy claro el consejo: «Si le conviertes en tu esclavo en la cama, serás su soberana en el trono. Trata de deleitarlo como mujer, y apodérate de su espíritu como reina, todo esto no se consigue sentada en el trono a su lado, sino tumbada debajo en el lecho».

La opinión de la mayor parte de los historiadores que han dedicado un tiempo especial a esta soberana, es que Isabel de Farnesio tenía una auténtica obsesión por reinar en España, dándole órdenes al rey, y más tarde parir hijos que llegaron a ser reyes, si bien de España no le era posible por los tres varones tenidos por su antecesora, sí reyes que por boda reinaron en otros países.

Esta reina muy preparada para las batallas conyugales, llegó a demostrar al mundo que tras complacer a Felipe V en el lecho obtenía todas las premisas para poder gobernar España.

Una anécdota poco conocida y sorprendente es que por un morbo muy especial y enfermizo, Felipe V quiso pasar una noche en la misma alcoba donde había fallecido su primera esposa, y por lo tanto hacer el amor con la segunda en el mismo lecho en el cual estuvo, sin vida, el delicado y femenino cuerpo de María Luisa Gabriela de Saboya.

El historiador José Antonio Vidal Sales, asegura en su «Crónica íntima de los reyes de España» con un indudable sentido de profundo conocimiento del pensamiento de este primer rey Borbón en España. «La atmósfera emanaba aún lúgubres resabios evidentes, se le antojaba a Felipe V la idea: Se acerca a su mujer, le ruega que se eche en la cama; ella obedece con más aturdimiento que escrupulosos temores y allí, sobre la regia yacija mortuoria, el monarca da rienda suelta a su aberrante y enfermiza concupiscencia, librando con el acto quién sabe qué lóbregos pensamientos e inconfesables deseos».

Isabel de Farnesio vivió durante todo su matrimonio infinidad de vejaciones y torturas psíquicas de su «acalorado» esposo, pero una a una, fue salvando las situaciones y apoderándose de la escasa capacidad intelectual de Felipe V, quien por otro lado sabía que nunca otra mujer le hubiera permitido tales comportamientos y menos aún se hubiera llegado a convertir en su cómplice.

UN REY ANALIZADO POR GREGORIO MARAÑON

Una de las más relevantes figuras de la medicina española de todos los tiempos, don Gregorio Marañón, estudió en profundidad la vida y el reinado del segundo rey Borbón, Luis I, nacido en 1707 y fallecido con sólo 17 años.

Este príncipe de Asturias no se vio desde muy pequeño liberado de la tarada herencia de su padre Felipe V, y desde su más tierna infancia aplica complicados mensajes sexuales a sus juegos.

Antes de cumplir los catorce años, ya combinaba los divertimentos sociales como el arte de la cinegética y el placer de los bailes de salón —se aseguraba que fue un espléndido bailarín— con frecuentes salidas nocturnas a los prostíbulos de Madrid, donde daba rienda suelta a su frenético temperamento sexual.

El pueblo, siempre sabio, le dedicó una coplilla que circulaba por todos los barrios y se escuchaba en todos los patios que decía: «Fogoso como su madre, lascivo como su padre, caliente como su madrastra y masturbador como su pederasta».

La boda de este jovencísimo príncipe fue una clara necesidad de estado, y por motivos sobradamente conocidos se le impuso como esposa a una niña de doce años, Luisa Isabel de Orleáns, hija del regente de Francia y de María Francisca de Borbón, la hija bastarda de Luis XIV.

Lo hoy curioso y en su día altamente dramático, sobre todo para los protagonistas, fue la «pública» noche de bodas que tuvieron que pasar.

Por orden de su padre Felipe V y siguiendo la tradición de la época, los dos niños, Luis y Luisa Isabel, fueron desnudados, bañados y cubiertos con un camisón largo. Más tarde se les depositó sobre el lecho que habría de hacer las veces de tálamo nupcial, y por medio de los dos principales mayordomos de palacio se abrieron las dos hojas de las puertas del dormitorio permitiendo el paso a casi medio centenar de altas personalidades de la corte.

Hombres y mujeres se fueron situando en torno a la cama, y buscando la mejor posición para no perderse ni una secuencia del «espectáculo» erótico que allí se tendría que producir.

A una palmada dada por Felipe V, su hijo Luis se abalanzó sobre su ya jovencísima esposa con la pretensión de desvirgarla. El coro de cortesanos no paraba de dar gritos de apoyo a los dos jóvenes, y mientras los hombres lanzaban gruesas palabras y procaces frases, las mujeres esgrimían escondidas risitas e incluso daban su apoyo verbal a la niña para que contuviera la calenturienta actitud de Luis I apretándole el pene.

La excitación se había apoderado de toda la estancia. Los dos niños retozaban por la cama, y a cada minuto uno estaba sobre el otro, más con pretensiones de violación que de consumar un matrimonio.

Al poco tiempo el príncipe de Asturias da muestras de su agotamiento. Por un lado su estado de salud es muy delicado como herencia de la tisis que le llevó a su madre a la muerte, y como lógica respuesta al rubor que le produce no poder desvirgar a su esposa ante aquel panorama de hombres y mujeres que le corean.

Se da la orden para que todos los invitados abandonen la estancia y retornen al salón comedor donde podrán apurar las últimas copas, mientras los dos niños, sudorosos, con los camisones rasgados y repletos de arañazos, son separados con gran esfuerzo por los mayordomos de palacio que llevan a cada uno a una estancia para que puedan descansar el resto de la noche.

A la mañana siguiente, Madrid amanece con una duda traída de palacio durante la noche por el cruel boca a boca de los cortesanos. ¿Será el príncipe de Asturias bisexual o incluso homosexual? Muchos creen que este es el motivo por el cual no pudo consumar su matrimonio con una jovencita de cuerpo delicado y rostro agraciado.

Las correrías que Luis I realizaba por el Madrid nocturno en compañía de un viejo lacayo de palacio de origén francés y apellidado Lacotte, que mostraba unos inconfundibles ademanes mariconeros, le están perjudicando gravemente en su primera mañana de esposo. De un esposo que no pudo reafirmar su matrimonio ante toda la corte en su tálamo nupcial.

Muchos y doctos historiadores han reconocido en sus trabajos que el príncipe de Asturias y Luisa Isabel de Orleáns no llegaron a consumar nunca su matrimonio. Desde el punto de vista clínico Luis I nunca consiguió tener un orgasmo, y esto no fue precisamente motivado por su posible ambigüedad.

Entre las anécdotas curiosas y muy secretas de esta joven pareja, parece que Luisa Isabel también tenía una fuerte inclinacion bisexual, y de ello el que un día fuese descubierta en su alcoba real, y por supuesto expulsada de palacio, una joven y atractiva cocinera que completamente desnuda se recreaba de sus encantos naturales ante un gran espejo.

Vagabundos y ciegos no paran de cantar coplillas sobre la desventura del joven monarca de 17 años, que el 15 de enero de 1724 fue convertido en rey de España, el segundo rey Borbón, tras la abdicación de Felipe V quien decidió marcharse a La Granja de San Ildefonso a descansar el resto de los días de su vida.

Las coplillas son de todos los gustos, pero las que provocan mayores corrillos de campesinos en todos los pueblos de Castilla, son las que con sobrada picardía hablan de las andanzas homosexuales de la jovencísima reina.

«Entre sus muslos blancos
coloca su corona
dos de sus damas abren
las piernas de su alteza
y tres beben del cáliz
de la propia reina»

Luis I, murió a los 17 años tras un corto reinado de ocho meses. Los médicos de palacio certificaron que el óbito tuvo lugar como consecuencia de un ataque de viruela. En la calle, el pueblo comenta que ha sido envenenado. La historia nunca llegó a demostrar, ciertamente, cuál fue la causa de su prematuro fallecimiento.

Su esposa, Luisa Isabel de Orleáns, falleció a los treinta y tres años, siendo por tanto una de las parejas más breves y desgraciadas de la Corona de España.

FERNANDO VI: «NO ME QUIERO CASAR»

Tras la muerte sin descendencia de Luis I, la corona de España recayó sobre Fernando VI, un joven que ha pasado a la historia, entre otras cosas, por su total negativa a casarse con quien se le imponía: Bárbara de Braganza, «No me quiero casar» gritaba Fernando VI por los pasillos de palacio.

Bárbara era plato obligado para poder obtener las alianzas de España y Portugal, pero se trataba de una mujer fea, muy fea, y lo que aún es peor para cualquier hombre; obesa y carente de cintura con un cuerpo cuadrado y unos enormes y colgantes senos.

La primera anécdota, poco conocida, de esta futura esposa y reina de España, María Bárbara de Braganza, princesa de Portugal e hija del conflictivo rey Juan V, tuvo lugar cuando llegó a tierra lusitana el grupo de nobles que formaban la embajada española encargada de solicitar al rey la mano de su hija para el próximo monarca español y, como venía siendo costumbre, requerir un retrato de la joven para trasladarlo a Madrid y podérselo mostrar al príncipe de Asturias.

Juan V, sabedor de la increíble fealdad de la princesa, ya había destruido media docena de lienzos que artistas de la corte habían realizado en el último año, y esto contando con que se trataban de artistas con estómago agradecido y grandes deseos de complacer a su rey. No obstante, Juan V guardaba, celosamente, dos retratos de Bárbara de Braganza que por motivos oficiales se hacía imprescindible conservar.

La petición de la embajada española de obtener un retrato y trasladarlo a la corte de Madrid, no fue atendida, y las conversaciones siempre terminaban como un auténtico diálogo del disparate:

—Majestad necesitamos que nos proporciones el retrato de su alteza la princesa hoy mismo, ya que mañana, de amanecida, tenemos que retornar a nuestra patria.

—¿Cuál es la ruta que emprenderéis?

—Majestad, la misma que realizamos para el viaje de venida, pero con el cuadro.

—Espero que os haga buen tiempo, y así lo indican los mapas de nuestros especialistas.

—Majestad, ¿y el cuadro?

—¿Para cuándo creéis que debería fijarse la fecha, de los esponsales?

—Eso es algo que debéis fijar vos y el rey de España, ¿pero dónde podemos recoger, o a quién debemos solicitar el cuadro?

—Creo que la boda va a ser una perfecta bendición para nuestro dos países.

—Majestad ¿el cuadro...?

—Perdonarme pero debo retirarme. Cualquier cosa que necesitéis solicitarla y de inmediato os será concedida, sentiros como mis huéspedes y amigos.

Este tipo de conversaciones llegaron a repetirse ante el traslado de tres embajadas diferentes, en tres viajes con intervalos de varios meses. El rey de Portugal no podía negarse a proporcionar el deseado retrato, y tampoco podía evitar el entregarlo.

Una boda entre el rey de España y una princesa de Portugal estaba en juego con toda su carga política de alianzas internacionales, pero la clave parece que la tenía un lienzo, un simple lienzo que contara al joven Fernando VI como era, físicamente, la mujer con la que habría de compartir trono y vida el resto de sus días.

Finalmente, el marqués de Balbases decide acudir a Portugal y si no obtener el maldito retrato, sí al menos conocer personalmente a la princesa casadera y trasladar noticias de primera mano al joven monarca español. Para este viaje, sabiamente, se hace acompañar entre otros por un pintor de la corte, con el fin de que retenga visualmente cómo es la princesa, y pueda, más tarde, durante el regreso hacerle unos apuntes a carbón a Fernando VI.

Llegado el momento del encuentro, con la joven heredera, el marqués oculta la personalidad auténtica de su acompañante el artista al que presenta como su secretario. Ambos ven horrorizados a la alteza portuguesa y se les queda grabada en la mente su risa nerviosa y convulsiva, su rostro marcado por la viruela con apéndice nasal como el de una patata, sus manos regordetas, sus poderosos pechos colgones y sus ojos diminutos escondidos entre carrillos mofletudos.

En la primera ocasión que hablan los dos españoles durante el viaje de regreso, el marqués de Balbases le dice al pintor: «De apuntes al carbón ni hablar. Le diremos al rey que nos olvidamos del material para realizar el trabajo, y que su alteza la princesa es realmente muy difícil de plasmar en un lienzo».

Durante este viaje el marqués de Balbases se pudo enterar, aunque celosamente se lo ocultara después a su rey en virtud a lo necesario que era aquel matrimonio político para el bien de España, que el rey Juan V había realizado increíbles gastos económicos de una corona que no era demasiado rica, para tratar de paliar la fealdad de la princesa.

Desde galenos de Francia e Italia, hasta brujos de Inglaterra, e incluso misteriosos doctores de Oriente, fueron trasladados a Portugal en busca de una solución para el rostro de la princesa, pero ésta no sólo no se arreglaba sino que empeoraba cada día con unos desechables tratamientos que la hacían hasta permanecer noches enteras con la cara cubierta de fango y plantas especiales.

Tampoco los penosos regímenes a los que la princesa era sometida solucionaban la reducción de apenas unos centímetros de su cintura. Cada vez que Bárbara de Braganza era obligada a pasar todo el día sin más alimento que una fruta, por las noches ejercía de unas complicadas correrías por pasillos, galerías y estancias, hasta llegar a las zonas de despensa de palacio y saciar su hambre con todo tipo de viandas.

Hablando de viandas, se asegura que durante el banquete de bodas que tuvo lugar el 17 de enero de 1729 en tierras de Badajoz, lindantes con el país luso, Fernando VI no abrió la boca para decirle ni una sola palabra a su esposa, y para ello tuvo que darse un terrible atracón, sin parar de comer y comer. Por lo visto, el futuro jerarca buscaba dos cosas: evitar tener que hablar con Bárbara de Braganza mirándola a la cara, fea cara, y por otro lado, conseguir una indisposición física que aconsejara a sus galenos la prescripción de algunas medicinas, y un total reposo sin poder «disfrutar» de su noche de bodas.

LLEGA LA UNION DE DOS RAMAS BORBONICAS

Con Fernando VII y su boda con su prima María Antonia de Borbón Dos Sicilias llego la unión de las dos ramas Borbónicas.

Fernando VII, el deseado, nació en el Real Sitio de El Escorial el 14 de octubre de 1784. Su niñez fue enfermiza y débil, más atemorizada por la situación política que se vivía en aquellos días en toda Europa.

Por una parte la revolución francesa guillotinaba a su rey Luis XVI y poco después a su esposa María Antonieta. En el norte de España se detectan graves desavenencias entre el pueblo y el gobierno. El primogénito de la corona francesa moría más tarde de hambre en un lóbrego calabozo y Godoy obtenía el título de «Príncipe de la Paz» y el permiso para que sus criados pudieran vestir como los de la Casa Real.

Tenía María Antonia, la novia, diecisiete años cuando llegó a España para contraer matrimonio con Fernando VII.

De mediana estatura —para la época— no sobrepasaba los 155 centímetros. Tenía la nariz borbónica, cabellos rubios y porte regio. Su carácter, contrario al de su esposo, fue dulce y abierto. Fernando, por su parte, siempre se mostró reservado e inaccesible.

El matrimonio de los dos primos hermanos no fue en un principio cuna de alegrías y ello lo demuestra la histórica carta que María Antonia le dirigió a su cuñado el archiduque Fernando de Toscana en febrero de 1803.

En el maravilloso documento escrito en Aranjuez pueden leerse frases como éstas: «El rey, creo, es un hombre de buen corazón pero, desde luego, no es culto. Cuando una está preparada encuentra el mal menor, pero yo que creí esto, quedé espantada al ver que era todo lo contrario».

Historiadores recuerdan que pasó un largo año hasta que se consumó el matrimonio de los dos primos hermanos.

Otro de los documentos que lo certifican es una emotiva carta escrita por María Carolina, la madre de la joven esposa a un pariente, con fecha del 3 de mayo de 1803 y en la cual dice: «Puedo asegurar que mi hija es completamente desgraciada. Tiene un marido tonto, ocioso, mentiroso, envilecido, solapado y ni siquiera hombre físicamente, y es fuerte cosa que a los dieciocho años no se sienta nada y que a fuerza de orden y persuasión se haya hecho inútiles pruebas sin consecuencias, ni placer, ni resultado. No es ni siquiera animalmente un marido».

Finalmente, consumado el matrimonio, María Antonia tuvo el 4 de noviembre de 1804 un aborto de pocos meses del cual dijo la reina María Luisa: «El mal parto de mi nuera ha sido con algunos dolores y poca sangre. La bolsita muy chica y el feto más chico que un grano de anís chico. Tanto es asíque el rey ha tenido que ponerse anteojos para poderlo ver».

Un año después, María Antonia tuvo el segundo aborto de características similares al primero.

La princesa Borbón no pudo tener descendencia, pese a lo mucho que lo intentó, y murió el 21 de mayo de 1806 víctima de una tuberculosis que se le inició en la vías respiratorias y continuó por el aparato digestivo. Fue una cruel enfermedad de agudos dolores en una época sin calmantes, y al borde de su muerte y por lo acentuado de sus quejidos, corrió por la corte la falsa noticia de que María Antonia de Borbón había sido envenenada.

Mentes calenturientas de aquellos días hacían correr dos hipótesis sorprendentes; la primera que el veneno le había sido aplicado en la taza de chocolate, el cual solía tomar a media tarde, y la segunda que sus enemigos habían introducido un enorme escorpión entre las sábanas de su lecho y al día siguiente lo habían retirado.

Fernando no lloró en exceso la muerte de su esposa y estuvo presto al momento de prepararse un nuevo panorama político a espaldas de su padre el rey. De esta forma, don Fernando de Borbón y Borbón llegó a ser rey, no por la gracia de Dios, sino por la sedición.

Ocho años después del fallecimiento de María Antonia, Fernando VII contrajo matrimonio con su sobrina Isabel, una mujer poco agraciada a la que el pueblo de Madrid recibió con una enorme pancarta colocada sobre las verjas de entrada a palacio y que rezaba:

«Fea, pobre y portuguesa,
¡chúpate esa!»

Isabel fue una mujer de cuerpo grueso, ojos azules pero extremadamente saltones, nariz enorme y de boca pequeña y torcida.

Fernando VII durante su matrimonio no paró ninguna semana de salir de palacio embozado y con sombrero calado para visitar todo tipo de prostíbulos. Su acompañante más asiduo era el duque de Alagón.

La reina, aunque tarde, llegó a saber por medio de su servidumbre más cercana que su esposo y rey no sólo saltaba de cama en cama con mujeres que aunque jóvenes y bellas eran de la más baja estirpe, sino que andaba muy enamorado de una bella moza del pueblo de Sacedón, localidad donde acudía el monarca para beneficiarse de sus aguas medicinales.

Fernando VII trajo a la corte de Madrid a su joven de Sacedón, y la instaló convenientemente en un céntrico piso rodeada de criados.

La reina Isabel falleció a los 21 años sin haber podido proporcionar descendencia al rey. No obstante su muerte tuvo lugar durante la práctica de una cesárea que hoy podría calificarse como auténtica carnicería, ya que sin apenas anestesia y con medios muy rudimentarios, se le abrió el vientre para extraer de él a una niña muerta.

Los médicos de la familia real se inclinaron en aquellos momentos por la posibilidad de proporcionar descendencia a la corona, sin valorar el sufrimiento que podían ocasionar en la reina Isabel.

Entre las grandes cosas que España le debe a esta reina fea, pero culta y dedicada por entero a su marido y su pueblo, se encuentra la creación del Museo del Prado, una maravillosa idea de la soberana para poder reunir todas las obras de arte que andaban desperdigadas por palacios, palacetes y hasta sótanos de la corte, una corte que nunca entendió de arte.

Con Fernando VII llegaron después otras novias y otras bodas, como María Josefa Amalia de Sajonia, la tercera esposa, y María Cristina de Borbón la cuarta, pero pasando por alto estas secuencias nupciales llegamos a una mujer de armas tomar: la reina Isabel II.

UN CONSORTE HOMOSEXUAL

Antes de entrar en detalles sobre las anécdotas íntimas de la boda de Isabel II, permítame el lector que le recomiende la lectura de un apasionante libro escrito por mi querido maestro y amigo Ricardo de la Cierva. Se trata, cómo no, de «La otra vida de Alfonso XII». En su capítulo I titulado «¿Quién fue el padre de Alfonso XII?», Ricardo aclara muchas dudas a sus lectores, que sabedores de que la reina Isabel II fue obligada a casarse con Francisco de Asís, conocido homosexual al que por la calle el pueblo, el sabio pueblo, llamaba «Paquito natillas», nunca se han podido explicar quién fue entonces el padre de Alfonso XII. En su obra, Ricardo de la Cierva cuenta: «Si tratamos de resolver quién fue realmente el padre de Alfonso XII desde el punto de vista jurídico nos adentramos en un callejón sin salida; porque si bien muchísimas personas pensaban en 1857 que el esposo de Isabel II, su doble primo hermano el rey consorte don Francisco de Asís, era incapaz de engendrar hijo alguno, no falta quien le atribuyó la paternidad biológica, como ahora dicen los cursis, de todos los hijos logrados o no de Isabel II; y hasta citaron algún vástago suyo procedente de relaciones extramatrimoniales, lo que demuestra la buena voluntad conmovedora de los cortesanos en aquella época. Desde luego nadie le practicó al pobre don Francisco de Asís la prueba que luego exigió el artículo 108 ni mucho menos a don Alfonso las pruebas genéticas que entonces ni se conocían. Es cierto que como después previno sabiamente el artículo 109 del Código de la reina Isabel II dijo, como veremos, que el padre de don Alfonso era otra persona e incluso se lo escribió a esa persona; pero también es verdad que por entonces mismo afirmó en secreto que el padre de su hijo era su marido. Los legisladores españoles del siglo XIX inspirados en el Código Napoleón, coinciden en el fondo con él para este asunto pero no igualan ni de lejos al elegante cinismo del código francés dictado por el Corso: «Todo hijo nacido dentro del matrimonio tiene por padre al marido» sentencia que, como alguien ha insinuado, es la que ha provocado mayores carcajadas en toda la historia del Derecho».

Retomando de nuevo el tema de la boda de esta desdichada novia, porque sin lugar a dudas es una desdicha haber tenido que casarse con un homosexual reconocido, se encuentran culpables de esta boda por todas partes.

El historiador Manuel Ríos Mazcarelle. en su obra «Vida privada de los Borbones», asegura que Sor Patrocinio,la monja de las llagas tuvo mucho que ver.

«A la hora de concertar el matrimonio de Isabel II, debemos hablar de Sor Patrocinio; porque sin su intervención, quizá el desafortunado matrimonio con Francisco de Asís no se hubiera celebrado».

Isabel II tuvo muchos pretendientes, demasiados para poder elegir con cordura, pero entre sus consejeras más severas y obligadas se encontraban por un lado la reina madre y por otro Sor Patrocinio, la monja de las llagas, muy unida a la familia real y venerada casi en santidad por el pueblo.

Triunfó, no obstante, el pretendiente Francisco de Asís, porque reunía muchas cualidades de las que carecían el resto de caballeros.

A la reina madre porque seguiría gobernando, y al gobierno porque creía que podría utilizarlo a su antojo.

Respecto a la novia, nadie le consultó realmente. Toda la corte sabía que Francisco de Asís era homosexual pero ¿y qué?

En una conversación íntima entre una dama de toda confianza de Isabel II, y la consejera religiosa de la familia real Sor Patrocinio, la primera le dice a la monja: —Creo que es un hombre de sexualidad invertida ¿cómo se va a casar con él?

—¿Basas en conocimientos serios tus conclusiones?

—¡Con veinticuatro años nunca se le conoció una sola aventura con mujeres!

—Eso nada demuestra.

—Pero sí se han escuchado habladurías de aventuras con otros hombres.

—Bien lo habéis dicho, muchas habladurías.

Algo parecido ocurrió en otro momento entre la reina madre y el embajador Bresson.

—Estoy muy preocupada. Francisco de Asís es alguien por el que siempre he sentido una extraña desazón. Usted que lo ha visto, y lo ha oído. ¿Qué me dice de sus caderas, sus andares y su vocecita?

—Ciertamente hay algo que le hace diferente.

—¿Y si no le interesan las mujeres?

—Señora, es muy posible que el cariño que siente por la reina le impida fijarse en otras mujeres.

Cuando la tarde del 16 de agosto de 1846 la reina Isabel II recibió a su primo Francisco de Asís en palacio, sintió el lógico rechazo al verlo acercarse por la larga alfombra del pasillo con contoneos típicos de una mala bailarina. Su reacción fue de frialdad aunque más tarde llegara a confesar que sintió grandes ganas de soltar la carcajada.

Sor Patrocinio, auténtica protectora del afeminado pretendiente, no tardó en acercarse a su maestro y, para romper el hielo de la situación, decirle al oído: «El cielo desea esta unión y sería pecado contradecirlo».

Fue en la mañana del 14 de septiembre de 1846 cuando Isabel II comunicó a la representación nacional la unión de su persona con su primo el infante Francisco de Asís.

Poco tiempo después, el 10 de octubre de 1846, y cuando sólo contaba dieciséis años la reina, se celebraba en el templo de los Jerónimos Reales de Madrid la boda.

La joven reina llevaba un bello traje de moiré blanco con varias franjas de blondas de plata en todo su entorno. La cabeza la cubría con un largo manto de crespón también blanco que partía de una maravillosa diadema de brillantes. El cuello estaba ceñido por un precioso collar de piedras a juego y lo mismo su cintura. Cruzándole el pecho, como reina, lucía la notable banda de María Luisa.

El novio, Francisco de Asís, lucía un uniforme de capitán general con pantalón blanco y galón de oro, que le proporcionaba «una bellísima imagen» según corrieron por la corte sus mas íntimos amigos.

Cuentan las crónicas de la época —crónicas que poco después fueron censuradas por orden del gobierno— que cuando el patriarca de las Indias le preguntó a la novia: «¿Queréis por esposo a don Francisco de Asís de Borbón?, la reina meditó unos segundos y después dio un «sí quiero» que casi se le ahogó en la garganta.

Mientras la comitiva partía después del banquete a la Granja, donde pasarían su luna de miel, el pueblo de Madrid cantaba en las calles:

Paco natillas
es de pasta flora
y se mea en cuclillas
como las señoras.

Doña Isabel II, por lo tanto, tuvo que casarse con don Francisco a pesar de su rabieta inicial. En cierta ocasión el confesor de la reina, cardenal Bonel, preguntó a Su Majestad qué tal marchaba su reciente matrimonio, a lo que una encendida Isabel II replicó: «Mire, padre, no lo sé todavía, porque cuando la noche de bodas empezamos a desnudarnos no pude decidir quién llevaba más puntillas, si yo o mi marido...». El cardenal escribió su informe y lo envió a Roma, gracias a lo cual hoy podemos reconstruir el estado de ánimo de aquella pobre reina.

No obstante, como se sabe, doña Isabel II tuvo nada menos que once hijos, de los cuales algunos se malograron. Demasiados hijos para el nulo ardor de don Francisco de Asís, que se había hecho construir un apartamento especial en el palacio, todo decorado en rosa, para vivir en íntima espiritualidad con su propio confesor... De más está decir que no visitaba la alcoba de su reina, sino que, al parecer, practicaba cierta modalidad de amor platónico con su confesor, de similares inclinaciones eróticas.

Los historiadores en general parecen también estar de acuerdo en que ni uno sólo de los once embarazos de la reina tuvo como causante directo al rey. También coinciden en afirmar que todos ellos fueron hijos de distintos padres, entre los cuales no faltaron apuestos oficiales de la guardia.

Naturalmente, la conducta de la reina Isabel II está humanamente más que justificada. No parece poca cosa tener que tragar a un esposo que ni siquiera se molesta en ocultar su aversión a lo femenino y que por donde va deja un «reguero de plumas». Aunque también es cierto que el pobre don Francisco de Asís tuvo que tragar mucha bilis.

Para que resulte más fácil hacerse una idea de la situación, referiré una anécdota que rescaté revisando cierta documentación privada en la biblioteca de un conde de España.

El 22 de abril de 1857 la reina estaba encerrada, a las ocho de la tarde, en sus habitaciones privadas del Palacio Real de Madrid. En la antecámara se encontraba haciendo guardia Narváez con su ayudante de campo, Arenales. El rey, Francisco de Asís, apareció de repente acompañado por el ministro de la Guerra y ordenó que se le hiciera pasar a las habitaciones de la reina.

Naváez, en cuyo honor hay una calle que lleva su nombre, sabía que en aquellos momentos no se podía irrumpir en el dormitorio de la reina, por razones obvias. Francisco de Asís, pretendió hacer uso de sus derechos de monarca y marido para abrir aquella puerta cerrada y, como era de esperar, sus intenciones provocaron más que palabras. El ministro de la Guerra desenvainó su espada y se entabló una sangrienta batalla entre caballeros. Todo un duelo de honor a las puertas de la habitación en la cual Isabel II se dedicaba a consolar su soledad con la compañía de algún joven y apuesto militar.

Narváez hirió de mortal estocada al ministro después de que éste hiriera también mortalmente a su ayudante de campo, Arenales.

Al día siguiente, el pueblo de Madrid oyó hablar de una extraña enfermedad que intempestivamente se había declarado en palacio y que, en menos de una hora, se había cobrado dos vidas.

EL PRIMER MATRIMONIO DE ALFONSO XII

Dado que las pretensiones de este libro son las de contar aspectos inéditos o muy desconocidos de las bodas de los Borbones, permítame el lector que abra este apartado de la primera boda de Alfonso XII, con un curioso documento: la carta manuscrita que el marqués de Alcañices entregaba en mano en la mañana del 12 de diciembre de 1877, por encargo del propio rey de España:

«Madrid diciembre de 1877.

Nuestro muy caro y amado tío: después de meditar por mi propio el asunto con todo el detenimiento que su importancia merece, y oído mi Consejo de Ministros, he resuelto de conformidad con su dictamen, contraer inmeditatamente matrimonio; y siéndome tan conocidas las altas prendas que adornan a la infanta de España, doña María de las Mercedes de Orleáns y Borbón, hija vuestra y mi prima, no he titubeado en elegirla por esposa, seguro de que mediante el divino auxilio, será esta unión dichosa para los dos y útil a la nación nobilísima cuyos destinos tengo a mi cargo.

Vivamente deseoso, por tanto, que mi querida prima consienta este enlace, y que vos y mi muy cara y amada tía, vuestra esposa, me otorguéis su mano, con cuyo fin lleva y os entregará esta carta el marqués de Alcañices y de los Balbases, duque de Alburquerque, mi mayordomo mayor, esperando que vuelva con la respuesta tan pronto como ya anhela mi corazón.

Vuestro buen sobrino. Yo el rey.»

Antes de que esta carta llegara al palacio de San Telmo en Sevilla por medio de tan ilustre cartero, el duque de Montpensier, conocedor del texto de la misiva, por los abundantes «espías» que siempre han tenido las cortes, mandaba un telegrama al rey en Madrid que decía: «...sabes que la contestación a tu carta será un sí, como lo deseas y lo desea también tu respetuoso y afectísimo tío, Antonio de Orleáns».

Como puede comprobarse, ni una sola palabra sobre la opinión de su hija por parte del ambicioso suegro del rey.

Mucho frío hacía en aquella mañana madrileña del 23 de enero de 1878, cuando tuvo lugar la boda de Alfonso XII con su prima la infanta Mercedes.

España entera vivió este enlace en una época en la que, lástima, no existía la televisión para retransmitirlo, y el curioso acto nupcial tuvo que ser relatado, boca a boca, por quienes tuvieron la inmensa fortuna de presenciarlo.

Doce bandas militares, más de cuatrocientos hombres, recorrieron las calles de la capital desde las siete de la mañana. A las nueve y media salieron las tropas para cubrir la carrera; un total de dieciséis mil hombres armados.

El rey abandonaba el palacio real a las diez en punto con música de timbales y clarines de su propia escolta real.

Tras su majestad seguían los coches de la grandeza; duque de Osuna, Fernán Núñez, duque de Alba, Huéscar, condes de Heredia-Spínola, Pino Hermoso y Lacorzana. Las tres infantas menores Pilar, Paz y Eulalia, precedían a la carroza de su hermana Isabel, princesa de Asturias.

La basílica de la Virgen de Atocha tenía un aspecto deslumbrante, y se tendía desde la calle hasta el altar una gran alfombra de tono azul con flores de lis que fue tejida expresamente para este acto y en la que trabajaron casi trescientos artesanos día y noche.

Eran las once y veintiocho minutos cuando hacía su entrada el cortejo regio en el templo. El cardenal patriarca de las Indias ofició la ceremonia.

Posiblemente muchos lectores ignoran que éste es el primer matrimonio Borbón donde la copulación no prima. La noche de bodas, Alfonso XII, el esposo, ofreció a su joven mujer la reina Mercedes la representación de la ópera «Roger de Flor» que interpretaba el famoso Tamberlink y el papel masculino por Adelina Borghi. El teatro entero se venía abajo en vítores y aplausos cuando la nueva pareja real hizo su entrada en el palco del teatro.

Tras la trágica muerte de la reina Mercedes, y por supuesto después de las correrías sexuales del monarca en las noches de Madrid, que prefiero pasar por alto dada la proximidad del personaje, llegó la segunda boda, en esta ocasión con María Cristina de Austria, una excelente candidata.

La segunda boda se celebró el 29 de noviembre de 1879 también en la basílica de Atocha. Los padrinos fueron los emperadores de Austria representados por los archiduques Raniero y María.

La novia lucía un sobrio y elegante vestido de raso blanco y cubría su cabeza con un precioso velo de encaje de alençón. La alfombra azul no fue utilizada y en su lugar aparecía otra más oscura y de calidad muy inferior.

LA BODA DE ALFONSO XIII Y VICTORIA EUGENIA

De esta boda, tan reciente, está casi todo escrito. Yo mismo en tres de mis libros monárquicos he dado infinidad de detalles sobre el acontecimiento, pero como prometo en el título de este capítulo voy a relatarles, por primera vez, algo que ha venido permaneciendo oculto: la visión del trágico atentado de la bomba contra el cortejo nupcial relatado por un testigo que en primera línea lo vivió.

Este relato, auténtico documento histórico, se debe a la maravillosa investigación que su alteza real la princesa Pilar de Baviera realizó en estrecha colaboración con el comandante Desmond Chapman-Huston.

«Mientras tanto, empezaron los coches del cortejo real a dejar la iglesia para dirigirse a Palacio. En el primero iban Lord y Lady William Cecil y Miss Minnie Cochrane. Los seguían en orden apretado los Oficiales Mayores de la Casa Real española y los Príncipes extranjeros; el coche ocupado más cercano al de la Corona era el de caoba, en el que figuraban la Reina María Cristina y su hijo Don Alfonso María, de cuatro años y medio, presunto heredero del Trono.

Entre éste y el coche de la Corona iba el de los cuarterones de oro, o «coche de respeto».

El magnífico cortejo tardaba casi una hora en pasar por un punto determinado, y cuando discurrió por las calles llenas de banderas y guirnaldas con flores, pasando bajo arcos de triunfo y entre casas con colgaduras rojigualdas y filas nutridas de gentes que lo aclamaban, el efecto fue insuperable. Saludaba la artillería; las campanas repicaban; vibraban las trompetas. Pero, así y todo, se oían las voces de las multitudes gritando: «¡Viva el Rey! ¡Viva la Reina!» Cuando el coche de la Corona llegó a la Puerta del Sol, donde estaban congregadas miles de personas, los jóvenes soberanos fueron casi arrollados por el entusiasmo frenético con que los recibieron. Salieron de la Plaza, el coche entró en la antigua calle Mayor, con sus casas del siglo XVIII, una de las principales vías comerciales de la Villa. Como el resto del recorrido, estaba atestada de gente y sólo con extender la mano era casi posible tocar los brillantes jaeces de los ocho caballos bayos que arrastraban el coche real. Casi todas las casas tienen balcones y todos estaban tan llenos que fue un milagro no se derrumbase alguno.

Mientras el coche de la Corona iba a paso de caracol por esta estrecha vía, pasando ante la casa, a la izquierda, en que nació Calderón y, un poco más al oeste, a la derecha, ante aquella en que murió Lope de Vega, el pueblo se olvidó de notar su magnificencia; por una vez, la corona real que lo remataba, soportada por dos orbes dorados, símbolo ogulloso de la soberanía española en dos continentes, dejó de suscitar sentimientos de orgullo, porque todos los ojos estaban atentamente fijos en el cuadro, más llamativo, de la joven belleza y de la gracia humanas, y todo lo demás no era sino marco.

Y, sin embargo, en medio de toda esta luz y esta vida asomaba la sombra de la muerte.

A los dos tercios de la calle Mayor está la Plaza de la Villa, con el Ayuntamiento y la antigua Torre de Luján, en la cual, como dijo Lope de Vega, «Carlos V encarceló el orgullo de Francia». muy cerca está el Palacio del Capitán General de Madrid, la Embajada de Italia y otros edificios notables. El Rey, sentado a la izquierda, se los iba señalando a la Reina, cuando el coche llegó a la pequeña Plaza, en el lado sur de la cual se alza la iglesia de Santa María. Frente a esta iglesia se había construido una tribuna para las damas de la Corte, las esposas de los funcionarios importantes y otros personajes; el Rey estaba asomado a la ventanilla de la izquierda con el doble propósito de enseñar la iglesia a la Reina y de responder a los frenéticos saludos procedentes de la tribuna; la Reina, con un movimiento natural e instintivo, se inclinó también todo lo que pudo hacia la izquierda, y esto, probablemente, le salvó la vida.

Nadie paró mientes en una casa, a la derecha de la Calle Mayor, directamente enfrente de la iglesia. Es un edificio grande, alto y aislado, con muchos pisos, cada uno de ellos con balcones de hierro. En el balcón del segundo piso estaba la Marquesa de Tolosa con su hija, Don Antonio Calvo con su primo, y otras varias personas. El coche de la Corona se paró allí. Cuando la Reina le preguntó por qué, el Rey contestó:

«Probablemente hay alguna demora causada por los que se apean en Palacio: en cinco minutos estaremos en casa.» Casi en este mismo momento cayó en la calzada, con un ruido espantoso, un gran ramo de flores; hubo una explosión como el disparo de un cañón grande, un olor nauseabundo, una llamarada; y el coche real se bamboleó y se inclinó, envuelto en una nube de humo negro, tan espesa que el Rey no pudo ver a la Reina, quien se había echado hacia atrás con los ojos cerrados, de manera que, por un momento, el Rey creyó que había muerto.

El carruaje, arrastrado por los caballos, que se encabritaban enloquecidos, se precipitó hacia delante varios metros y luego se paró en seco. El Rey, no sabiendo exactamente lo que había ocurrido, se asomó a la ventanilla de la izquierda con el deseo de calmar la terrible confusión de la muchedumbre. Entonces el Conde de Grove y el Caballerizo de servicio, Conde de Fuenteblanca, quienes se habían precipitado al lugar de la desgracia, explicaron al Rey que era imposible seguir, puesto que uno de los caballos estaba muerto, y otros heridos. «Abrid la puerta, entonces; que traigan el coche de respeto y decid a la Reina Madre y a la Princesa Beatriz que nosotros estamos bien.» El Rey guardó la más perfecta calma y el dominio de sí, y, conforme con su carácter, tomó instintivamente el mando en este caso de urgencia.

Seguidamente se apeó y ayudó a la Reina a salir del coche. Estaba conmovida, pero también era dueña de sí. En el acto de bajar se mancharon de sangre sus zapatos y su traje. Dando el brazo a la Reina, el Rey intentó evitar que viera a los muertos y heridos mientras la conducía al coche de respeto. Al Infante Don Carlos de Borbón-Sicilia y a los otros que se habían acercado, dijo sencillamente, aunque con honda emoción: «¡Qué desgracia! ¡Qué infamia!» Los Grandes y los oficiales que se congregaron, como era natural, alrededor de la Reina, fueron apartados por el Rey, según cuenta un testigo ocular, «como si fueran bolos».

El ejemplo del Soberano y de su séquito calmó en cierta medida a la muchedumbre horrorizada. Antes de seguir a la

Reina dentro del coche de respeto, se volvió el Rey hacia su cuñado, el Infante Don Carlos de Borbón-Sicilia, y los oficiales apiñados alrededor del carruaje, y dijo en voz alta, clara y deliberada: «¡Despacio, muy despacio, a Palacio!»

Los que habían llegado ya a Palacio no sabían nada. Miss-Minnie Cochrane, Lord y Lady William Cecil, Lord Londonderry, su hijo y su nuera habían oído la explosión, creyendo que era una salva. Los representantes reales y sus séquitos, que esperaban a los Reyes en la escalera de honor, nada sabían todavía. El Rey y la Reina subieron la escalera, el Rey con el brazo izquierdo alrededor de la Reina. En el trayecto, saludaron ceremoniosamente a cada invitado, según requería la etiqueta. Era natural que su porte dejase ver algo de la terrible prueba que habían atravesado, y todos empezaron en seguida a indagar...

Cabe aquí insertar el relato de un testigo. Fue escrito en la noche del día fatal por el coronel Guy Wyndham en una carta a su esposa, y no sólo refleja el ambiente, sino que posee el inequívoco acento de la veracidad:

«¡En verdad, ha sido éste un día de emociones! La pompa espléndida de unas horas, acabando en lo que pudo haber sido una de las tragedias más horribles de la Historia. Lo que ha sufrido la pobre pequeña Reina no se puede imaginar. Su valor fue sencillamente heroico. Nunca me olvidaré del momento en que cayó la bomba. Nosotros, con Sir Maurice de Bunsen, fuimos los primeros en llegar al coche y puedes figurarte lo que sentimos cuando hallamos al Rey y a la Reina sanos y salvos; pero, a poca distancia, había cosas horribles, tan desagradables como las que pueda haber visto en la guerra.

Esta mañana, desde muy temprano, las calles se llenaron, y a las nueve y cuarto salimos en nuestro coche y fuimos por las calles del cortejo hacia la iglesia, entre hileras de soldados. En la iglesia estuvo todo muy ordenado, con asientos para todos los invitados. Te envío un plano con una cruz en el sitio donde estuve con la duquesa de Wellington. Había uniformes de todas clases, flameantes de condecoraciones. Luego empezaron a llegar los Infantes, seguidos de los Príncipes extranjeros, y, por fin, el Rey. Después de larga pausa, vinieron la Reina Madre con la princesa Ena. Esta estaba guapísima y su porte era hermoso. La ceremonia fue bastante larga. En medio de ella, se acercó el Rey a la Reina Madre y la besó, y la princesa Ena, con su gran cola desplegada, descendió unos peldaños y besó a la princesa Beatriz. Un gran velo, que llaman el yugo, le fue puesto en la cabeza y alrededor de los hombros de él, y hubo misa con hermosos cantos. Luego estuvieron bajo dosel y se cantó un impresionante *Te Deum* con acompañamiento de banda y órgano.

Entonces salimos deslizándonos para no perder tiempo en llegar a casa de los Young (Sir George Young, entonces Secretario del servicio diplomático británico en Madrid); mientras buscábamos nuestro coche, se nos acercó un pequeño periodista americano, de frac, con la camisa arrugada, quien nos dijo: "Supongo que sois ingleses"; y al contestarle afirmativamente, repuso: "Bien, pues sois los más guapos de aquí."

Llegamos a casa de los Young antes que los Bunsen, pero éstos aparecieron antes de que el cortejo se acercara. Hacía un tiempo magnífico; todos los Grandes y Príncipes tenían coches espléndidos, y los caballos iban con enormes plumas de color en la cabeza. Estábamos en la casa que he señalado con negro; así verás que el cortejo vino directamente hacia nosotros y luego dio la vuelta a la derecha enfrente de la casa. En el momento en que el coche del Rey y de la Reina venía directamente hacia nosotros, fue arrojada la bomba. Dos o tres de nosotros la vimos en el aire. Fue arrojada desde la parte superior de la casa próxima a la Embajada italiana, donde he puesto un punto negro. Hubo una explosión como de una granada de lidita, y nubes de humo. Se nos encogió el corazón suponiendo lo que había ocurrido, Lady de Bunsen dijo: "¡Una bomba! Sacad a los niños de la habitación." Los tres pequeños de Bunsen habían empezado a aplaudir creyendo que se trataba de alguna diversión extraordinaria. Cuando se dispersó el humo, al cabo de unos segundos, vimos que el carruaje se había parado.

Lady de Bunsen dijo a su esposo: "¿Quieres ir?", y él contestó: "Si me es posible." Entonces dijimos: "Iremos con usted", y salimos de la casa en seguida; tropezamos con una breve oleada de gente presa del pánico, pero los soldados no nos detuvieron y llegamos al coche en un instante. Tan pronto como vimos que el Rey y la Reina estaban a salvo, los saludamos y dimos vivas, y entonces los soldados de guardia en las calles agitaron sus sables y sus fusiles y dieron vivas también. El caballo de la izquierda estaba en el suelo con las piernas cortadas y el vientre abierto. Sus grandes plumas estaban caídas en un charco de sangre. El cochero de la escolta estaba cubierto de sangre, pero no herido de gravedad, y yo le ayudé a volver a caballo. Se acercó otro coche y los Reyes subieron a él. Nunca vi tal valor; la Reina, incluso, sonreía; se tocó el pecho varias veces y saludó. El Rey la rodeó con el brazo y la besó. Entonces siguió su camino el coche, escoltado por el embajador británico y el XVI regimiento de Lanceros. Me halaga que el embajador británico y nosotros hayamos sido los primeros en llegar. La presidencia del cortejo no supo nada de lo ocurrido hasta que los Reyes llegaron a Palacio.

Cuando el cortejo reanudó la marcha, el pequeño R. vino a mí, con lágrimas en los ojos. El pobrecillo me dijo que su hermano estaba de servicio cerca del sitio en que la bomba cayó, y le dije: "Ven. Pronto lo encontraremos." Volví con él a donde estaban los muertos y heridos. Vio a su hermano a salvo, a poca distancia, y le hizo una seña. Pero estaba muy conmovido, y lo que vimos era bastante para marearle a uno. Regresé entonces a casa de los Young con él, para anunciar a las señoras que los Reyes estaban a salvo y que Bunsen había podido llegar hasta ellos. Cuando los otros regresaron de Palacio, todos fuimos allí. Shaftesbury y algunos nos preguntaron si íbamos a almorzar, y cuando dijimos que sólo a inquirir sobre el accidente, resultó que ni siquiera se habían enterado de él. De todos modos, entramos en Palacio y nos encontramos con que todos habían ido a almorzar; pero el duque de Santo Mauro salió y dijo que seguramente le placería al Rey que hubiéramos ido y que así se lo diría.

Yo sólo vi tres muertos, pero temo que hayan muerto tres oficiales y que otros tres hayan resultado heridos, y R. me dice que oyó contar que tres señoras habían resultado muertas, pero no sé si en la casa o fuera de ella. Es probable que haya habido varios muertos entre la muchedumbre, detrás de los soldados de guardia. Uno de los muertos era un amigo de R. ...

... Por cierto que el Rey y la Reina dieron pruebas de un valor sublime...»

X. EL *SECRETO* DE UN EXITO: FELIPE DE BORBON Y GRECIA

En 1989, la revista «People» de EE.UU. le clasificó entre los cincuenta hombres famosos más guapos, en el puesto cuarenta y uno. En la lista, por supuesto, figuraban los «sex symbols» masculinos de más de una generación: desde Gregory Peck hasta Tom Cruise.

Es, simplemente, un reconocimiento obvio. Don Felipe de Borbón se encuentra entre los hombres que, aparte de haber sido generosamente dotados por la naturaleza, han modelado sobre la base de la disciplina, la actividad y el deporte ese don de armonía física, complexión atlética, rasgos viriles pero suaves.

El deporte, la actividad física, siempre fue muy importante en su vida y en la configuración de su carácter. Alguna vez llegó a descuidar alguna que otra disciplina en aras de esta pasión.

Si añadimos a esto que don Felipe es un hombre culto, sensible y receptivo, comprenderemos que también sea un soltero especialmente dorado, que hemos calificado «de platino». En todo caso, si en la clasificación de los cincuenta hombres más «guapos» se computaran estos valores menos tangibles físicamente, salvo en el trato personal, es probable que don Felipe de Borbón pasara a ocupar los puestos de cabeza.

Pero ¿cómo es este joven heredero desde el punto de vista del carácter, de los sentimientos, de las ideas? También en estos aspectos don Felipe presenta sin duda una imagen altamente positiva. Y no me refiero tanto a lo que inevitablemente «diga» el heredero públicamente al responder a las entrevistas, algo que, como es evidente, está por lo general muy mediatizado y diseñado para evitar malentendidos y manipulaciones.

No cabe duda de que, pese a este carácter protocolario de las declaraciones, en ellas se expresan muchas cosas por la convergencia entre el momento en que se dicen y el cambio que implican en relación a lo declarado en otros momentos. Veremos en este capítulo un ejemplo muy revelador cuando analicemos las declaraciones del heredero en ocasión de sus relaciones sentimentales con Isabel Sartorius.

Por otro lado, también existen otros datos puntuales que nos permiten deducir rasgos de carácter, estilo personal, vida emocional. Sobre todos estos datos voy a intentar hacer una aproximación al carácter de don Felipe de Borbón.

Pero para comprender al heredero del Trono y permitir al lector hacerse una idea clara, iremos por orden, señalando cronológicamente los datos sobre los cuales nos basamos para realizar este bosquejo de retrato de nuestro Príncipe de Asturias.

Un aspecto importante para valorar la modelación del carácter viene dado ya por las expectativas y el significado que tiene el nacimiento de don Felipe para la Familia Real. No olvidemos que todos estaban pendientes —desde Franco en El Pardo a don Juan en Estoril— de este nacimiento de un hijo varón.

Cuando nace don Felipe la alegría no puede ser mayor, rozar el delirio. Todos están satisfechos. La última resistencia del general Francisco Franco desaparece y la Reina Victoria Eugenia le recordará al general que ahora tiene tres reyes Borbones para elegir.

Desde el punto de vista psicológico, también el nacimiento de don Felipe iba a significar mucho. Empezando por la reina madre, Victoria Eugenia —la entrañable Ena de Battenberg— que estaba ya convencida de que una maldición se cernía sobre la Familia.

No vamos a detenernos —el lector dispone de abundante bibliografía al respecto en mis obras «La madre del Rey» y en

«Lo que nunca nos contaron de don Juan», aparte de «Hay que casar al Príncipe» e «Isabel Sartorius, casi una reina»— en recrear las anécdotas. Baste recordar que esta maldición que obsesionaba a la reina madre se iniciaba en el atentado de Mateo Morral, en el día de su boda con don Alfonso XIII, y con los dos primeros hijos, hemofílico y sordomudo respectivamente.

Lo que importa es que este sentimiento de maldición no abandonó a Ena de Battenberg hasta el momento en que le dieron la noticia del nacimiento de don Felipe. Era la primera excelente nueva que tenía la Familia Real después de tantas desgracias: el aborto sufrido por doña María de las Mercedes, la trágica muerte de Alfonsito en Estoril, las amarguras del exilio y la pugna entre el Caudillo y don Juan de Borbón.

De modo que, en alguna medida, el niño recién nacido tendría este hondo significado de «héroe iniciático» desde su primer llanto. Quebraba el hechizo, la maldición que Ena de Battenberg atribuía al hecho de que hubiera renunciado a su fe original anglicana para contraer matrimonio con don Alfonso XIII.

Este sello de «especial» que, en principio, se debe a una coyuntura, suele marcar sin deliberación las relaciones afectivas e intelectuales con el niño. Será un niño muy querido, atendido con especial esmero, motivado, objeto de cuidados añadidos derivados de su condición de heredero, el único varón entre los hijos de los monarcas

Tanto si se quiere como si no, es inevitable que este sentimiento sea captado por el niño y le brinde, tempranamente, una evidencia de su originalidad personal y un aspecto de la vida sobre el cual no se puede dejar de reflexionar.

No debemos olvidar que, en la modelación de la imagen que tenemos de nosotros mismos, tiene un papel importante la imagen que tienen de nosotros las personas con quienes tratamos, sobre todo en la primera infancia.

Don Felipe, en este sentido, fue admirado desde su nacimiento, precisamente, por su imagen. Calvo Sotelo (Joaquín) dirá que «es un Príncipe de cuento de hadas» y destacará el parecido con su madre, doña Sofía de Grecia, y más aún con su abuelo materno, el Rey Pablo.

José Antonio Pérez Mateos escribirá que «los ojos del Príncipe muestran una mirada chispeante y graciosamente feliz; esos ojos azules, como el mar Egeo de su madre griega, que sólo él ha heredado».

Con una educación menos esmerada y unos padres menos cuidadosos, estos principios referidos podían haber sido una excelente base para infatuar el espíritu. Pero, por fortuna, no fue así. Desde el comienzo sus padres se ocuparon de que tuviese la formación infantil más normal y corriente posible.

El cuidado de la Reina doña Sofía, en este sentido, llegó a detalles tan reveladores como cuidar que el príncipe no tuviera una ropa de calidades superiores a la del resto de sus compañeros, ni que se le diferenciara con ningún trato especial.

Este aspecto de la educación —sello característico de la buena educación tradicional de las casas reales— equilibró naturalmente este sentimiento de admiración y demoró prudentemente la toma de conciencia de don Felipe del auténtico atractivo que tenía su persona ya desde la primera infancia.

Sin embargo, como no podía ser de otro modo, don Felipe llegó a la acabada conciencia de sí mismo y de su significado para los españoles. Algo que también se reveló tempranamente, en la manifestación de su seguridad en sí mismo y su voluntad de mantener bajo control lo que se refiere a su persona.

Hay, al respecto, una entrevista realizada por Pilar Urbano que nos brinda una primera clave para empezar a indagar su personalidad. No es nada que don Felipe responda, sino que añade al final en forma de pedido: «por favor, diga que soy una personal normal».

Esta frase armoniza muy bien con la reacción del Príncipe de Asturias —y asimismo de sus hermanas las Infantas de España— cuando debieron encajar la «diferencia» en los modos protocolarios. Los tres rechazaban vivamente el tratamiento de «Altezas», don Felipe llegaba a replicar las reverencias con una reverencia mayor que le llevaba hasta casi tocar el suelo. Los tres argumentaban —con implacable y precisa lógica infantil— que si se llamaban «altezas» no podrían tener amigos normales como todos.

Esta anécdota ilustra la esmerada educación de los infantes y el buen tino psicológico de sus padres. La reacción que tienen en la primera infancia es síntoma de excelente salud mental y espiritual. No en vano Su Majestad la Reina Sofía se ocupó ya desde adolescente en adquirir una cualificación de primera en enfermería, puericultura, educación.

A don Felipe no le gustaba el hecho diferencial. La primera vez que salió en televisión en un acto multitudinario —en el balcón del Palacio Real, el día de la proclamación de su padre como Rey de España— tuvo una enorme preocupación porque no sabía como encajarían aquello sus amigos del colegio Los Rosales, donde cursaba primera enseñanza. Entonces, nuestro heredero sólo tenía siete años.

Tuvo una infancia feliz, arropada por el cariño de sus padres y de sus hermanas, así como por los miembros del resto de la Familia Real. Desde entonces este jovencísimo príncipe de «cuento de hadas», rubio, de ojos muy azules, con un rostro en el cual la síntesis de los rasgos paternos y maternos ha sido también notablemente feliz, no ha podido dejar de ser el centro de las miradas y las especulaciones sobre el futuro que le esperaba como Felipe VI de España.

Eso es también algo que no puede dejar de ser percibido en alguna medida, sobre todo a partir de determinadas edades. Y creo que, como resultado de esta precoz conciencia de las notables expectativas que generaba, tuvo que producirse una maduración fundamental del carácter que se haría cada vez más evidente desde la adolescencia.

En primer lugar, recordemos —lo mencionamos en el capítulo de este libro dedicado a analizar sus relaciones con Isabel Sartorius— la significativa vocación de don Felipe en su poco frecuente —a esas edades— curiosidad por el cielo.

Este interés perduraría muchos años. En rigor, no sabemos si sigue cultivándolo, pero sí que seguía leyendo libros sobre esta temática mientras realizaba su servicio militar en las tres armas.

Este dato, avalado por otros elementos, remiten a una personalidad fuerte, con un poderoso sentido de la identidad personal, con tesón para persistir en la indagación de lo que le solicita. Y, también, como vimos, a un espíritu más deseoso de conocer y comprender que de poder.

En la citada entrevista realizada por Pilar Urbano, don Felipe aportará dos respucstas elocuentes. Una, a la pregunta sobre su carácter, que muestra una mente alerta y analítica: «más que genio, tengo carácter». La otra, muy definidora de su modo de ser interior: «soy serio; creo que pienso bastante las cosas antes de tomar una decisión».

Estas preguntas constituyen ya unas líneas maestras que nos permiten una aproximación mayor al heredero del Trono. Se define a sí mismo como «normal», «reflexivo», «seguro de sí». Veamos, ahora, cómo sobre estas líneas, estos trazos generales del boceto que estamos realizando de don Felipe de Borbón, se perfila su actitud más probable ante el tema clave de su próxima boda.

VEINTE AÑOS DE ORO

Vamos a trasladarnos, amable lector, hasta los veinte años de nuestro Príncipe de Asturias para rescatar un par de declaraciones reveladoras. La primera de ellas fue realizada a la televisión catalana, en enero de 1989. No es una entrevista en principio importante, pero, precisamente, es de este tipo de declaraciones menos comprometidas que mejor podemos valernos para bosquejar el perfil interior de un príncipe.

En esta entrevista don Felipe muestra un natural inteligente y divertido. Le preguntan por las chicas y no se resiste en absoluto a hablar del tema. Es evidente que no tiene nada que ocultar ni de qué preocuparse.

Al preguntársele por el «tipo ideal», don Felipe, elegante y bien educado, replica: «Se lo contaré con mucho gusto cuando la encuentre». Es una respuesta lúcida y ágil, pero también significativa. Don Felipe no tiene «tipo ideal»; con buen criterio, sabe que ninguna mujer real es un «tipo», de modo que se limita a reiterar que él está seguro de que «sabrá reconocerla cuando aparezca».

La respuesta revela una mente nada dogmática, abierta a la experiencia, receptiva a la hora de valorar detenidamente la realidad, así como una sensibilidad saludable. También responde sinceramente a la cuestión del amor dando un destacado lugar a la sexualidad (al hecho de gustarse, de tener una química afín).

Podemos estar seguros de que, por muchos motivos que no vienen al caso traer a colación, en el momento en que don Felipe de Borbón y Grecia realizó estas declaraciones aún no había tenido ninguna experiencia de enamoramiento. De hecho, así lo confiesa de plano en la misma entrevista al decir: «estrictamente, no».

Importa destacar este hecho. Don Felipe vuelve a mostrar su inteligencia analítica, proclive a establecer las debidas matizaciones y distingos conceptuales. Reconoce haber estado «enamoradillo», con lo que alude a gustos, impresiones y universo de fantasías adolescentes que configuran a esa edad todo el pasado sentimental de la persona, pero también deja claro que no conoce todavía el enamoramiento como experiencia plena de juventud, como «sacudida» o «terremoto» afectivo, que es como suele manifestarse.

Esto ocurría, amigo lector, en los primeros días de 1989. Naturalmente, la prensa ya entonces preguntaba por las preferencias del heredero y empezaba a plantearse el tema de una boda real por todo lo alto en el horizonte ineludible de la década que se abría.

Es, precisamente, en el verano de 1989 que Isabel Sartorius, hija del Marqués de Mariño, aparece en la vida del Príncipe de Asturias. No vamos a detenernos ahora en discutir si se conocieron en julio o en junio. En todo caso, parece obvio que el encuentro causó honda impresión en ambos jóvenes.

En el mes de agosto la prensa consigue la primera fotografía de la pareja en aguas de Cabrera, a bordo del yate de don Felipe. La noticia salta a las páginas y el idilio entre el heredero y la bella joven será el tema obligado de la sociedad española.

En septiembre don Felipe e Isabel son vistos juntos en múltiples ocasiones. Es evidente que sienten una gran afinidad personal. El Príncipe de Asturias, que siempre mostró una madurez superior a sus años, tuvo que sentirse fascinado por esa joven tres años mayor, con experiencia de haber trabajado y vivido sola en el extranjero, inteligencia, independiente, y con una formación universitaria de «élite» precisamente en aquellas disciplinas que constituían ya el horizonte teórico y el interés de don Felipe: derecho y relaciones internacionales.

De cualquier manera, en septiembre poca duda cabe de que los dos se encuentran encantados de la vida de conocerse y salir juntos. Pero don Felipe de Borbón, hay que decirlo bien alto en su honor, no es ni por asomo ni siquiera un pelín de frívolo. A la pregunta de la prensa sobre su posible «noviazgo» con Isabel Sartorius, responderá entonces de una forma clara: no somos novios, somos simplemente amigos.

Interesa detenernos ahora un momento en otra respuesta del heredero a la misma pregunta, pero esta vez en uno de los viajes de regreso de Nueva York, en julio de 1990, un año después de iniciar su amistad estrecha con Isabel Sartorius.

A la pregunta: «¿tiene novia?», don Felipe responde en esta ocasión: «Ni sí, ni no». Como podrá apreciar el lector estamos ante una respuesta clara de que la relación iniciada un año antes ha calado y se ha consolidado claramente como enamoramiento en el corazón de don Felipe de Borbón y Grecia. De otro modo, la respuesta hubiese sido la misma no comprometida y protocolaria respuesta dada en 1989 en ocasión de la entrevista del mes de septiembre.

Por otro lado, este «ni sí, ni no», que para el profano en tradiciones monárquicas puede no querer decir nada, para quien conoce suficientemente el código iniciado del protocolo quiere decir mucho.

En las Casas Reales —lo hemos dicho en más de una ocasión en nuestros libros— no hay tal cosa de noviazgo. Anunciar un noviazgo equivale a anunciar una boda: se trata de la petición de mano y compromiso. De ahí que, si el Príncipe de Asturias, reconociera públicamente una «novia» lo que haría es anunciar —irregularmente y sin la venia de la Familia Real— su próxima boda.

En este contexto, como comprenderán los lectores, ese «ni sí, ni no»se vuelve pura dinamita. Es casi reconocer, para quien quiera leer entre líneas la intención del hablante, que lo que le une a «alguien» —y a nadie podía escapársele que este «alguien» no podía ser otra que Isabel Sartorius— es realmente serio, que va en serio.

Pero en esta entrevista, nuestro heredero del trono irá todavía más lejos. Cuando las preguntas se dirigen al tema de su próxima boda real, don Felipe brinda otra respuesta reveladora de su estado de ánimo: «el número de princesas casaderas es un mercado muy limitado».

No dice, en absoluto, que él deberá escoger entre ellas, sino más bien indica su intención de elegir en un ámbito mucho más amplio a su futura esposa y Reina de España. Y no es una respuesta cualquiera, ni que pueda haber sido dada sin deliberación. Tampoco es una respuesta que se haya elaborado en solitario, como veremos de inmediato.

En esta materia, don Felipe no ha sacado en ningún momento el «pie del tiesto», para expresarnos con claridad. El Príncipe jamás ha realizado, en este sentido, ninguna declaración que pueda considerarse contraria al espíritu de las declaraciones de sus padres, los reyes.

Fue, precisamente, doña Sofía de Grecia, la Reina, quien declararía a Douglas Key que sólo pretendía que quien se casara con sus hijos fuese una persona «decente», «que cuidara de ellos», «les amara». Más todavía: Su Majestad doña Sofía declaró, en este sentido, como el mismo Rey, que no pondrían condiciones a sus hijos en materia matrimonial.

La Reina llegó a declarar en la entrevista con Douglas Kay que no sólo no era a su juicio importante que la persona fuese de Casa Real, sino incluso no consideró decisivo que fuese un miembro de la nobleza. En estas declaraciones de Su

Majestad no sólo no aparece por ningún lado la Pragmática Sanción, sino que no se expresa ningún tipo de impedimento ni objeción; no ya a un matrimonio morganático, sino ni siquiera a un matrimonio que uniera a los infantes de España a personas plebeyas.

Asombra escuchar palabras tan crudamente igualitarias en labios de una Reina. Sobre todo, porque doña Sofía expresa aquí sus auténticos sentimientos e ideas, como también revela que declare que no le parece nada importante la genealogía, aunque sí la educación.

De forma que no puede decirse que, en esta materia, haya ninguna diferencia entre el heredero y sus padres en materia de conceptos (otra cosa es en materia de oportunidad). También interesa señalar que, dado el entorno favorable, el idilio entre don Felipe e Isabel Sartorius se desarrollaría de modo natural, sin prevenciones de ningún tipo.

Por supuesto, también en estos años tuvo que verificarse una situación de tensión interna entre el personal al servicio de la Familia Real y las reales personas. Es algo que no puede dejar de comprobarse en el hecho de que el proceso acabaría con un cambio general del personal, que José Luis de Vilallonga comentaría, en 1993, con palabras reveladoras:

«El cambio es más importante de lo que pudiera imaginarse; porque el Rey ha dejado de estar tutelado.»

Hay, por lo tanto, controversia y desacuerdo entre el círculo de servidores monárquicos y los monarcas. Es posible que este desacuerdo alcanzara ya entonces a otras personas de la Familia Real. Como es asimismo posible que estos cambios estuvieran decididos y se esperara para realizarlos la muerte del Conde de Barcelona.

No es descabellado pensar que la política matrimonial fuese escenario de desacuerdos. Sólo después de casi dos años de contar con el actual equipo —mucho más tecnocrático y «experto»— es que tiene lugar la boda real de la primogénita de los reyes, la infanta doña Elena, que, precisamente, también es la primera Infanta de España que contrae matrimonio morganático sin perder sus derechos sucesorios.

TODO UN CARACTER

Para valorar estos datos en su auténtica dimensión, referidos al carácter del heredero del Trono, debemos tomar muy en cuenta que este joven, como dijimos, tiene en su voluntad de ser él mismo uno de sus rasgos definidores.

Así, por ejemplo, cuando completaba su formación militar como piloto de aviones de combate, tuvo lugar un trágico accidente con una avioneta de entrenamiento, que costó la vida a uno de sus compañeros. Don Felipe se sintió muy afectado —la sensibilidad es otro rasgo definidor—, pero poco después quiso pilotar personamente una avioneta del mismo tipo.

Le gusta volar. No sólo tiene más de quinientas horas de vuelo, sino que su instructor, el capitán Quintanilla, destacó en su día que tenía condiciones excelentes para aviador de caza y, si fuese una persona que fuese a profesionalizarse, se contaría con facilidad entre los primeros de la Fuerza Aérea.

Cuando se observa la actitud del Príncipe de Asturias ante los aviones se observa su actitud en general ante los problemas que debe encarar en su vida. De forma que puede ser altamente revelador de su modo de ser aproximarnos a esta imagen.

Según su instructor, don Felipe mostraba siempre una gran concentración. Atendía a todos los detalles, con seriedad y sistemáticamente, y luego mantenía esta actitud a lo largo de todo el vuelo.

En alguna entrevista, el Príncipe de Asturias definiría bien este rasgo aludiendo a que no es una persona «temeraria», ero sí dispuesta a vencer el miedo y abierta a la exploración de nuevas experiencias. Esta distinción entre no ser «temerario» y no oponer prudencia a asumir el riesgo necesario no es una distinción fácil, sino muy sutil, que expresa asimismo la naturaleza reflexiva, sistemática, del joven heredero. Y, no menos, como otras matizaciones sutiles frecuentes en su discurso, que dispone de una mente profunda, que no teme preguntarse por sí y por la vida, que tampoco está dispuesta a conformarse con «catecismos tranquilizadores» en ninguna materia.

Es en este contexto, a la luz de estos rasgos definidores de un carácter, que se debe examinar la actitud de don Felipe comentada en este libro en relación a Isabel Sartorius: su aparición pública, en domingo y a misa, en el pueblecito de Peraleda de la Mata, junto a Isabel Sartorius.

¿Qué dice, sin palabras, pero con firme elocuencia este gesto simbólico? En primer lugar asume su relación con toda naturalidad. El mensaje es claro: si no ha salido a pasear por el entorno en compañía de Isabel no ha sido para esquivar a los reporteros ávidos de exclusivas, sino porque estaba abocado al estudio intenso de ciertos temas.

Pero al aparecer en domingo, a misa, con ella y los escoltas, le daría a esa relación un carácter notable y distinguido de relación seria y de sentido significado para don Felipe. Algo que venía a confirmar el verdadero sentido de la frase de uno de los guardias que se ocupaba de la seguridad en torno a la casa de Isabel Sartorius: «esta chica es sagrada».

Mala política es poner el grito en el cielo ante esta evidencia. Don Felipe de Borbón y Grecia es todo un carácter y lo está demostrando. Ni él ni sus padres, los reyes de España, parecen dispuestos a que nadie les dicte lo que deben hacer conforme a la tradición monárquica.

¿Cómo se ha expresado esta voluntad en relación concreta a la política matrimonial de la Corona? Remitiéndose, sin más, a la Constitución de 1978. ¿Qué significa esto? Fundamentalmente, que el Trono de España ha creído conveniente y oportuno consolidar su legitimidad sobre nuevas bases que, al mismo tiempo que le liberaran de la «hipoteca» de la legitimación del régimen franquista, le liberaran asimismo de la «hipoteca» de su imagen tradicional de monarquía en exceso orgullosa de sus señas de identidad y dispuesta a persistir en ellas ignorando la evolución de los valores y de la sensibilidad social.

Con esta fórmula, el Trono de España tomaba una distancia reveladora con el pasado. No sólo con el pasado que

Franco había pensado dejaba «atado y bien atado», sino también con el pasado como concepto fundamental de monarquía encarnado en el reinado de don Alfonso XIII y sostenido en el exilio por don Juan III.

¿Qué vienen a decir todos estos cambios? Vienen a decirnos que ésta no es la misma monarquía, el mismo Trono, la misma Corona, que los de Alfonso XIII y Victoria Eugenia. No porque no haya continuidad y legitimidad en la línea sucesoria, sino porque se requerían unas bases de legitimación que no padecieran las hipotecas del pasado.

De alguna forma, al abandonar España y aceptar con este gesto de alejamiento la voluntad del pueblo libremente expresada en las urnas —y aunque ello no le forzara jurídicamente sino políticamente, dado que se trataba de elecciones municipales— don Alfonso XIII abrió la puerta a un proceso de inciertas alternativas.

A su vez, el general Franco legitimaría su «cruzada» en la reivindicación de la restauración monárquica, algo que hacía especialmente problemática la restauración misma, porque hubiera ligado indisolublemente el destino de la Corona y el destino del régimen.

Pero esto no se produjo. Ni el general Franco aceptó nunca el retorno de don Juan de Borbón y del Trono, ni don Juan III tuvo con el régimen otra relación que no fuese de tensión.

Esto fue importante para el futuro de la Corona, toda vez que al restaurarse en la persona del «sucesor» del Caudillo, no comprometía al trono en la política represiva del franquismo y, en cambio, lo proyectaba vinculándolo directamente al futuro democrático de España.

Naturalmente, este trabajoso proceso para restituir a la Corona su libertad, para disolver esa perniciosa dependencia que le volvía rehén de Franco y que movió inicialmente al Jefe de la Familia Real, don Juan de Borbón y Battenberg, a rechazar con violencia las fórmulas de restauración que hacían de don Juan Carlos «heredero» del Caudillo, el mismo don Juan Carlos debería maniobrar con notable destreza y prudencia.

No vamos a examinar aquí —otros lo han hecho, algunos con mayor penetración que otros aunque el tema, creo yo, aguarda todavía una obra definitiva al respecto— en las alternativas de este exitoso proceso que lideró con buen tino nuestro Rey y nuestra Reina.

Una a una fueron cayendo las ligaduras. Y poca duda cabe que la Constitución de 1978, como la consolidación de la democracia parlamentaria, corrió en paralelo a este proceso de distanciamiento de esas bases espúreas de legitimación de la Corona.

Sin embargo, este proceso tampoco podría hacerse sin conflicto. Por una sencilla razón: entre los monárquicos, desde el final de la guerra civil, hubo una división clara entre quienes eran proclives al régimen del general Franco y quienes no lo eran.

La Corona, de alguna forma, al liberarse de la tutela de estos monárquicos quiso dejar claro que es una institución situada por encima de las pugnas políticas o ideológicas, comprometida con España como destino histórico y con la vocación clara de fundir en un único destino el de España y el de la Familia Real española.

De ahí el empeño, después de distanciarse claramente del régimen franquista —algo para lo cual fue vital la comunión que supuso, con el exilio español en general, el exilio de la Familia Real— de distanciarse asimismo de la monarquía tradicional interrumpida en 1931, cuando Alfonso XIII abandona España.

De un lado, no se restauraba esa monarquía, sino que se establecía una monarquía parlamentaria moderna. Del otro, la consolidación difícil del entramado democrático institucional en un país como España, sin tradición democrática casi y sin ningún hábito social democrático a esas alturas, se apoyaba, y se apoyó, enteramente, en la solidez que proyectaba la Corona, en su seña de identidad histórica, en su capacidad objetiva —como víctima de ambos bandos en nuestra guerra civil— para ser recibida con entusiasmo y credibilidad todal como la mejor garantía del «orden en libertad».

Nadie puede poner en duda la rigurosa exactitud con que estos objetivos fueron confirmados por la realidad. Don Juan Carlos I fue aceptado como Rey por todos los españoles porque su política fue, con total transparencia, la de un Rey de todos los españoles (incluyendo muy especialmente a los republicanos). Algo que quedaría patente y se expresaría en toda su dimensión en ocasión del fallido intento de golpe de Estado del 23 de febrero de 1981.

A esta altura —para comprender la política matrimonial que pensaron los monarcas españoles— hay que hacer otra cala en la historia reciente de nuestra querida Familia Real. Algo que demanda delicadeza, toda vez que atañe a los sentimientos humanos.

No obstante, si deseamos, como es nuestro propósito, comprender la actual situación, estas referencias, por breves que sean resultan indispensables.

Lo he dicho a lo largo de muchos libros, de muchas conferencias, de muchas entrevistas, mesas redondas, coloquios, en radio y en televisión: los reyes de España han sido especialmente dados a resolver la cuestión «de Estado» casándose con una princesa «conforme a la norma» y cultivando después el abandono de la vida conyugal para refugiarse en brazos de amantes, queridas y amigas más o menos fugaces o permanentes.

No vamos, ahora, a desgranar para el lector el rico anecdotario, no siempre ni mucho menos edificante, de las infidelidades conyugales de nuestros monarcas, aunque el lector interesado puede encontrar un resumen muy ilustrativo en nuestro último libro sobre la boda de la infanta doña Elena, donde hemos incluido un apéndice sobre los «secretos de las bodas reales españolas» haciendo un rápido recorrido por algunas especialmente escabrosas.

Basta recordar el fracaso de la boda entre Alfonso XIII y Victoria Eugenia —por esta causa—, así como la infidelidad de Alfonso XII en relación a su segunda esposa real, o al hecho de que don Juan de Borbón declarara que se casó a los veintiún años «porque había que casarse».

El hecho es que, en general, nuestros reyes no han tenido matrimonios de amor. Cuando el amor ha estado presente, eso ha sido «por añadidura» y como un don exótico que no ha sido por cierto la nota característica ni la seña de identidad de los matrimonios regios españoles.

Este hecho tuvo que hacer sufrir mucho a los reyes, sobre todo a medida en que nos acercamos a tiempos más recientes. no debemos olvidar, al respecto, que don Juan Carlos I, cuando aún no estaba reconocido como Príncipe oficialmente pero ya hacía su «servicio militar» en España, fue forzado a desprenderse del retrato de una «princesa» a quien parecía amar porque «al general podía no gustarle ver aquella foto sobre su mesa de noche».

No sabemos, no podemos saber cuántas humillaciones, dolores secretos, frustraciones, tuvieron que vivir nuestros reyes al verse tan estrictamente condicionados en su elección por el durísimo imperativo de la tradición y de la norma que finalmente recoge la Pragmática Sanción de Carlos III.

En todo caso, seguramente, este fue un factor importante a la hora de que los monarcas decidieran hacer lo posible para no someter a sus hijos a semejantes trances. Algo que también tenía el respaldo psicológico de las nuevas políticas matrimoniales que en este siglo pusieron en práctica las diferentes monarquías europeas.

Las bodas reales entre personas reales y pleyebas no es por cierto un hecho sin antecedentes en Europa. Al margen de que la Pragmática no rija la política matrimonial de la Familia Real británica, de la belga o de la sueca, es evidente que al contraer matrimonios desiguales en todos estos casos se dejó de lado la tradición que llevaba a los herederos al Trono a casarse con príncipes de genealogía regia lo más homologable posible a las suyas.

En tiempos recientes, este tipo de bodas reales ha sido el más frecuente y sonado. Así ocurrió con el Rey Gustavo de Suecia, que se casó con la Reina Silvia, una plebeya que trabajaba como azafata. También es el caso del Rey Balduino de Bélgica, casado con Fabiola de Mora y Aragón, de familia noble, pero no real ni principesca. Y así también ha ocurrido con la Corona más emblemática por su arraigo y estabilidad —la británica—, cuando Carlos de Inglaterra desposó a Lady «Diana Spencer».

El hecho de que otras Familias Reales no estén condicionadas por la Pragmática Sanción, no implica ni mucho menos que desconocieran los rigores de unos límites severos para la elección de sus cónyuges. En este siglo —desde Inglaterra a Noruega—, algunos herederos notorios han debido renunciar en el pasado a su condición para poder casarse con personas no reales.

Los aires europeos, por lo tanto, avalaban la oportunidad de relajar asimismo la dura ley de hierro que condicionaba de forma muy especial la boda real española y el derecho sucesorio. Desde el punto de vista del «derecho comparado» —por expresarnos metafóricamente— no cabía duda de que los casos antes citados no habían planteado ningún escándalo ni mermado en absoluto la credibilidad de las familias reales involucradas.

También coincidía este aire aperturista, al calor de la rápida evolución de las costumbres en el siglo XX, con la situación de especial perfil, que vivía la Corona de España, que debía «fraguar por sí misma su propia legitimidad» y eligió como piedra angular de esta tarea la voluntad de la ciudadanía expresada en el masivo respaldo del texto constitucional de 1978.

Es posible que, en esta situación, se plantearan como hemos visto tensiones y discusiones entre los partidarios de no quebrar la tradición y la norma plasmada en la Pragmática y quienes consideraban que resultaba inhumano y contraproducente, aparte de no ofrecer garantías, forzar bodas reales de «Estado» a finales del segundo milenio de nuestra Era.

También es probable que, en tanto no había expectativas concretas en relación a los herederos, este tema no adquiriera especial urgencia y acabara por prolongarse la situación a la espera de que los hechos consumados disolvieran el conflicto sin mayores tensiones añadidas.

Esto explicaría que la Corona, Sus Majestades, no tomaran la decisión de forzar una sustitución de la Pragmática Sanción de Carlos III. De un lado, jurídicamente, podía siempre remitirse la política matrimonial a la Constitución de 1978. Del otro, al no abrir el debate sobre la sustitución de la norma se evitaba una imagen polémica y se confiaba en que, finalmente, como primer paso, el heredero podía enamorarse de una princesa real y así postergar hasta el siglo XXI la formulación formal de una nueva política sucesoria.

En todo caso, como hemos apuntado, creemos que este fue un error de bulto y debe situarse en la base misma de la delicada situación que empezó a plantearse cuando don Felipe de Borbón se enamoró de Isabel Sartorius.

SITUACION MUY PELIGROSA

No nos engañemos. La Corona de España no tiene —si es que de verdad desea no languidecer y sí, sobre la base del prestigio merecido del reinado de don Juan Carlos I y doña Sofía, aumentar su solidez y credibilidad— alternativa real al próximo reinado de don Felipe VI.

No, no nos engañemos porque eso sí puede añadir más problemas todavía a la institución monárquica. Cualquiera que conozca la historia de la monarquía española verá sin dificultad que muy pocas veces el perfil de un heredero estuvo tan claramente definido.

Don Felipe de Borbón no es un heredero «más», que puede renunciar —como podría hacerlo el Príncipe de Gales, Carlos de Inglaterra, o su hermano el príncipe Andrés, sin que pasara nada— y dar paso a otro «príncipe profesional» que haga su labor. Don Felipe de Borbón es un heredero especialmente carismático, serio, preparado, que promete ser un magnífico monarca.

En este sentido, hay que decir que los monárquicos no hemos estado nada finos en el tema. A este príncipe no se le puede forzar, no se le puede decir «si quiere tener vida privada que renuncie».

En primer lugar, porque cuando uno intenta «avasallar» la intimidad del heredero, como ha quedado claro y bien claro, éste responde con la firmeza de un gesto como el de su aparición pública en Peraleda de la Mata. O bien manifiesta educada pero decididamente su voluntad de no permitir que se le dicten normas que condicionen o hagan violencia a su conciencia.

Este es un joven que valora celosamente la conciencia personal, la libertad individual, y que, además, basta leer con cuidado la documentación sobre su vida, no teme en absoluto enfrentar este tipo de trances.

A don Felipe «le va» ser normal, comer hamburguesas en una esquina con un bote de cocacola, vestir ropa deportiva y pasar desapercibido —si es que alguien como él puede pasar desapercibido, cosa difícil—; tampoco ha demostrado nunca pasión por el poder en sí mismo.

En cambio, don Felipe de Borbón sí tiene un hondo sentido de la responsabilidad como heredero y miembro destacado de la Familia Real. No se «ve» sino como Rey de España en el futuro, pero desde el presupuesto de que este «es su deber», de que esto «se espera de él» y para esto se ha preparado diligente y esmeradamente.

De ahí, posiblemente, que asumiera abrir un paréntesis de reflexión respecto de su relación sentimental con Isabel Sartorius, algo que prematuramente fue interpretado por casi todos como «el final del idilio», pero que fue con claridad definido en los términos de «reflexión», de «abrir un período de reflexión», por utilizar los términos precisos que recogieron las declaraciones públicas.

¿Por qué? Considero que, fundamentalmente, por la distorsión más que peligrosa que implicaba la ciertamente agresiva y durísima reacción de la opinión pública monárquica al provocar una reacción psicológica adversa en los jóvenes.

Como comprenderá nuestro lector, nada hay más eficaz para afianzar un romance entre dos jóvenes que oponerse al mismo o censurarlo con dureza. Sobre todo, si estos dos jóvenes tienen carácter, formación superior de «élite» y ningún temor a hacerse cargo responsablemente de sus vidas.

Al censurar con acritud la relación, lo que se hizo fue unir más íntimamente a los jóvenes, situarlos mentalmente en el clima de «nosotros» y «ellos». De un lado, los partidarios del amor, la libertad individual, la actualización de las formas monárquicas españolas conforme a la evolución monárquica del resto de Europa. Del otro, los «severos dómines» empeñados en casar al heredero de acuerdo con la Pragmática Sanción.

Esta es la imagen que se proyectó en la ocasión, sin reparar en lo peligroso que resultaba ponerse a vociferar en el momento menos oportuno. Porque, eso sí, conviene no perder de vista que es la Corona española, España, nuestra España monárquica, la que necesita a don Felipe de Borbón y Grecia para iniciar el siglo XXI con este nuevo Rey nacido con la buena estrella de «aquel que rompe el hechizo».

¿Podemos permitirnos «descartar» que nuestro próximo Rey sea Felipe VI? Pues, no; al menos, no sin un doloroso y penoso quebranto, sin una merma considerable del carisma y las posibilidades del Trono para servir de referente social en tiempos de crisis institucional y en un contexto de escaso y débil arraigo del régimen de libertades.

De modo que, en relación al «período de reflexión» abierto, posiblemente como fruto de la visión correcta en este caso de los mismos monarcas, quienes nos hemos equivocado hemos sido los monárquicos al avivar el fuego que debíamos haber extinguido.

Para colmo de males, al salir a escena con voces tan destempladas, se produjo otro fenómeno social característico: el vuelco de parte de la opinión pública en beneficio de la boda real «de amor» entre el príncipe y la «plebeya».

Esta corriente de opinión —sobre la cual hemos hecho los oportunos comentarios en este libro— se articuló con facilidad en torno a una opinión pública no monárquica y estableció entonces un cauce inteligente para «llevar el agua a su molino» y ganarse las simpatías de la Familia Real.

Está claro que la Familia Real española, a la luz de la amarga experiencia de nuestro siglo, tiene motivos más que suficientes para desconfiar de los monárquicos. En buena medida, fueron los errores de los monárquicos los que están en la base misma de muchos de los sinsabores que esta Familia ha tenido que vivir.

Por otro lado, la coyuntura que acompaña a la restauración no podía ser más favorable para que la Corona se situara, definitivamente, por encima de la pugna entre las dos Españas y, gracias a su condición histórica de víctima y abogado de ambas en diferentes episodios históricos, se proyectara como la institución capaz de dar sentido a la unidad de España en el marco del estado democrático de las autonomías y del respeto por las diferencias regionales.

No nos percatamos de lo peligroso que resultaba avivar el fuego. Tampoco hicimos caso del viejo refrán que dice que «donde hubo fuego, cenizas quedan» y de la ley física que enseña cómo el fuego se «esconde» bajo la ceniza y se aviva en el momento menos esperado.

Desde que don Felipe de Borbón abrió su «período de reflexión», lo que se ha hecho ha sido insistir machaconamente en que debe elegir esposa lo antes posible. La verdad es con este tipo de «política» no puede dejarse de provocar y de fastidiar al heredero del Trono, que ya no sabe —como no sabe tampoco Su Majestad la Reina Sofía— cómo pedir a los medios que le den una mínima tregua, que le dejen respirar al menos unos meses para recuperarse de los dos intensos años de estudios en Georgetown.

No sé, no puedo saber, hasta qué punto don Felipe de Borbón ha sido afectado por este proceso. Pero creo que debería ser motivo de preocupación para todos aquellos que veneramos la Corona y creemos en el futuro del Trono de España. Si es de verdad esto lo que nos preocupa y tenemos por una vez la lucidez bastante como para no liarnos la manta a la cabeza y echar por la calle de en medio.

Las consecuencias no se han hecho esperar. Acaso, la Familia Real, confiara en que la «química» funcionaría entre don

Felipe y la princesa Tatiana de Liechtenstein. Tampoco debe descartarse la inicial buena disposición de don Felipe para mostrarse receptivo y tener una voluntad activa de encontrar prometida entre las princesas «casaderas». Pero, seguramente, a la luz de las declaraciones públicas de los mismos monarcas, esto no es algo que el joven tuviera como horizonte necesario, toda vez que siempre se le dijo que en esta materia no se le impondría nada.

Es evidente para cualquiera que la situación de los monarcas —aparte de lo que ellos deseen o consideren mejor en estos momentos— no es tal que puedan imponer al heredero unas limitaciones decisivas a la hora de casarse, de elegir a su pareja.

¿Cómo podrían hacerlo? Siempre han dicho públicamente lo contrario, siempre han manifestado que en materia de matrimonio no harían valer la autoridad, siempre se han remitido al respecto a la norma constitucional, que, como hemos visto, no requiere sino la «no oposición» del «Rey y las Cortes».

¿Cómo podría salir el Rey o la Reina de España a estas alturas a decir digo donde hasta ayer dijeron que, inevitablemente, dirían siempre diego? ¿Cómo sin provocar confusión en la opinión pública y sufrir un sensible quebranto de imagen que a nadie por otra parte conviene?

¿Cómo podrían las Cortes democráticas oponerse a una boda entre el heredero y una persona cualquiera sobre la base de una tradición y de una norma tan escasamente democráticas como las que implica la Pragmática Sanción?

Por otro lado, no debemos olvidar otro aspecto decisivo para estimar la situación en todo su alcance. La boda real de la Infanta doña Elena de Borbón y Grecia con don Jaime Marichalar supone un paso de primera magnitud para abrir la puerta a una boda real morganática del Príncipe de Asturias.

Como vimos en su momento, el Rey no podría ahora venir a imponer al «número uno» en el derecho sucesorio lo que no le exigió al «número dos». De modo que hay que considerar que la boda real de doña Elena de Borbón con don Jaime Marichalar no fue, simplemente, la boda de la primogénita del monarca con un aristócrata español. Con toda seguridad, en relación a esta boda real sin renuncia a la sucesión, se quiso deliberadamente abrir un poco más la puerta para la boda real desigual del heredero en el futuro.

¿Por qué, cabe preguntarse, deducimos que esta boda real, la última celebrada en Sevilla con la presencia de todas las casas reales y las familias aristocráticas más distinguidas de España y de Europa, fue específicamente una fórmula preparatoria?

Por una razón bien simple. A diferencia de lo ocurrido en ocasión de la boda de doña Cristina de Borbón de las Dos Sicilias —sexta antes de su boda morganática—, en esta oportunidad la Familia Real decidió tomar el toro por los cuernos y evitar una situación «radicalmente nueva» y sin precedentes si el heredero se casaba desigualmente.

Es obvio que, desde el punto de vista de la norma misma, si doña Elena de Borbón no tuvo que renunciar ni fue desposeída, y si esta situación no planteó ninguna crisis —ni grande ni pequeña— ni escándalo ni contrariedad social, sino más bien todo lo contrario, el evento supone un espaldarazo destacado para la próxima boda morganática del heredero.

EVOLUCION DE DON FELIPE

Si esto ha ocurrido así, como pensamos que ocurrió, hay en el aire una expectativa cargada de inquietudes para los espíritus monárquicos que defendemos la vigencia de la Pragmática Sanción. Si esto es así, bien podría querer decir que el «período de reflexión» abierto —necesariamente, dado que don Felipe debía tener otras experiencias y conocer a otras jóvenes para descartar que el enamoramiento fuese inducido por su falta absoluta de experiencia amorosa de cierta profundidad y a la «impronta» indeleble que deja «el primer amor»— no ha servido para que el heredero olvidara los encantos de Isabel Sartorius.

A mi juicio, dado el carácter firme y disciplinado de don Felipe, éste no debió oponer resistencia alguna a la idea de «abrir un período de reflexión», salir con otras jóvenes, tener referencias y posibilidades de comparación, evitar la «impronta» del primer amor pleno que merece ese nombre en la vida.

Esta buena disposición del heredero tuvo que añadirse a su aceptación de «hacer lo posible» para que una princesa real le gustara tanto como para desposarla, por utilizar los mismos términos que usó don Alfonso XIII para pedirle a don Juan de Borbón que hiciera lo posible porque le gustara la hija de los reyes de Italia, María de Saboya.

Sin embargo, también es posible que, a lo largo de este período de reflexión, los jóvenes se vieran algunas veces discretamente y que todo indicara a la Familia Real que cada vez era menos probable que don Felipe contrajera matrimonio con una princesa real como Tatiana de Liechtenstein.

De ahí que, a pesar de «haber dejado dormir» el expediente a la espera de que el tiempo resolviera el problema, la Familia Real no tuviera finalmente más camino que «preparar» a la opinión pública para la superación de la Pragmática Sanción de Carlos III. La existencia de una relación sentimental honda de la primogénita, doña Elena de Borbón, con un noble de la más castiza aristocracia castellana, fue la oportunidad de dar luz verde a la nueva política matrimonial por la vía de los hechos consumados.

Una vez consumada esta boda real morganática, una vez acalladas las escasas voces monárquicas que se opusieron y criticaron este relajamiento de la tradición e incumplimiento de la norma, todo quedaría preparado para que, en el momento más oportuno, se anunciara el compromiso oficial del heredero con quien éste considerara más adecuado casarse.

Sin duda, en este caso las voces monárquicas iban a subir de tono, pero, en compensación, tendríamos mucho menos resonancia social y menos motivación, ya que el antecedente de la boda de los duques de Lugo atemperaría sensiblemente la novedad. Más aún: convertiría la boda real del heredero en un acto normal, toda vez que cuenta con un regio antecedente de la boda de la primogénita y segunda heredera a la Corona según el orden sucesorio del Trono de España.

En esta coyuntura estamos actualmente. Por supuesto, no es posible descartar que don Felipe de Borbón acabe por casarse conforme a la Pragmática Sanción —¡así lo quiera Dios!—, pero debemos confesarnos que todo tiene el aspecto de que se ha preparado el camino para que él esté en condiciones de decidir libremente con quién se casará al final.

Cabe otro escenario, pero no creo que sea una hipótesis plausible, aparte de que objetivamente la situación no variaría gran cosa. Me refiero a la posibilidad de que no haya acuerdo entre don Juan Carlos I para dar «luz verde» al Príncipe de Asturias en esta materia. Y digo que objetivamente no variaría gran cosa la situación por lo mismo que ya hemos adelantado en este capítulo: el Rey no está en situación de imponerle al heredero una boda real específica sin proyectar una imagen de incoherencia y arbitrariedad en relación a sus anteriores decisiones de ignorar la Pragmática.

De forma que, en esta hipótesis, las llaves de la boda real del heredero, los ases, si se prefiere, están todos en la mano de don Felipe de Borbón y Grecia, que así se convierte en el primer Príncipe de Asturias de la historia de la Corona de España en ser libre de escoger esposa a su entero placer.

Que esto no sea deseable, amable lector, no significa que no sea viable, e incluso, al final, lo más plausible y probable como futuro de nuestro Trono.

En el actual clima social, por otra parte, mientras la opinión pública monárquica se encuentra dividida y, en buena medida, enfrentada a la Familia Real en esta cuestión, es la opinión pública no monárquica, tradicionalmente republicana, quien respalda con su simpatía a la Corona.

Cada vez más nuestro Trono es un trono atractivo para los no monárquicos. No es nada nuevo, ni que haya por supuesto que lamentar, pero sí es un dato a tomar en la debida consideración para comprender qué ocurre. La popularidad del reinado de don Juan Carlos I y doña Sofía de Grecia es inocultable y, además, no tiene precedentes homologables.

Es curioso, porque, en principio, don Juan Carlos generaba la mayor desconfianza como «sucesor del Caudillo», e incluso la animadversión y la antipatía no sólo del «franquismo» militante, sino de la oposición democrática republicana. Todos querían a don Juan de Borbón, o bien a otro monarca, pero pocos se mostraban partidarios de don Juan Carlos I.

Hay que reconocer que nuestros actuales reyes fueron tan impecablemente imparciales y pulcros a la hora de «convertirse en los monarcas de todos los españoles» que, más temprano que tarde, silenciaron todas las voces críticas. El fenómeno llegó a su apogeo cuando notorias figuras del republicanismo se declararon «juancarlistas» y empezó a hablarse de «Juan Carlos I como de un Rey para los republicanos españoles».

Pocos serán todos los elogios que se hagan a esta política real que tanto aportó a la superación del síndrome de las dos Españas y a la consolidación del régimen democrático de libertades que disfrutamos. Pero sin duda ha sido un proceso ejemplar de cómo convertir a la institución más polémica de un país en la más segura y fiable garantía de convivencia pacífica y progresista en la sociedad.

Poco a poco, la Corona de España iba a percibir que esta opinión pública no monárquica podía convertirse, en un plazo relativamente breve, en opinión pública pro monárquica, si no monárquica.

Muchos factores avalaban y avalan esta tentación «republicana». En primer lugar, la muerte de las ideologías, que tanto ha afectado a unos como a otros; la gente ya no es partidaria de «un sistema político», sino del sistema que mejor solución dé a sus problemas. De modo que la Corona no tenía por qué «convertir» a nadie ideológicamente, ni apoyarse en ninguna preferencia ideológica, sino en la evidente funcionalidad para dar a España estabilidad institucional, coherencia nacional, vínculo cultural con sus raíces y señas de identidad.

Al decidirse por una política cada vez más democrática en la escala fundamental de los valores y las formas, la Familia

Real, en esta coyuntura, pasó a ser una institución que nadie discute y en cambio cuenta con el mayor capital en términos de prestigio entre los españoles de cualquier ideología.

En este sentido, la Corona tuvo que ver que la coyuntura era especialmente adecuada para sustraerse a la débil base social de apoyo monárquico, en exceso comprometida con las opciones más conservadoras de la derecha tradicional española, y generar una masiva opinión pública favorable, más allá de toda veleidad ideológica.

Una jugada, sin duda, peligrosa. ¿Por qué? Porque su éxito, amigo lector, depende de la evolución social en el corto plazo y en un escenario muy cambiante y difícil de prever. En el caso de que la crisis de identidad afectara más hondamente al actual sistema, la Corona sin duda se erigiría en una institución clave del Estado y la política nacional y en el principal elemento de la identidad española. Pero si la crisis fuera demasiado profunda, o derivara a unas polarizaciones muy radicalizadas, entonces también, en ciertos escenarios, podría cuestionar la oportunidad de la Corona.

La opción, sin embargo, creo que venía en parte forzada. La Corona de España necesitaba una nueva base social más amplia, más enraizada en la sensibilidad de las nuevas generaciones, más capacitada para arroparla como garante del cumplimiento de la voluntad ciudadana.

En esta línea, se aplaudió que la Corona no configurase una Corte, a imagen de la Corte de don Alfonso XIII y Ena de Battenberg. También se eligió, en esa línea, una forma moderna de hacerse cargo de la tradición.

La imagen del Rey «sin corona» que siempre dio don Juan Carlos I —en este sentido tampoco el monarca parece haber sido nunca un apasionado del poder, aunque sí del servicio a España— ayudó a que, abrumadoramente, los españoles asumieran que el Trono velaba sobre todos, por el bien de todos, y se mostraba tan exquisitamente distante de las pugnas políticas que sería absurdo hacerlo blanco de críticas antimonárquicas.

En esta situación estamos. Desde el punto de vista político, la Corona —sus tiulares, los reyes de España— está en perfectas condiciones de hacer y llevar adelante la política matrimonial que considere más oportuna.

Nadie puede impedirlo, como mostró con la mayor naturalidad la boda real de la Infanta Elena y don Jaime. Más aún: mayoritariamente, una boda morganática del heredero sería sin duda la boda «más popular» y recibida con mayor calidez por la opinión pública no monárquica. Algo que resulta definitivo para un país con tan pocos monárquicos de verdad.

Para terminar este capítulo, regresemos a la personalidad de nuestro Príncipe de Asturias. Este joven atractivo, alto, atlético, activo, seguro de sí, inteligente, escrupulosamente formado en la escuela de la mayor disciplina y exigencia intelectual.

Este joven, don Felipe de Borbón, es sobrio y sereno, no le gusta expresarse antes de haber medido cuidadosamente sus palabras o sus actos, y las lógicas consecuencias de los mismos. No es tampoco un joven dado al relajamiento de esa disciplina. Bebe zumo de tomate o cocacola, hace vida deportiva, le gusta imponerle a su existencia su propio estilo personal.

Uno de los rasgos más reveladores, en este sentido, es el hábito del heredero de «meterle mano a fondo» a los discursos que le preparan. Tacha, añade largas parrafadas, corrige. Más que un perfeccionismo detallista esta actitud es la esperable de quien tiene una personalidad fuerte y definida y una conciencia con capacidad para juzgar con suficiente madurez y lucidez todo lo que se refiere a su función como persona real especialmente distinguida.

Este joven nació «escogido», rompió «la maldición», y cuando aún no tenía sino horas de vida provocó, con el simple hecho de venir al mundo, unos efectos profundos para el futuro de España, ya que sin el nacimiento del actual Príncipe de Asturias difícilmente el general Franco hubiera decidido asumir la proclamación como futuro Rey de don Juan Carlos I.

De modo que no podemos permitirnos «perderle». Entre otras cosas porque tiene todas las virtudes y talentos para llevar la Corona española al lugar más alto, al mayor prestigio, a un futuro dorado que haga historia y convierta su reinado, como el de sus regios padres, en hitos y reinados legendarios para la memoria histórica de los españoles y de los monárquicos europeos.

No hay alternativa a don Felipe de Borbón y Grecia. No la hay jurídicamente, ni la hay políticamente. Una cosa es que los monárquicos hagamos lo posible, todo lo que esté en nuestras manos, para que don Felipe de Borbón, por libre decisión, se case con una princesa real conforme a la Pragmática Sanción. Otra, muy distinta e inconveniente, es decirle que o lo hace o «que se vaya».

En primer lugar, porque la abrumadora mayoría de los españoles no respaldaría nunca una política que le forzara ni que le marginara. En segundo lugar, porque no existe base jurídica para exigirlo. En tercer lugar, porque si don Felipe de Borbón no se convierte en Felipe VI, las espléndidas bases puestas por sus regios padres para proyectar una Corona sólida y consolidada, se vendrían abajo en un solo día, con la imagen del Trono y las excelentes perspectivas que ofrece el porvenir.

De modo que don Felipe de Borbón y Grecia será un día nuestro Rey. Así será, mal que nos pese y se case con quien se case, y sin que quienes como yo siempre hemos defendido y defendemos la oportunidad insoslayable de la Pragmática podamos hacer nada definitivo ni decisivo, ni mucho menos oponernos a la voluntad de Sus Majestades, los reyes de España, y de su heredero.

Un monárquico debe decir siempre que, en última instancia, su fidelidad se encuentra por principio a los pies de su Rey. Nada impide que, en conciencia, honradamente, le diga con todo respeto a su Rey que se equivoca, o que no puede respaldar determinada decisión o política. Otra muy distinta que esto implique la mínima sospecha de que, a la hora de la verdad, tenga dudas de poner su pluma o su espada al servicio de su legítimo Señor.

No me gusta, no me gusta nada la idea de que, finalmente, la Pragmática Sanción sea arrumbada en el rincón de los «trastos». Más aún: considero que es una falta de consideración y que un cambio tan profundo debería haberse realizado solemnemente por la vía del derecho y no de los hechos. Pero, como es obvio, amigo lector, una vez dicho todo esto en voz alta, una vez expresada la viril protesta ante nuestro Señor, uno como monárquico no puede saldar la cuestión si no es con una declaración inequívoca:

—Sea cual sea la decisión, Majestad, y satisfecha mi conciencia al haberse expresado libremente gracias a vuestro talante, mi fervor y fidelidad están bien en orden. Mandad y obedeceré. Incluso si mandáis que celebre como reina a quien yo creo que no debería ser reina, sin que esto suponga ninguna mácula ni desmerecimiento de la persona que sea, ya que sólo es adhesión a las tradiciones del Trono de España y a una forma de vivir el sentimiento monárquico.

No cabe ninguna otra posición para un monárquico en esta situación. Si bien, a mi juicio, esta es la única asignatura pendiente seria que ha presentado el magnífico reinado de don Juan Carlos I y doña Sofía de Grecia.

XI. UN FUTURO SIN SECRETOS

Hay príncipes que nacen señalados para ser grandes monarcas. A su capacidad y carisma se suma una coyuntura favorable que les convierte en figura en cuya estima y fidelidad coinciden todos. Don Felipe parece haber nacido bajo esta estrella.

El 30 de enero de 1998, don Felipe de Borbón y Grecia cumplirá treinta años. Una edad más difícil de lo que pueda creerse en la vida de un heredero real. Sobre todo, si los reyes, sus padres, son monarcas jóvenes que aún tienen años para reinar. Todavía recuerdo las expectativas optimistas, las grandes coberturas que brindó la prensa británica a los treinta años de su heredero, Carlos de Inglaterra.

De todos modos, don Felipe de Borbón alcanzará esta cota, precisamente, cuando expire el segundo milenio y entremos en los «descuentos» de las vísperas del nuevo siglo. Algo que convierte al Príncipe de Asturias con mayor claridad en un «Rey para el siglo XXI».

No será, como veremos, un momento cualquiera. Todo hace prever que los próximos años serán decisivos para el futuro de la institución monárquica en España. Esta convicción existe tanto entre los analistas monárquicos más destacados —Juan Balansó, por ejemplo—, como entre los analistas republicanos como García Trevijano.

Para enfrentar este reto es que don Felipe de Borbón ha tenido la formación que actualmente se encuentra a punto de culminar con el master en Relaciones Internacionales en la Universidad de Georgetown. Una formación de elite que rematará con la ceremonia de graduación el día 26 de mayo de 1995.

Contemplemos, por lo tanto, la figura de nuestro heredero en estos días. Sabemos, por sus mismos escoltas, que don Felipe se encuentra inmerso en el estudio hasta altas horas de la noche. No tiene demasiado tiempo para otra cosa. Pero también conviene recordar que sabemos que el Príncipe de Asturias no siente haber escogido esta ampliación suplementaria de estudios.

No debemos olvidar que él mismo fue quien solicitó, en el marco del Plan general de la Formación del Heredero, diseñado bajo la dirección de su padre, el Rey, por los más próximos colaboradores, esta ampliación de tres años para conseguir el nivel más alto de cualificación y especialización.

Don Felipe de Borbón ya había completado sus estudios de Derecho en España. No se había limitado al Derecho, ya que incluyó como parte de la formación académica materias superiores en la formación de un economista.

En estos días de Georgetown, nuestro heredero no se ocupa de dar cuenta de cuestiones teóricas alejadas de la vida presente. En estos días, entre los trabajos académicos, ha tenido que atender a problemas tan candentes como la de la crisis de la ex Yugoslavia —la guerra de Bosnia—, o el conflicto fronterizo que culminó en enfrentamientos bélicos entre Perú y Ecuador, dos países con lazos especiales con España y parte de su ámbito de influencia potencial.

También sus profesores le han planteado problemas relacionados con el explosivo y conflictivo próximo oriente, o sobre otros grandes desafíos del presente. La actualización del saber teórico y práctico del heredero sobre el presente es total. Algo que él puede enriquecer por su temprana experiencia internacional, como representante del trono delegado por su padre, en múltiples ocasiones.

Para don Felipe el mundo diplomático, el trato con los máximos líderes políticos y mandatarios, la comunicación con representantes de países de culturas muy extrañas a la nuestra, son parte de la cotidianidad desde hace muchos años.

Acertadamente, el Plan de Formación, que se basó en la filosofía del «ni demasiado lento ni demasiado de prisa», también contempló este equilibrio entre la formación teórica y la práctica, la experiencia directa del funcionamiento de la maquinaria industrial.

A su llegada de Washington, por lo tanto, aguarda al heredero todavía una última fase de formación. Muy importante, toda vez que se relaciona ya sólo con la realidad española. Don Felipe conocerá en directo el funcionamiento de la maquinaria estatal y autonómica.

Este conocimiento y esta fluidez de comunicación, esta capacidad para hablar el mismo idioma, no sólo se refiere a instituciones como la judicatura y el parlamento, o los parlamentos, o a los ministerios, sino que se extiende a la Banca y a todas las instituciones estratégicas, públicas o privadas.

Es seguro que para completar esta fase deberá viajar por nuestro país, e incluso permanecer algún tiempo en diferentes puntos de nuestra geografía. De este modo, al mismo tempo que el Príncipe de Asturias completa su conocimiento de todos los problemas descendiendo al detalle regional, los españoles tendremos ocasión de tener una experiencia más directa y próxima del heredero.

También este aspecto es importante. Estamos demasiado habituados a relacionar la imagen de don Felipe con otros ámbitos. En la mente nacional eso se traduce en una asociación entre la imagen del heredero y un escenario internacional distante. Por lo tanto, al verle durante un tiempo vinculado a imágenes familiares y próximas se reforzará el vínculo afectivo, la simpatía, la identificación de ese príncipe heredero como español y nuestro.

Al respecto, conviene no olvidar que una de las funciones fundamentales de la Corona es la de ser un sólido referente de la unidad nacional. Algo que asimismo convierte en vital la fluidez de la comunicación con las Fuerzas Armadas como institución que garantiza la identidad nacional que es España.

Se ha comentado que es probable que don Felipe de Borbón, en este período que se abrirá con su regreso, asuma alguna actividad relacionada con la conservación de la naturaleza, o con la defensa de la misma. Sin duda, el tema del deterioro medioambiental será vital y estratégico para el futuro y ese es un ámbito en el cual la figura de la Corona puede ser muy importante.

En esta fase final de realización del Plan de Formación, es previsible que se produzca un fenómeno social de difícil estimación en sus consecuencias, pero que no podemos dejar de considerar por su interés para vislumbrar el futuro del heredero y también sobre cómo podría ser el futuro reinado de don Felipe VI.

No cabe duda de que, cada vez más, los españoles pondrán muchas expectativas en esa imagen de don Felipe relacionándose con nuestra realidad institucional. Sería deseable que esta imagen contara con una cobertura informativa seria y cuidadosa. Porque lo que entonces se proyectará en la conciencia social será la encarnación más clara del Estado en el marco de nuestra monarquía parlamentaria.

Esperemos que los políticos no sean miopes y celosos, porque se hará inevitable que esta imagen se superponga a la de la crisis generalizada de la que se ha llamado «partitocracia». Es decir, la cada vez más edificante imagen del Príncipe de Asturias coincidirá inevitablemente con la cada vez menos edificante imagen de crisis de identidad de la clase política.

Esto no es algo que nadie quiera, sino que ya sucede. Y es también algo que preocupa en la opinión republicana, dado que parece lógico pensar que la necesidad de un referente sólido y fiable oriente las expectativas de la ciudadanía hacia la Corona y refuerce su papel moderador y estabilizador a escala del reino.

García Trevijano se ha expresado en este sentido explícitamente en diversos artículos recientes. Sólo que lo que uno encuentra deseable —siempre necesitamos un referente sólido—, él lo encuentra inconveniente.

Pero todos parecen estar de acuerdo en que este fenómeno se producirá. Don Felipe de Borbón tiene una imagen ciertamente atractiva, que puede desarrollar incluso un cierto carisma si se le permite expresar. No es un «príncipe estatua», ni un corredor de juergas de élite en yates con modelos en top less. No se ha pasado años mano sobre mano esperando a ver cuándo le toca reinar, como le ha ocurrido al pobre Carlos de Inglaterra.

Don Felipe, con veintisiete años ahora y treinta años en vísperas del fin de siglo, proyectará una imagen especialmente poderosa y evocadora en la conciencia social. Será posiblemente el único joven que reúna un perfil tan impecable desde todo punto de vista.

¿Nos hemos puesto a pensar en un joven que a la formación académica al máximo nivel que hemos reseñado sume más de quinientas horas de vuelo, educación políglota desde la infancia, experiencia diplomática de élite y todo lo que podemos añadir de la increíblemente completa formación que ha tenido este joven?

No cabe duda de que sus padres escogieron el camino de la mayor exigencia y que él mismo ha sabido darles la mayor alegría: pedir una ampliación de estudios para coronar una formación que desde el bachillerato en la elitista Lakefield School, en Toronto, no ha conocido respiro.

¿Cómo no iba a proyectar una imagen carismática que permita remitir a esa figura el horizonte de expectativas sociales de claridad en medio del caos y de la confusión reinantes? En un momento de crisis de valores, precisamente, es este tipo de imagen lo que demanda el cuerpo social para hacer frente a la angustia, a las incertidumbres de un sistema cuya crisis no ha hecho más que empezar.

Basta pensar en las estampas emblemáticas que no podrá dejar de proyectar la televisión y los medios de comunicación en general. Una vida política salpicada de escándalos, una actividad financiera salpicada de forma permanente por «agujeros» multimillonarios, financiaciones ilegales, fraudes y corrupción generalizada, una vida cotidiana vapuleada por las pasiones locales y regionales.

Cada vez más la imagen de los líderes políticos, de los ex ministros y hasta de los ministros, aparte de los ex jefes de la

Guardia Civil, de los ex secretarios para la Seguridad del Estado, aparecen relacionadas con una coreografía característica de los Juzgados de Guardia.

Nadie sabe —ni aquí ni en Italia ni en Francia, por cierto— si el primer ministro aparecerá mañana ante el juez que le toma declaración o en la inauguración de una autopista. De modo que no puede dejar de ser reconfortante que se nos permita descansar la mirada de tanto en tanto en nuestro heredero, que seguramente seguirá sin darnos ninguna sorpresa en este sentido.

En cualquier caso, yo pido desde ahora que no se nos escatime esta imagen edificante, porque todos la necesitamos. Al menos, para tener esperanzas.

¿Por qué, amigo lector, ciframos tantas esperanzas en la figura de este joven heredero? En buena medida, al analizar su carácter hemos respondido a esta cuestión. Pero no está de más añadir algunas palabras para mostrar que nuestra expectativa está sobrada de fundamento.

Don Felipe de Borbón es un hombre culto, con una vocación generalista, con voluntad expresa de alcanzar una mirada de conjunto, comprensiva, sobre el mundo y sus problemas.

SIGNOS REVELADORES

Como ya hemos dicho en estas páginas, no es un adolescente de sensibilidad corriente aquel que se interesa como don Felipe por el cosmos. En los años adolescentes también encontraría una pasión significativa por la ciencia ficción. En materia humorística conectaba entonces muy bien con el humor intelectual, sutil, alusivo y nostálgico, de Woody Allen.

Es posible que la formación académica exigente que ha debido culminar después haya sido, además, una excelente disciplina para encauzar, dar concreción y objetivos tangibles, a esa mirada que por naturaleza quiere alcanzar una perspectiva comprensiva del mundo y la vida. De este modo, la exigencia de los estudios evita que la imaginación viva y creativa del príncipe se disipe o pierda contacto con la realidad.

Pero no cabe duda de que este carácter, esta naturaleza del heredero, es la mejor base para proyectar esa imagen carismática de la que hablábamos. El carácter que es por naturaleza pragmático, que se desinteresa del todo por el entender o el saber para atender al poder, no sólo no es capaz de proyectar una imagen con poder de convocatoria en los días que corren, sino que es el tipo de gestor miope que nos ha conducido a tener los problemas que tenemos.

Es necesario que el heredero tenga esa generosidad de perspectiva, ese horizonte universalista, esa natural tendencia a tener visión global y a largo plazo de los problemas. Y esto es algo que don Felipe de Borbón parece garantizar plenamente sin esfuerzo, como expresión de su naturaleza misma.

Por eso, sería deseable que se le permitiera expresarse más, personalmente. No sólo como figura protocolaria, sino en tanto persona por su misma formación capacitada, a los niveles expertos más exigentes, para opinar sobre los grandes desafíos del futuro. No sólo sobre el inevitable reto medioambiental, que demanda precisamente acuerdos en el ámbito internacional, cada vez más vital para nuestros intereses, sino en ámbitos igualmente trascendentes: seguridad, desarme, mecanismos de cooperación internacional, esfuerzos estratégicos para abrir nuevos mercados.

Sería lamentable dar un tratamiento reduccionista a la figura del Príncipe de Asturias en esta fase que durará hasta 1998, cuando alcance la cota psicológicamente decisiva para el comienzo de su tramo final en el camino que le llevará un día a ceñir la corona del trono de España.

Hasta ahora, nuestro heredero disfruta de una imagen activa y saludable. No por efecto de ninguna campaña informativa sino de su mismo itinerario personal. Pero esta imagen se nos ha servido hasta ahora de una forma cicatera, como ha ocurrido en general con la imagen de nuestros monarcas.

EXORCISMOS MALINTENCIONADOS

Hay, amigo lector, una forma de halago que es una perversa fórmula de marginación y de exorcismo de la imagen de alguien. Por desdicha, esta fórmula ha aparecido muchas veces en relación a la Familia Real. Su característica más notable es que resulta «impecable» porque no se basa en una descalificación ni en una calumnia, sino en un sutil escamoteo del verdadero significado de los hechos.

Veamos un ejemplo ilustrativo. Se habla muy bien de los monarcas, pero en esos elogios se vigila mucho no mencionar la laboriosidad, en ilustrar esa «imagen simpática» únicamente en relación a instantáneas de ocio. Pero al cabo de tanto elogio sin referirse más que a competiciones de vela, como si no hicieran más nada que eso y dar la mano en recepciones, se proyecta una imagen final que reduce la Corona a una función puramente simbólica en el marco de un ritual oficial.

No se ha sido justo en este sentido con los reyes. Reducir la imagen a la de «personas amables, sencillas, de talante democrático, cultas, etc.», no es el mejor camino para enraizar esa imagen como entrañable en la conciencia social.

No se trata, claro, de llevar adelante una política informativa como la que proyectó a un Carlos de Inglaterra empeñado en corregirle la plana a los arquitectos de su reino. Pero sí de proyectar, más que la imagen de un príncipe que tiene ideas y sabe pensar y se preocupa de ciertos temas, cosa que se da por descontada, los rasgos originales, la visión que tiene en líneas generales del mundo y de sus problemas.

Si los ingleses se «han pasado» en la voluntad de presentar a un Príncipe de Gales en exceso personal y cotidiano en relación a los problemas —como un ciudadano más, algo que no es precisamente cierto—, nosotros «nos pasamos» en el sentido inverso. Parece a veces que se temiera que la persona real haga algo más que dar la respuesta obvia y menos comprometida.

Esto no se justifica en relación al heredero. Es un Príncipe de Asturias muy especial, con formación superior, pero también con su originalidad, su carácter, en el cual la seriedad es característica y el atractivo de la personalidad inocultable.

Naturalmente, lo que él diga tendrá un valor muy especial asimismo para los españoles. Pero don Felipe de Borbón es hombre a quien le gusta pensar muy bien las cosas antes de opinar. Este activo, bien administrado, puede hacer que el peso de lo que diga en el futuro sea crecientemente mayor, al venir avalado por el mismo antecedente de su trayectoria.

De ahí nuestra advertencia contra los celos, o contra la miopía. No sería saludable intentar reducir el protagonismo creciente que puede tener la imagen del heredero. Probablemente, desde hace mucho tiempo, ningún heredero al trono de España contó con un perfil tan claro para proyectarse como una figura carismática.

Sin duda, el Rey don Alfonso XIII, con su figura fresca y juvenil, proyectaba espontáneamente una imagen popular en sus días, a comienzos de siglo. Pero eran días turbulentos, el monarca se encontraba separado del pueblo por una Corte que no tenía precisamente buena imagen y la evolución de los acontecimientos tampoco fue favorable.

Don Juan de Borbón sólo era un adolescente cuando tuvo que abandonar España. Su advenimiento como Juan III, el Rey sin corona, no sólo estuvo ensombrecido por el exilio de la Familia Real y la guerra civil, sino que sobrevino después de la abdicación de sus dos hermanos mayores.

La desgracia de que hablaba siempre la Reina Victoria Eugenia había hecho que esta tragedia familiar proyectara a su vez, con la perversa colaboración de quienes nunca dejan de maquinar contra la monarquía, una imagen de trono marcado por la enfermedad hereditaria, por la emegencia de príncipes débiles y frágiles. No olvidemos que, aunque no exista ninguna relación causal ni lógica, la enfermedad que afectó a los hijos de la Reina Victoria Eugenia, se superponía en la conciencia social a la memoria de dos monarcas enfermos muertos prematuramente: doña María de las Mercedes y don Alfonso XII.

En el caso del advenimiento de nuestro Rey, don Juan Carlos I, y de su real esposa, doña Sofía de Grecia, las circunstancias tampoco iban a ser favorables. Si bien don Juan Carlos I no presentaba ningún problema de salud, todos recordaremos que en aquellos años y hasta entrada la democracia no habían cesado los rumores sin fundamento sobre su mítica hemofilia, o cualquier otra sospecha alimentada desde las sombras.

En relación al clima político, por otra parte, todo era tensión. La coronación de nuestro Rey estuvo ensombrecida por la tensión con don Juan de Borbón, amplificada y explotada hábilmente por todos aquellos que querían ver en don Juan Carlos al «delfín» del Caudillo.

No, a don Juan Carlos I y a doña Sofía de Grecia no les pusieron fácil las circunstancias la tarea de hacerse con una imagen no distorsionada de ellos mismos como monarcas.

Es bueno recordar que La Zarzuela, que don Juan Carlos y doña Sofía, no le deben a nadie en este sentido la imagen de la que actualmente disfrutan. No sólo se la tuvieron que ganar enteramente por méritos propios, acertando en cada paso en un contexto en el cual todos estaban atentos y dispuestos a no perdonar la mínima vacilación, sino que debieron hacerlo partiendo de un clima inicial de hostilidad, antipatía injustificada, afrentas groseras, cuestionamientos disparatados de su legitimidad, campañas de rumores e intrigas palaciegas a la sombra del catafalco del Caudillo moribundo.

Pero no sólo estos magníficos monarcas forzaron el silencio con la impecable fuerza moral de una verdad que habría de acabar por imponerse para que nadie pudiera conservar la mínima duda, sino que prepararon así el camino para que don Felipe de Borbón y Grecia partiera desde la ventaja inicial que ahora tiene respecto de sus antecesores.

Es el Príncipe de Asturias de un trono prestigioso, respetado y valorado tanto en España como en el mundo, comprometido históricamente con las libertades en un acto de comunión en el cual —es bueno no olvidarlo nunca— Su Majestad el Rey de España quiso que el entonces jovencísimo heredero estuviera presente.

Sí, aquella noche de 1981, cuando don Felipe de Borbón y Grecia contaba sólo trece años, vio a su padre con el uniforme de Capitán General, estuvo en el mismo despacho en el cual se jugaba la suerte de la igualmente joven democracia española.

Sabia decisión del monarca. Porque es en esa comunión, en esa fragua, que se forja y se templa el acero que el espíritu necesita para que el líder sea de verdad un líder. No una figura emblemática del protocolo, un «icono» representativo de una institución que nos recuerda el pasado y constituye el testimonio vivo de nuestro ser histórico, sino —sin que en nada le merme ser todo esto— sea sobre todo un liderazgo con capacidad para fijar el rumbo de la nave de España en el siglo XXI.

Como liderazgo efectivo, con peso real. No a nivel de la gestión cotidiana del reino, de la articulación de la voluntad de la ciudadanía expresada en las urnas, que para eso estará el gobierno y el parlamento. Pero sí para darle solemne compromiso a nuestro horizonte más ambicioso, a nuestra voluntad de dar continuidad coherente a la configuración del Estado que queremos y no de otro, surgido de las correlaciones coyunturales de fuerza y poder en un entramado de conflictos regionales y locales.

Cada vez más España estará en este sentido vinculada a la vitalidad de su Corona. Una Corona que no está llamada a languidecer, a experimentar el deterioro y la decadencia que han llevado a la casi extinción de las monarquías, sino a prevalecer y mostrar que puede ser la institución clave de nuestro futuro.

El trono de don Juan Carlos I es el mayor capital que recibirá el heredero cuando se convierta en el Rey Felipe VI. No olvidemos que el mismo don Juan Carlos I ha declarado que no quería «jubilarse de Rey», aludiendo a que daría paso a su hijo en unos plazos prudenciales como la mejor fórmula de sucesión.

El prestigio de la Familia Real española es actualmente muy alto, como, lo es su autoridad moral a la hora de establecer novedades si llegara el caso en que los monarcas entendieran oportuno hacerlo. No sólo respecto de la conciencia social española, o de la europea, sino ante la misma comunidad monárquica internacional.

En este sentido, para captar mejor el capital de prestigio con que cuenta don Felipe, basta remitirnos a echar una mirada a vuelo de pájaro al resto de las monarquías de nuestro entorno.

CONDUCTAS REPROBABLES

Ya hemos aludido a las desdichas de la Familia Real británica, que ciertamente no se reducen a los amores clandestinos del Príncipe Carlos de Inglaterra. Por ahí, en las cubiertas y tripas de las revistas de medio mundo, anda paseándose la ex del Príncipe de York, Fergie, para dar temática al sensacionalismo amarillo con sus amigos tejanos.

Ignoro cuántos accesos públicos de histeria ha protagonizado ya Diana de Gales, la célebre Lady «Di». Y así podríamos proseguir con esta Familia Real, dando cuenta de cada uno de sus miembros y de la peculiar locuacidad de sus instructores de equitación y mozos de cuadras. La guinda la puso Margarita de Inglaterra cuando la prensa empezó a encontrar interesante su afición a los jovenzuelos.

Federico de Dinamarca representa un modelo emblemático de la decadencia de las coronas europeas en este sentido. La futura Reina tiene como el antecedente profesional más destacado de su currículum vitae haber ejercido como modelo de lencería íntima.

¿Qué decir del trono de Mónaco? La democracia y Hollywood entraron de la mano en el principado con la más dorada de las estrellas del cine de aquellos años. Como se trataba de un principado turístico, nadie dudó de la maravillosa oportunidad de aquella boda.

No se trata, claro, de que Grace de Mónaco fuese en sí misma inadecuada. Pero qué duda cabe de que resulta algo chocante para los súbditos de un reino cualquiera leer en la entrevista a un actor famoso que compartió con ella cartel en un filme de aventuras en Africa, declarar cómo en ocasión del famoso beso se dedicó a acariciarle el trasero a la reina de Mónaco.

Sobre todo, si el impresentable y locuaz actor insiste en que ella se limitó a mirarlo, sin sustraerse a la caricia, quepor cierto no era parte del guión.

Por otra parte —y aunque este tipo de groserías inventadas o reales no nos merezcan más que desprecio hacia quien se dedica a cultivarlas, como declarante o informante— poca duda cabe de que para una chica americana de Hollywood ser «reina» es convertirse en una mezcla de «Sissí» y «novicia rebelde» dispuesta a revolucionar el reino como un hada benefactora.

Seguramente, los efectos de la educación democrática a la americana pueden hoy verse como en el muestrario de patologías en los hijos. Estefanía no deja de dar que hablar en referencia a sus guardaespaldas. Es algo así como una voluntad empeñada en valerse de la imagen de Whitney Houston y Kevin Kostner pero en una variante evocadora de «Elle, Jules et Jim», ya que la amistad parece ir con ambos a la vez.

No hablemos de los pasados junots y de las otras travesuras y desvaríos de su hermana mayor, la princesa Carolina. O de las juergas corridas, de la vida en yate y entre farándulas y modelos y brindis que se da el príncipe Alberto de Mónaco, a quien el futuro del principado parece preocuparle tanto como las ecuaciones de la física teórica.

Como ha señalado mi admirado Juan Balansó en numerosos artículos recientemente, este proceso de decadencia se inició con las bodas morganáticas. Al principio, como bien señala Balansó, eran bodas de personas reales con figuras de la nobleza. En un segundo momento, empezaron a realizarse bodas más abiertas, que incluían a la alta burguesía, próxima por simpatía y conocimiento al trono y, en consecuencia, familiarizadas con la monarquía y la tradición monárquica.

Al final, el proceso ha degenerado en una política matrimonial indiferenciada de la de cualquiera. A pesar de que sea bastante obvio que las personas reales no son personas cualesquiera y que, por eso mismo, tienen unos derechos y unas obligaciones que los diferencian del resto de los ciudadanos.

Como bien sentencia Balansó, ni «usted ni yo podemos ser reyes», de forma que está claro que existe el hecho diferencial.

Este tipo de política matrimonial está en la base de las profundas crisis monárquicas y en la decadencia de las Familias Reales. No sólo en sí mismas, por lo que significan, sino por el mismo proceso natural que hace que los tronos queden a cargo de personas que muchas veces carecen de conciencia monárquica, de conocimientos mínimos en relación a los significados que se supone deben llenar esos símbolos.

Del mismo modo que la Iglesia no puede ser democrática, no puede serlo el entramado de valores que encarna en el simbolismo del trono. Ni al Rey ni al Papa los elige el pueblo entre quienes deseen presentarse como candidatos al cargo en listas, poco importa si abiertas o cerradas.

Uno puede decir que no está de acuerdo con que se deba obediencia al Papa, por ejemplo, pero no cabe duda de que si no hay obediencia al Papa tampoco hay Iglesia histórica. Y lo mismo puede decirse de la Corona. De modo que la indiferenciación de las personas reales respecto del resto de la ciudadanía, como la imagen escasamente edificante de los nuevos «príncipes democráticos», llegan en el peor momento para Europa. Algo que compromete al trono de España a no repetir estos errores y no dilapidar el justificado prestigio sobre el cual descansa su inocultable vitalidad.

Detengámonos un momento, por lo tanto, en uno de los escenarios de futuro más probables para don Felipe de Borbón y Grecia, y vamos a iniciar nuestro examen de ese escenario del futuro del heredero de la Corona con un texto recientemente escrito por Antonio García Trevijano, por todo lo que tiene de aval de cuanto hemos sostenido en nuestros últimos libros sobre este tema.

LA CRISIS QUE VIENE

Escuchemos a García Trevijano:

«El fracaso del parlamentarismo liberal se intentó evitar, después de la guerra mundial (...) con la partitocracia (...) Pero hoy, sin peligro comunista ni fascista, se ha hecho evidente a la opinión pública la falsedad y corrupción (...) A largo plazo, la crisis de la partitocracia está cantada».

«La causa actual de la República presidencialista —institucionalización que defiende Trevijano— y democrática es la unidad nacional y la libertad política de los españoles. Pero esta causa puede serle arrebatada por la monarquía, si la Corona se adelanta a los acontecmientos que terminarían con ella, promoviendo a tiempo la reforma de la ley electoral y de la Constitución en el sentido democrático...»

Cuesta creer que se hable en términos tan descarados de la «república», y que se cuestione la legitimidad del trono en relación a su instauración, en un país donde si hay un tipo de institución que ha conspirado claramente contra la unidad nacional y la libertad ha sido precisamente la República.

Fue al fin y al cabo la emergencia republicana la que creó una situación que amenazaba claramente con el desmembramiento de la unidad nacional lo que inició el proceso que desembocó en la guerra civil y en la dictadura. Y ha sido en tiempos recientes desde ámbitos republicanos que se ha alentado todo tipo de tensiones nacionalistas centrípetas y se ha renovado la moda de las viejas proclamas independentistas... La unidad nacional ¿defendida por la República? ... Lo que hay que oír.

Pero, en todo caso, no hemos citado al señor Trevijano por este tipo de afirmaciones gratuitas, pura retórica, de su discurso, sino por el lúcido diagnóstico del escenario futuro al que hacíamos referencia.

Nosotros, al revés que Trevijano, creemos que la causa de la unidad nacional y de las libertades de los españoles únicamente pueden contar con una garantía suficiente bajo el reinado efectivo de don Felipe VI de Borbón y Grecia.

Pero es verdad que la partitocracia está haciendo crisis. Mejor que acabe de hacer crisis, ya que sólo nos ha traído corrupción, groserías, malas maneras, y un clima moral en el cual lo más característico es «el todo vale para ganar»: desde el fraude privado y público a la cínica y descarada campaña manipuladora, sea de promoción o de acoso y derribo. Un clima innoble, un aire malsano, insalubre, que mejor acabe por ser barrido por el aire fresco que puede traer el heredero.

En los últimos años, ¿qué aparte de la Corona no ha dejado de defraudarnos? Decepción tras decepción, frustración tras frustración, así hemos caminado dando tumbos estos años. Al cabo de un suspiro, los ejemplos paradigmáticos de los banqueros geniales, los empresarios revolucionarios, los financieros brillantes, los ministros esperanzadores, todo se nos ha convertido en un gran agujero negro: agujeros financieros, agujeros contables, agujeros de la honestidad de los gestores, agujeros y sumideros tragaperras de los mismos partidos políticos y de las cuentas corrientes privadas de sus titulares, y hasta agujeros al borde de la cuneta con cadáveres a cargo de los «gales» y de otras bellezas de ese tenor.

¿Cómo no va a entrar en crisis un sistema basado en la mentira, el desfalco y la corruptela generalizada, en el cual lo más genial y tranquilizador que se le ocurre a los políticos es decir una y otra vez, casi diariamente a ritmo de escándalo, que no hay que generalizar, que no todos ellos son ladrones, que además de robar hay gente que se dedica a otros menesteres y hasta sin robar? ¿Se asombra Trevijano de que semejante entramado de mezquindades y ruindades entre en crisis?

¿Entonces por qué tanta ansia en que la Corona no se vaya a adelantar a los acontecimientos y nos hurte a los españoles la posibilidad de solucionar la crisis con la misma ingeniería republicana, presidencialista y democrática con que Trevijano solucionó el futuro de Guinea en los días lejanos de Macía?

Esas soluciones republicanas y presidencialistas no nos gustan a los españoles. ¿Qué libertad garantiza el señor Obiang? ¿Qué identidad nacional? La verdad es que los antecedentes del ingeniero jurídico político no suponen un aval para confiar en sus fórmulas. Ya en su día fue uno de los que no quiso asumir a don Juan Carlos I, e incluso hoy encuentra «peros» a su legitimidad.

En todo caso, amable lector, que cada uno juzgue. Ahí está también la de España en nuestro siglo, con su República y sus presidentes de República como garantes de la unidad nacional. A uno de ellos le llegaron a bombardear en Barcelona los mismos republicanos que no eran partidarios de su susodicha unidad nacional, sino más bien de la desunión y desmembración de España.

El Príncipe de Asturias es el Príncipe de España. Es el futuro de nuestra Corona. He ahí la garantía más clara de la unidad y de la libertad de los españoles. No fue don Alfonso XIII quien lanzó a los españoles los unos contra los otros, aunque ni siquiera la advertencia que hizo al alejarse del trono sirviera para evitar la tragedia. No fueron nuestros reyes quienes pusieron en cuestión la unidad de España.

Por todo esto, el futuro del Príncipe está en manos, en primer lugar, de la misma Familia Real. Uno hace votos para que en esta materia siga sin equivocarse y se aproveche el enorme atractivo y el carisma del heredero para proyectar la Corona de España al lugar que está llamada a alcanzar como cabeza del reino en el inquietante mundo que amanecerá en el año 2000, dentro de un lustro escaso, cuando don Felipe de Borbón y Grecia cumpla esa edad «perfecta» de los treinta y tres años y se inicie nuestro particular 2001, como una «odisea del futuro de España».

No debemos tener prevenciones. La Corona española nunca ha sido en nuestro siglo enemiga de las libertades. Basta ver la historia para comprobar que, incluso en tiempos tan duros como los de Alfonso XIII, a quien saludaron a bomba el día de su boda, el Rey llegó a provocar crisis de gobierno para indultar a gentes que habían cometido actos brutales contra la Corona.

Si alguien supo renunciar en este país de tan enfermizo apego al poder en el cual nadie renuncia, éste ha sido paradójicamente quien no tenía por qué renunciar. De modo que no necesitamos otro aval ni garantía de unidad y libertades. Sobre todo si se toma en cuenta que los avales alternativos que se proponen, cada vez que tuvieron ocasión de hacerse valer, sirvieron para que precisamente nos liáramos a tiros y cuchilladas en torno a la forma republicana y democrática de dirimir nuestros problemas y diferencias sobre la unidad de España y a las libertades de los españoles.

Ocurrió, amigo lector, que entonces hubo dos bandos que se caracterizaron por la misma pretensión de ser cada uno de ellos la única España que merecía llamarse España, algo para lo cual unos y otros entendieron que la mejor fórmula para conseguir la unidad era suprimir a la otra «España», a la «falsa España», a la «media España» restante.

En todos esos años de discursos inflamados que llamaban de uno y otro bando al odio y al exterminio de media España, sólo hubo una voz que reclamó la representación de todos los españoles: la del trono de España.

Así se expresó Alfonso XIII cuando decidió que no quería ser Rey de un reino donde hubiese lugares «inconvenientes» a su presencia, como Las Hurdes, en 1922. Así se expresó don Juan de Borbón en su nombre y en el doña María de las Mercedes tanto ante el mismo Caudillo como en declaraciones públicas bien elocuentes. Así se expresó de forma meridiana don Juan Carlos I, y así lo refrendó el 23 de febrero en comunión con todos los españoles amantes de las libertades... ¿Para qué queremos nosotros otra garantía si ésta es la única que históricamente no nos ha defraudado?

Don Felipe de Borbón y Grecia debe adelantarse a los acontecimientos. Desde su llegada a España debe tener una conciencia bien acabada de que en él están fijas las miradas. Hay un pueblo francamente predispuesto a proyectar en este dorado heredero sus expectativas y sus esperanzas.

Tampoco tendrá don Felipe de Borbón que luchar contra una memoria histórica escasamente motivadora. La Corona de España no estaba en vigor en el prolongado período de decadencia monárquica de otras Casas Reales europeas. En esto es bien cierto que no hay mal que por bien no venga, porque puede aprovecharse esta frescura, este prestigio intacto, esta ininterrumpida ascensión de buena imagen que ha proyectado el espléndido reinado de los actuales soberanos.

¿Cuándo llegará la fecha de su coronación como don Felipe VI? Todo parece indicar que podrá escogerse el momento más oportuno, el mejor, para que su reinado implique un nuevo horizonte de desafío monárquico. Porque si a su padre, el Rey don Juan Carlos I, ha correspondido restaurar plenamente la monarquía española, darle legitimidad y continuidad, y el esplendor del prestigio que tiene ahora que se ha consolidado, a don Felipe deberá corresponder el horizonte típico de los reinados de oro: en paz, en armonía, en libertad, en un clima próspero de construcción de la dicha de todos los españoles.

También será parte de este desafío la creación y consolidación de un ámbito de influencia mundial específicamente española. Algo para lo cual el heredero se encuentra perfectamente cualificado y de lo cual ha mostrado ser plenamente consciente.

APENDICE

EL *SECRETO* DEL TEMPLO: LOS JERONIMOS REALES

Todo apunta a que el Templo de los Jerónimos Reales de Madrid sea el lugar donde se celebre la ceremonia religiosa de la boda del Príncipe.

Esta será la primera boda real que se celebre en esta iglesia desde 1906. Un hecho que también tiene aire de símbolo: con la boda real de Alfonso XIII se abrió el siglo, y con otra boda real, la del príncipe Felipe se cierra.

Uno de los mayores secretos en torno a la boda del Príncipe Felipe, ha sido el lugar de España y el templo en el que tendría lugar la ceremonia religiosa.

Ambas incógnitas parecen estar ya totalmente despejadas. En primer lugar Madrid como capital del reino es el único marco que se puede utilizar, después, en cuanto a la iglesia, parece que en un primer momento se barajaban tres posibilidades: la catedral de la Almudena, la basílica de Atocha, y los Jerónimos Reales.

La primera, la Almudena, no tenía notable tradición para este tipo de eventos. La basílica de Atocha sí, dado que Alfonso XII la utilizó para su boda, y por último los Jerónimos Reales era el marco más adecuado y el lugar donde Alfonso XIII contrajo matrimonio con la princesa Victoria Eugenia de Battenberg.

En el otoño de 1994 existió un cruce de correspondencia entre el Vaticano y el Arzobispado para conocer cuál era la opinión de las altas esferas eclesiásticas. Hay que tener en cuenta que la Iglesia ha mantenido un alto protagonismo en todas las bodas reales españolas, a excepción de la boda de don Juan de Borbón con doña María de las Mercedes, que por la situación política en la que Alfonso XIII vivía en el exilio, y Franco gobernaba en España, la Iglesia quiso evitar, diplomáticamente, inclinarse a ninguno de los dos bandos. Si hubiera participado con relieves en esta ceremonia, acudiendo el mismo Papa como celebrante, se hubiera reconocido el derecho de que Alfonso XIII regresara a España para reinar. Alejadas ya las turbas republicanas que en otro momento le obligaron a abandonar su patria.

Retomando el templo elegido para la boda del Príncipe Felipe, hay que destacar que el Vaticano aconsejaba los Jerónimos Reales como el lugar idóneo para que se celebre este magno acontecimiento.

Hay espacios cargados de magia por la historia; lugares que los hombres escogen un día para celebrar un acto y, con los siglos, se convierten en el centro emblemático de las celebraciones de un pueblo, de una nación y de unos valores. El Templo y el monasterio de San Jerónimo el Real es uno de estos centros mágicos de España.

En este templo de fábrica gótica, don Felipe de Borbón y Grecia juró como Príncipe de Asturias y heredero de la Corona de España, como treinta y cuatro predecesores (1). En esta Iglesia emblemática de España y de Madrid se casaron, en 1906, sus bisabuelos, el Rey don Alfonso XIII y la Reina doña Victoria Eugenia de Battenberg. Entonces, el templo se dotó con el notable órgano que posee y que fue regalo de la reina madre, doña María Cristina de Habsburgo-Lorena.

La reina Victoria Eugenia regresaría, precisamente, a este templo, treinta y siete años después de su exilio, en ocasión del bautizo de don Felipe; y en este templo estuvo con el Rey don Juan Carlos y la Reina doña Sofía, rezando juntos, cuando nuestros monarcas sólo eran príncipes.

También fue a este espacio sagrado donde acudió la Familia Real en pleno, el 27 de noviembre de 1975, apenas cinco días después que don Juan Carlos I fuera proclamado Rey de

---

(1) El edificio situado en el propio barrio de los Jerónimos del distrito de Retiro, tiene su entrada principal por la calle Moreto, 4, y se encuentra en el histórico triángulo del Museo del Prado y muy próximo al palacete de la Real Academia de la Lengua.

España, para asistir a la solemne misa de Espíritu Santo, oficiada en la ocasión por Monseñor Tarancón.

Vale la pena, por lo tanto, detenernos en este lugar de España un momento para acompañar el entorno histórico que tendrá el día de la boda de nuestro Príncipe de Asturias. Será la primera boda real que se celebre en este templo desde 1906. Un hecho que también tiene el aire del símbolo: con una boda real se abrió el siglo y con otra boda real se cierra.

Entre los acordes de ambas músicas nupciales quedará enmarcado este último siglo de nuestra historia y del milenio; dos bodas reales que encierran todo el drama de una España huérfana de Corona desde 1931, desgarrada por el caos primero y la guerra civil después, lentamente recuperada durante las penosas décadas de la dictadura.

Cuando el monasterio fue fundado por el Rey de Castilla Enrique IV, en 1463, tuvo como primer nombre el de Santa María del Paso y no se encontraba en la actual localización, sino a orillas del Manzanares, en un lugar llano que resultaba insalubre.

Todo nació con motivo de unas fiestas en honor del duque de Armanach, embajador del duque de Bretaña que visitaba la corte castellana. Las fiestas duraron cuatro días y, en su curso, don Beltrán de la Cueva, consejero real, quiso honrar a los invitados con un «Paso Honroso».

Las justas y desafíos caballerescos se celebraron frente al Puente Verde en la Florida, que era el lugar de paso obligado para la comitiva que regresaba al Alcázar. En estas justas lució especialmente el mismo don Beltrán, que deleitó al Rey con sus ejercicios frente a otros esforzados caballeros.

Enrique IV quedó plenamente satisfecho y, como las justas coincidieron con los días de la festividad de la natividad de la Virgen, se le dio este primer nombre al monasterio de Jerónimos fundado por el monarca.

Pero el Rey no olvidó este lugar después de la distinción. A pesar de que por sus orígenes, el monasterio empezó pronto a conocerse como San Jerónimo del Paso, el Rey prohibió tal denominación profana y ordenó que, en adelante, se llamara Real Monasterio de San Jerónimo.

Es evidente que Enrique IV asignaba una función religiosa —y tal vez, intuitivamente, política— a este lugar. En 1470 concedió al monasterio las tercias reales de Valdemoro, Parla y Polvoranca, dotándolo, así de un mecanismo de financiación para atender la necesidad de los frailes y hacer frente a los gastos «de representación».

Desde su fundación, por lo tanto, el monasterio iba a constituirse en un centro de encuentros. Allí se celebró, a finales del siglo XV la audiencia real al legado del Papa Sixto IV, el cardenal don Rodrigo de Borja, que más tarde accedería al trono de Pedro.

Como si quisiera unir íntimamente este espacio a la Corona, Enrique IV, que murió en 1474, ordenó que antes de ser enterrado junto a su madre, su cuerpo fuera expuesto en el templo, donde se celebraron las honras fúnebres.

Podemos considerar que Enrique IV fue el héroe fundador de este espacio sagrado, que, sin embargo, no dejaría de recibir la atención de sus sucesores.

También como un símbolo de los nuevos tiempos y de la nueva España alumbrada por los reyes católicos, sería en 1502, en el alba misma del siglo XVI —nuestro siglo de oro— que la Corona accediera a la petición de traslado del templo de su primitiva localización a la actual.

La iniciativa partió del general de la misma Orden de los Jerónimos, Francisco Pedro de Béjar, que se dirigió a los reyes quejándose de que «era lugar muy enfermo, cerca del río, puesto en lo llano». La bula pontificia del Papa Alejandro VI —nuestro cardenal Rodrigo Borgia— autorizó el traslado preceptivamente. Entonces se escogió un lugar elevado y con «buenos aires» en la zona oriental de Madrid.

Contemplemos, un instante, cómo era entonces esta zona que hoy ocupa un espacio entre el Museo del Prado y el parque del Buen Retiro. Todo era pradera en el entorno. El monasterio se dotó de una huerta grande «con abundancia de aguas» y se destacó la belleza de las vistas y la distancia —«en buena proporción»— de aquel pequeño Madrid de entonces.

Otro detalle importante, que no debemos pasar por alto, es que en la nueva construcción, realizada por los mismos monjes de la Orden Jerónima, se trasladaron y utilizaron los materiales del templo original, completándose la planta en el estilo madrileño con ladrillo y mampostería.

También importa ver el sentido histórico de los monarcas católicos, al potenciar y completar las iniciativas de sus antecesores. Es durante su reinado, por otra parte, que aumentó el poder y los recursos de esta Orden. La construcción del nuevo templo, iniciada en 1502, se completó en 1505, en que los monjes se trasladaron a este lugar, donde también se habilitaron habitaciones privadas para los reyes.

No hay acuerdo, entre los historiadores, sobre el arquitecto que dirigió la obra. Entre otros se han barajado los nombres de los más notables de aquel tiempo: Juan Gallego, Martín de Solórzano, Juan Gil de Hontañón, Antonio y Enrique Egás. Pero, en rigor, no existe razón alguna para pensar que fuera alguno de ellos, o bien otro arquitecto.

La iglesia está constituida por una sola nave, con crucero, ábside y coro alto. Todo el edificio se encuentra cubierto por una bóveda gótica de crucería, formada por terceletes. Estos son los únicos elementos de la fábrica gótica original que se conservan en la actualidad.

El edificio era de gran sencillez y recordaba a otros como la Cartuja de Santa María de Miraflores en Burgos. La nave de crucero, con planta de cruz latina, estaba flanqueada por cinco capillas a cada lado y no tenía elementos decorativos al exterior o al interior.

Actualmente, las obras de restauración del interior del templo —que se prevé culminar a finales de 1995— han recuperado los nervios de piedra originales. Todavía no se ha decidido, sin embargo, el modelo de restauración para la fachada, ni el resto del complejo, que incluye el claustro.

El actual párroco de San Jerónimo el Real, don Manuel González Cano —el cuarto párroco que tiene la iglesia en este siglo— se ha distinguido por la decisión en abordar la recuperación del edificio. A comienzos de esta década, bajo la presidencia del Rey don Juan Carlos, se creó especialmente una Fundación para la Rehabilitación de San Jerónimo el Real, en la que participan y están representados el ministerio de Cultura, el Ayuntamiento y la Comunidad.

La voluntad de llevar adelante la rehabilitación cuajó en un Plan Director que, inicialmente, preveía una inversión de 1.500 millones de pesetas. Pero actualmente este Plan se encuentra paralizado como efecto de la anunciada ampliación del Museo del Prado por parte del ministerio de Cultura.

La idea en vigor es que la ampliación del Museo se hiciera uniendo ambos complejos y cediendo parte del espacio del monasterio al mismo Museo, a cambio de una financiación que permita su total rehabilitación. Posiblemente, sea ésta al final la solución, aunque deberá contar —como el traslado de 1502— con la autorización del Papa.

En todo caso, es evidente que la rehabilitación del templo era ya una decisión firme antes de que se pensara en la boda del heredero de la Corona, si bien es posible que la expectativa generada por un evento tan destacado tenga al menos el benéfico efecto de facilitar los recursos para recuperar dignamente un edificio tan importante de nuestro patrimonio histórico.

Con todo, no deja de ser un poco triste, amigos lectores, que cuando todo preludia ya un enlace próximo de don Felipe de Borbón y Grecia, todavía resulta tan escasamente entusiasta la voluntad de las instituciones para asignar los recurso necesarios.

En carta publicada en el Boletín Parroquial del 7 de diciembre de 1994, el párroco Manuel González Cano se dirige a sus feligreses para pedirles un donativo con el objeto de sufragar obras de restauración iniciales presupuestadas en cien millones de pesetas. El esfuerzo de la Iglesia, desde el punto de vista económico, asciende ya a unos trecientos millones de pesetas.

En la carta mencionada se da cuenta de lo realizado: interior del templo, limpieza, electricidad, pintura. También de la voluntad de emprender una primera rehabilitación exterior restaurando pináculos y cresterías como obra urgente.

Poco se ha ayudado a esta obra hasta la fecha. Alguna ayuda puntual del Ayuntamiento, o de la Comunidad, o del ministerio. Pero la carta a los feligreses de González Cano, dice significativamente: «Llevamos mucho tiempo esperando ayudas de organismos oficiales y Fundaciones y Patronatos, que no acaban de llegar, aunque siguen diciéndonos que lo están estudiando».

Posteriormente, cuando ya la noticia del posible noviazgo del Príncipe de Asturias había saltado a la prensa, nos dirigimos al párroco para ver si este hecho había modificado la situación. Pero no ha sido así. Las ayudas siguen sin llegar y lo único que ha llegado de las peticiones «en estudio» es el silencio o la negativa.

Un dato que no sirve, precisamente, para que nos sintamos orgullosos y sí muy defraudados. No sólo del Gobierno estatal y del ministerio, o del regional o local, sino de la trama completa de las instituciones públicas y privadas que tendrían que haberse volcado ya en esta iniciativa cuyos orígenes se remontan a 1990.

Tampoco parece oportuno que se tienda a aprovechar la dificultad de financiación por parte de la Iglesia, para intercambiar esos recursos para la rehabilitación por una cesión de parte del monasterio a las obras de ampliación del Museo del Prado.

En primer lugar, no es una política cultural noble la que no asume la necesidad de rehabilitar el patrimonio histórico afectando lo menos posible su identidad. Sobre todo cuando se trata de un templo y de una parroquia vivos, con una función y una proyección social de alto prestigio para los españoles en general y los madrileños en particular.

DESDE EL EXTRANJERO LLEGAN PETICIONES

En San Jerónimo el Real se celebran anualmente unas trecientas bodas. No sólo hay peticiones de toda España, sino también del extranjero. Y no se pueden atender todas estas peticiones. También el monasterio está vinculado al pueblo de Madrid y al de España por una cantidad de celebraciones, procesiones, imágenes, que son historia viva, encarnada, y no un simple edificio «antiguo» en cuyos muros cuelgan algunos cuadros de pintores famosos de los siglos XVII, XVIII y XIX.

Lo suyo sería rehabilitarlo generosamente sin tocar su terreno, algo que le quitará sin duda una parte importante. Y si bien es cierto que los hombres de la Iglesia prefieren callar y, en último término, asumir que ese es el precio para que el templo no acabe en ruinas, nada nos impide a nosotros decir en voz alta lo que a ellos la prudencia les obliga a callar.

Por desgracia, esta ha sido la política cultural sistemática de la última década. Siempre que el Gobierno y el ministerio han podido «morder» un trozo de espacio sagrado para el espacio profano, siempre que han podido teñir de museo y de muestra «histórica o antropológica» un lugar asociado al culto, no han vacilado en hacerlo.

No ha bastado, tampoco en este caso, que estemos ante un conjunto monacal de profunda significación para la Corona y para España, vivo como tal espacio religioso y unido históricamente a una Orden muy peculiar, cuyos orígenes se remontan al siglo XIV en Italia y que, actualmente, sólo existe en España y Portugal.

Pero regresemos a este espacio cargado de magia por la historia de nuestra España. Como vimos, después que el bueno de don Beltrán luciera su fuerza y destreza con los esforzados caballeros en el Paso Honroso de 1474, los reyes catól icos tomaron las provisiones necesarias para que la Orden de los Jerónimos alcanzara mayor poder y recursos.

Como también vimos, la Orden fue fundada en Italia, en Siena, en el siglo XIV. Pronto esta Orden se trasladaría a España, nación a la que estaría desde entonces especialmente unida. En sus comienzos, los monjes se establecieron en todos los reinos de la Península, como si intuyeran que aquellos reinos darían a luz un reino de reinos.

El complejo monacal más importante del siglo XIV estaba en Toledo y hacía vida eremítica. El decidido apoyo a la Orden por parte de la nobleza española, culminó en 1373 con la aprobación de una congregación en Castilla.

En el año 1415, la Orden tenía en España unos veinticinco monasterios. El más importante era el de Guadalupe y el respaldo de nobleza y Corona siguió aumentando su influencia. Bajo el reinado de Felipe II se funda la rama femenina de los Jerónimos y con el Rey Felipe IV el monasterio de Madrid quedaría unido al Real Palacio del Buen Retiro, sirviendo casi como iglesia del conjunto palaciego.

Pero en el siglo XIX la Orden entraría en crisis y decadencia. Algo que no podía dejar de expresarse simbólicamente en este monasterio de los Jerónimos Reales. Los invasores franceses destruyeron todo lo que pudieron y convirtieron el templo en cuartel de artillería.

Después de expulsados los franceses, los monjes jerónimos regresaron, aunque no por mucho tiempo, ya que serían nuevamente expulsados por la desamortización de Mendizábal, que primero convirtió el edificio en parque de artillería y más tarde en hospital de inválidos y enfermos de cólera.

A mediados del pasado siglo, el templo y el conjunto parecían condenados a la ruina. Sería de nuevo la Corona la que impediría que tal sucediese. El interés partió, sobre todo, del Rey consorte, Francisco de Asís Borbón, que contó con el apoyo y aliento del arzobispado de Toledo.

Esta restauración fue iniciada en el año 1878, bajo la dirección de Narciso Pascual y Colomer, que fue el arquitecto del Congreso de los Diputados. El proyecto de Pascual y Colomer, que fue aceptado en puja con el proyecto del arquitecto Domingo Gómez de la Fuente, brindó al edificio el aspecto con que llegaría hasta nuestros días.

Pascual y Colomer se inspiró, sobre todo, en otros edificios de la época de los reyes católicos que tomó como modelos, como el convento de San Juan de los Reyes de Toledo. En la reconstrucción se añadieron muchos elementos decorativos tomados del gótico y la fachada fue confiada al escultor Ponziano Ponzano.

En el año 1883, San Jerónimo el Real es declarado parroquia al servicio del barrio del entorno. Y un año más tarde, en 1884, concluyen las obras de restauración y se añaden algunas dotaciones del mayor interés.

Se trasladan a este edificio numerosos cuadros y esculturas. Algunos procedían del convento de capuchinos de San Antonio del Prado, que se encontraba situado ante el Congreso. Otros provenían del Museo de la Trinidad —ya extinto— que se había fundido con el Prado en el año 1870. Actualmente, las piezas artísticas de San Jerónimo dependen del Museo del Prado.

Pero el monasterio y el templo se preparaban para los nuevos tiempos. En el siglo XX este espacio ya no será albergue de la Orden de los Jerónimos, sino que pasará a depender de los sacerdotes diocesanos. El primer párroco será don Antonio Cano, a quien cupo el honor de estar al frente del mismo durante más de cuarenta años.

Entre las dotaciones nuevas, referidas más arriba, cabe destacar la instalación del tríptico del altar mayor con las tablas de José Méndez y en el altar del lado izquierdo del crucero el «Cristo de la buena muerte» de Pedro de Mena, así como una «Virgen de los dolores» de Jerónimo Suñol, que se encuentra del lado derecho.

Estos trabajos, realizados en el año 1880, se completan con la construcción de la actual sacristía y una nueva distribución de las capillas laterales. En mayo de 1883, cuando se le declara parroquia, todo estaba ya preparado para entrar en el nuevo siglo.

Desde entonces, esta parroquia contará con cuatro párrocos. Aparte del mencionado don Antonio Cano, y del actual párroco don Manuel González Cano estuvieron en este cargo don Pedro Martínez Pardo y don Cecilio de Santiago.

No se trata simplemente de traer a colación algunos nombres. Cada uno de estos párrocos estuvo al frente de este espacio histórico durante un período importante de nuestra historia reciente. De modo que, cuando algún historiador quiera ocuparse de la historia de San Jerónimo el Real durante el último siglo largo, deberá tomar en cuenta que a cada una de estas «gestiones» correspondió una labor definidora.

A don Antonio Cano, el primer párroco, correspondió el honor de la recuperación de la alta función política que el templo ha tenido siempre para la Corona y la nobleza de España, instituciones a las cuales se encuentra unido íntimamente desde su fundación primera en las proximidades de la ermita de San Antonio.

En 1906, se casaría el Rey don Alfonso XIII, como ya vimos. En 1911, este sería el templo sobre el cual pivotaría el Congreso Eucarístico Internacional, al que ya hacía referencia en mi libro «La madre del Rey», dado que a los padres de nuestra querida «reina madre» doña María de las Mercedes de Borbón y de Orleáns, correspondió en aquella ocasión ser respectivamente vicepresidentes honoríficos del Congreso, bajo la presidencia del Rey Alfonso XIII y de la Reina Victoria Eugenia.

En ocasión de este Congreso Eucarístico, además, tuvo lugar un hecho que no debe pasar desapercibido para ningún monárquico español, por su profundo significado. Don Alfonso XIII desoyó entonces todos los consejos del gobierno para «hacerle sentir» a Roma la voluntad firme de la Corona en relación a las diferencias entre ambas sobre cuestiones políticas que hoy carecen de importancia.

Pero don Alfonso XIII no quiso oír ni hablar de presionar al Papa. Ferviente católico, en la apertura del Congreso Eucarístico hizo un discurso de entusiasta adhesión a la fe y a Roma, a pesar de que semejante actitud no podía dejar de suponer un jarro de agua fría para el gobierno.

Poco a poco, sin embargo, la función estrictamente religiosa y pastoral adquiriría una continuidad sin fisuras y sin que eso implicara en absoluto ninguna pérdida en relación a la función de representación simbólica de la unión entre Corona, nobleza y pueblo.

Las mismas imágenes que iban dotando el templo eran elocuentes en relación a esta última función. Así, por ejemplo, llegó la imagen de San Blas, cedida por la Ermita del cerrillo de San Blas, donde estaba primitivamente.

La presencia de este Santo emblemático de Madrid, como San Isidro, generó en torno a la parroquia diocesana en que se había convertido el monasterio, un nuevo centro de convocatoria para la religiosidad popular.

Otra imagen significativa adquirida por el templo fue la de Nuestra Señora del Buen Ruego, que es patrona del gremio de los antiguos escribanos.

Pero llegarían los días amargos de la Guerra Civil. Si bien es cierto que, como señalan algunos historiadores, el edificio fue preservado de asaltos y sus obras fueron recogidas —nos referimos, claro, a las obras de arte— por las autoridades, no es menos cierto que en ocasión de este conflicto civil se produjo una pérdida de inestimable valor.

A diferencia de los ocupantes franceses, que sobre todo dañaron y profanaron el edificio, nuestra Guerra Civil se ensañaría con un bien que nadie puede ya restaurar: la pérdida de todos los archivos históricos de San Jerónimo el Real. Lo único que pudo recuperarse, en este sentido, fueron los libros sacramentales de la iglesia.

Y no es ésta, como podrá valorar el lector, tan escasa pérdida como para pasarla por alto. No olvidemos la cantidad de historia —y la calidad— tejida entre estos muros en forma de actos solemnes y la voluntad de la Corona española en este sentido. ¿O habrá que recordar, entre otros casos, que con motivo de la jura de Felipe II fue autorizada por el mismo Papa la réplica de la Virgen de Guadalupe extremeña para la celebración de este acto?

Después de la guerra civil, ciertamente, hubo una restauración parcial del edificio, que sobre todo se centró en limpiar el exterior de los encalados y retirar ciertos elementos decorativos añadidos durante el siglo XIX al calor de la moda romántica, que entró en España muy tardíamente comparado a lo sucedido en otros países europeos. Esta labor de limpieza fue dirigida por Francisco Iñiguez.

Pero regresemos, nuevamente, al interior de este templo tan español y madrileño, tan unido a nuestra Corona como al Principado de Asturias. A este templo con que España —nuestra España nacida como nación moderna, como unidad lingüística abarcadora de todas las diferencias, en 1992— decidió fijar un «centro» en el alba del siglo XVI.

Como dijimos, la iglesia está constituida por una única nave, con crucero, ábside y coro alto a los pies del templo. Las tribunas que recorren la parte superior de las capillas abiertas a los lados —cerradas todas por arcos ojivales—, son uno de los trabajos de restauración dirigidos por Repullés en el año 1880.

Desde el exterior importa recordar la originalidad de ese «gran buque de ladrillo» que configura el edificio como unidad. Como también hemos adelantado en las páginas anteriores, aunque la fábrica original del edificio es gótica, los elementos más destacados son fruto del siglo XIX.

Entre éstos sobresalen las dos torres que sirven de marco a la capilla mayor, que imitan la forma gótica y se han convertido en una seña de identificación del edificio y en parte inseparable de su estampa paisajística urbana para los madrileños.

El paso entre la nave central y las capillas se realiza por medio de pequeños arbotantes, rematados en el extremo por grandes pináculos decorados por florones. La crestería, que recorre todo el conjunto y la estructura del edificio remata la fachada y los laterales.

A uno de los lados de la iglesia se encuentra el claustro. Su galería superior se encuentra en ruinas, y resulta visible desde el exterior. La galería inferior es la zona que en la actualidad sirve de espacio a las oficinas del templo.

Este claustro fue realizado en la primera mitad del siglo XVII por el arquitecto Miguel Martínez y fue finalizado en torno a 1656. Su estilo es clásico y se trata de una bella obra de cantería que bien merece una restauración generosa.

La portada está rematada por un Calvario. Allí encontramos relieves que recrean escenas de la Natividad de la Virgen, esculturas de San Fernando y San Francisco de Asís y de Santa Isabel de Hungría y San Jerónimo.

Como vimos, desde la nave, en el interior destacan las diez capillas —cinco de cada lado— y las tribunas sobre éstas. La capilla mayor acoge el cuadro de José Méndez, realizado por encargo del Rey Francisco de Asís Borbón. Es un retablo de inspiración romántica con elementos góticos.

En el cuerpo central del retablo se encuentra San Jerónimo sentado sobre un león. Sobre el santo encontramos la imagen de la Virgen y, en la cumbre, la Santísima Trinidad. En los cuerpos laterales encontramos las imágenes de las santas Paula y Eustoquia, compañeras de San Jerónimo, así como San Isidro, patrón de los madrileños, y San Agustín, por cuya regla se rigieron los jerónimos.

Para completar la emblemática de las imágenes de la capilla mayor, no debemos olvidar a San Dámaso —considerado madrileño— y, sobre todo, la imagen de Santiago el Mayor, patrón de España.

La emblemática de las imágenes encuentra su continuidad en las mismas vidrieras. Tanto la que corresponde a la coronación de la Virgen, como todas las que encontramos en el ábside, crucero y zona de la Epístola, son obras de Jean B. Anglade y fueron realizadas especialmente en París, como el forjado de la reja.

En las ventanas laterales, las vidrieras reproducen los escudos reales.

Entremos, lentamente, con respeto, en esta iglesia, en este recinto interior en el cual el próximo Rey de España habrá de casarse con quien será nuestra Reina. La primera capilla que nos encontramos, a la derecha, es la del duque de la Torre.

Sobre el altar de esta capilla encontramos un magnífico crucifijo labrado en el siglo XIX. En este espacio encontramos también una imagen del Padre Eterno en una obra madrileña del siglo XVIII y una Virgen de la Candelaria de la misma época. Hay asimismo una copia del Cristo de la Victoria, del escultor Domingo de la Rioja, que pertenece a tiempos de Felipe IV.

La segunda capilla que encontramos del lado derecho no resulta menos significativa de cuanto hemos dicho. Es la capilla de la Virgen de Covadonga, patrona del Principado de Asturias. En este espacio destaca sobre manera un impresionante cuadro de Lucas Jordán, notable pintor italiano del siglo XVII del cual pueden además apreciarse otras obras en el Prado. Esta pintura representa el triunfo de la Virgen del Rosario. En la vidriera —realizada por talleres madrileños— se representa el Calvario.

La tercera capilla es la de San José. En ella destaca una gran escultura del santo y a sus lados encontramos a Santa Teresita del Niño Jesús y a San Roque. Esta última imagen —también ligada a la religiosidad popular— es una obra del siglo XVIII.

También hay un cuadro, del pintor cordobés Acislo A. Palomino, de estilo barroco, que recrea el célebre sueño de San José con la visita del ángel. En las vidrieras encontramos a Juan Bautista.

La cuarta capilla está dedicada a San Blas. Este santo, patrón de las enfermedades de la garganta, se encuentra representado por una pequeña escultura sobre el altar. Destaca un cuadro de Vicente Carducho, cedido por el convento de Mercedarios Descalzos de Santa Bárbara, que recrea el martirio de San Pedro Armengol.

En esta imagen, la Virgen de la Merced sujeta al santo por los pies para demorar la muerte por estrangulamiento, mientras éste conversa con otros religiosos que contemplan la escena, como si estuviera realizando su última prédica a los fieles.

La quinta capilla del flanco derecho —derecha del visitante desde los pies del templo— es la dedicada a Nuestra Señora del Pilar. La imagen de la Virgen es obra del siglo XIX y se encuentra en un retablo idéntico al de la Basílica zaragozana, que es obra de Ventura Rodríguez. Frente a este retablo hay otro cuadro del siglo pasado, realizado por J. Llaneces, que representa el Calvario. En la vidriera encontramos la imagen de la Virgen del Pilar revelándose a Santiago.

En el brazo del crucero correspondiente a esta zona, hay un lienzo con el Sueño del Papa Honorio III, que pertenece a la escuela madrileña del siglo XVII. Hay también otro cuadro con la vida de Santa Leocadia, patrona de Toledo y que pertenece a Francisco de Rizi y fue realizada por encargo de los capuchinos de Toledo.

En el altar hay una bella escultura de la Soledad, que fue tallada por Jerónimo Suñol en el pasado siglo. Esta imagen fue donada al templo por el Cardenal Moreno.

EL CRISTO DE LAS PENAS

Sigamos nuestro recorrido por este espacio sagrado pasando por delante del altar mayor para alcanzar el brazo del crucero correspondiente al Evangelio. El primer altar que encontramos del lado izquierdo desde los pies del templo está dedicado al Santo Cristo de las Penas y la Buena Muerte, una talla de Juan Pascual de Mena que fue realizada en el siglo XVIII.

La imagen pertenecía originariamente al templo de Santa Cruz que se encontraba, antes de ser derribado, justo frente al ministerio de Asuntos Exteriores. En el hastial hay un gran cuadro de la última comunión de San Jerónimo, obra que el Rey Francisco de Asís encargó a Tejeo y que imita la pintura realizada en el siglo XVII por Domenichino (obra actualmente exhibida en los Museos Vaticanos).

Junto a esta obra también hoy un lienzo de la Inmaculada, perteneciente al siglo XVII y realizada conforme a los modelos escultóricos de Gregorio Fernández. Al inicio de nuestro recorrido de la zona del Evangelio, antes de llegar a la primera capilla, está el púlpito, que es obra del siglo XIX y tiene en su antepecho relieves de los Evangelistas y de los Padres de la Iglesia Latina: San Pedro y San Pablo.

La primera capilla de este lado es la que está dedicada a la Inmaculada Concepción. Una pequeña escultura del siglo XVII, realizada por la escuela castellana en el estilo del vallisoletano Gregorio Fernández, reproduce la imagen de la titular de esta capilla.

Frente a esta pequeña escultura y el retablo hay un cuadro barroco que representa a San Francisco, Santo Domingo y la Virgen intentando proteger al mundo de la cólera de un Cristo recreado como una suerte de Zeus entronizado. La obra pertenece al siglo XVII, procede de los Capuchinos del Prado y sigue el modelo de Rubens.

Tiene, sin duda, un enorme interés, no estético, sino documental, que hace referencia al universo mental cristiano y más específicamente católico. Jesús no aparece en una imagen reconocible de «príncipe de la paz», sino como el Rey de Reyes que emerge victorioso de su pugna apocalíptica como «Mesías» guerrero dispuesto a ser el «vengador de la sangre» de los mártires.

La vidriera de esta capilla, como ocurre con todas las que se abren del lado del Evangelio, es de factura francesa. En ella se encuentra representado San Fernando como Rey de Castilla.

La siguiente capilla está consagrada a San Antonio de Padua. La imagen del titular pertenece al siglo XVIII y fue realizada por un discípulo de Juan Pascual de Mena. A los lados hay dos esculturas del siglo XIX, que representan a San Antonio Abad y San Nicolás de Bari.

Enfrente hay un notable cuadro de Félix Castelló, con San Francisco de Asís. En la vidriera correspondiente a esta capilla encontramos la imagen de San Eugenio, arzobispo de Toledo.

La siguiente capilla tiene un especial aire hispano y resonancias evidentes de la gesta española y de su proyección internacional; proyección que España supo convertir en el verdadero descubrimiento de nuestro mundo actual con su aventura heroica y ultramarina.

Esta capilla está dedicada a la Virgen de Guadalupe, patrona emblemática de los mexicanos. La imagen de la Virgen, en una tabla, sigue la línea de la célebre imagen realizada por el indio Juan Diego, que hoy se venera en la basílica a Guadalupe.

Delante de esta imagen hay un cuadro de Vicente Carducho, procedente del referido convento de Mercedarios de Santa Bárbara y que recrea el martirio del mercedario San Ramón Neonato. La imagen tiene resonancias históricas evidentes y muestra el momento en que los musulmanes cierran con un candado la boca del santo para impedirle seguir predicando.

En la vidriera se encuentra a San Ildefonso, arzobispo de Toledo. Debajo de esta imagen de la vidriera hay un pequeño cuadro con la imagen de Nuestra Señora del Socorro.

La siguiente capilla —y la penúltima— está consagrada a la Virgen del Carmen. La escultura de la titular de esta capilla parece obra realizada en el siglo XVIII. No resulta especialmente notable desde el punto de vista estético. Mayor interés desde este punto de vista tienen las pequeñas esculturas de Santa Teresa de Jesús y Santa Teresita de Lisieux, también una carmelita como nuestra santa.

También resulta interesante el grupo escultórico de Animas, que está coronado por una Trinidad y es obra del siglo XIX. En la vidriera encontramos la imagen de Santa Cristina y debajo de ésta, en el interior de una vitrina, se guarda una imagen del niño Jesús que también pertenece al pasado siglo.

La última y décima capilla de nuestro recorrido también tiene profundos significados hispánicos. Está dedicada nada menos que a Nuestra Señora de Guadalupe de Cáceres, patrona de toda la Hispanidad. Otro símbolo que explica por qué este templo no sólo es requerido para bodas madrileñas y españolas, sino también para bodas por parte de extranjeros.

En esta capilla, además, se encuentra la única escultura superviviente del antiguo San Jerónimo el Real, después que éste se trasladara al actual edificio en el año 1502-1507 y empezara a ser popularmente denominado por los madrileños de entonces como San Jerónimo del «Nuevo Paso». Se trata de una escultura de la titular —Nuestra Señora de Guadalupe de Cáceres— y pertenece al siglo XVIII.

Sin duda, se trata asimismo de una pieza tan codiciada como objeto de pleitos. De hecho, ha sido siempre reclamada por el monasterio de Extremadura, aunque la especial significación de San Jerónimo el Real haga que este templo sea actualmente el espacio más adecuado para albergar la imagen.

No debemos olvidar que Madrid no es sólo el centro político de España, sino el centro cultural y de referencia obligada de más de trescientos millones de hispanos. En este contexto, no parece oportuno que una imagen emblemática de toda la hispanidad sea separada de este complejo sin par.

La imagen es de vestir. A los lados podemos ver a un Niño Jesús y a un San Juan Bautista niño, ambas imágenes pertenecientes al siglo XIX. Frente a estas imágenes destaca un magnífico cuadro del toledano Juan Bautista Maino, pintor del siglo XVII y que tiene por tema la Pentecostés. En el centro se encuentra la pila bautismal.

Para terminar con este detallado recorrido de la iglesia que servirá de lugar sagrado para sellar el matrimonio real del heredero de nuestra Corona, sólo nos queda reseñar la sillería del Coro, con imágenes de santos capuchinos y franciscanos, que procede de los mismos Capuchinos del Prado y fueron realizados en el siglo XVIII.

También es de destacar, a lo largo de toda la iglesia, el conjunto de magníficas lámparas de bronce que proceden de San Francisco el Grande y completan la dotación.

En cuanto a la Orden de los Jerónimos, que fue la que dio lugar a este monasterio, mencionamos ya la decadencia que redujo abrumadoramente su influencia y poder ya en el siglo XIX. En la actualidad, los Jerónimos sólo cuentan en España con dos monasterios: Yuste, en Cáceres, y el Parral de Segovia.

LLENO DE HISTORIA PARA EL PRINCIPE

De todos modos, sería injusto terminar esta visita al templo sin hacer alguna rápida referencia a su función religiosa cotidiana. No se trata de un simple edificio histórico, con algunas piezas artísticas notables y, sobre todo, de enorme valor simbólico y evocador para los españoles.

San Jerónimo el Real, desde que se encuentra atendida por sacerdotes diocesanos y se erige en parroquia, no ha abandonado ni descuidado la labor pastoral, como tampoco ha olvidado la vocación —vocación tradicionalmente compartida con la Corona y la nobleza de España— de ayuda a los más necesitados y de labor social.

Actualmente, esta parroquia desarrolla estas actividades en dos líneas que también resultan altamente significativas en relación a su tradición como centro, como «axis mundi», tanto para España como para la hispanidad nacida de la gesta española.

De un lado, la parroquia sostiene una acción de ayuda y asistencia orientada a los barrios menos favorecidos de Madrid, como San Blas. Del otro, sostiene una misión en Arequipa —Perú— donde acuden todos los años por el verano unas dos docenas de jóvenes para trabajar en asistencia.

El actual párroco, don Manuel González Cano, evita responder a las invitaciones que le hago y reserva sus opiniones sobre el tema de la rehabilitación. Es la tarea que le ha tocado a este sacerdote que se hizo cargo de la parroquia en 1988 y su silencio prudente ante mis comentarios indican que no quiere añadir ninguna queja a la citada carta parroquial que le recuerdo en nuestra entrevista.

Lo más que consigo de este párroco en relación a la necesidad de obtener recursos para completar la restauración completa del complejo de enorme significado histórico, es que «sin duda, si hay que ceder una parte a otros usos el edificio perderá, pero es necesario hacerlo si con esto conseguimos salvar el resto».

Tampoco quiere ser explícito con las escasas ayudas. Al contrario, prefiere recordar las obras realizadas con apoyo del ministerio, unos veinticinco millones aportados por el Ayuntamiento de Madrid y alguna ayuda recibida de la Comunidad Autónoma. En cambio, prefiere callar ante la pregunta de por qué Fundaciones como Caja Maddrid no cumplen con la función social y cultural asignadas y han preferido el silencio o la negativa.

Con este párroco nació la Asociación para la Rehabilitación de San Jerónimo el Real entre los años 1989-1990. Pero tampoco quiere hablar de ello. «A cada párroco le ha tocado su misión —nos dice— y no creo que sería justo destacar a uno». De todos modos, él prefiere hablar de don Antonio Cano, que estuvo al frente de la parroquia más de cuarenta años.

Este espacio que escribo y comento para nuestros lectores, será como vimos el lugar donde se case don Felipe de Borbón y Grecia. Nuestro heredero ha cumplido ya los veintisiete años y, como he dicho en innumerables ocasiones, ningún otro Príncipe de Asturias alcanzó esta edad en estado de soltería. Su abuelo se casó con doña María de las Mercedes a los veintiún años y su padre, el Rey don Juan Carlos I, se casó con Sofía de Grecia a los veinticuatro años.

Al recorrer esta nave, bajo los acordes del órgano regalado por la Reina María Cristina —órgano cuya puesta al día ha costado once millones de pesetas con los cuales ha corrido que sepamos la parroquia— don Felipe sabrá muy bien la trascendencia de cada paso solemne a lo largo del crucero flanqueado por las capillas emblemáticas que hemos descrito.

En este templo le acompañará el alma de España. No sólo de la España actual, dispuesta a recibir el nuevo milenio con un relevo en la Casa de los Borbones, sino todas las generaciones españolas desde que el bravo don Beltrán convocara aquel Paso Honroso en el año 1464. Y también, al decir del gran cisne del modernismo literario que inaugura este siglo que ya acaba —Rubén Darío— también estará allí el alma de esos «mil cachorros sueltos del león español», las «ínclitas razas ubérrimas» que son «sangre de Hispania fecunda». Desde la Guadalupe cacereña a la Guadalupe mexicana, desde Santiago y Covadonga, desde la Trinidad a San Isidro.

Allí, en este espacio sagrado, donde todos los años trescientas parejas españolas celebran sus bodas desde que don Alfonso XIII desposara a la bella Victoria Eugenia de Battenberg, abuela de nuestro Rey y bisabuela de nuestro próximo Rey. Aquel que subirá al trono con el nombre de Felipe VI y, con su reinado, presidirá para los españoles el horizonte del siglo que ya asoma con el tercer milenio de nuestra Era.

Con los pasos con que la joven pareja se aproxime al altar también se refundará un nuevo horizonte de esperanza para España y la Hispanidad. Para ninguno de los dos jóvenes se tratará de un acto protocolario; prioritariamente, tanto para don Felipe como para su esposa, se tratará de un acto de profundo significado religioso.

Como nuestro Príncipe de Asturias, su futura esposa será católica. Tampoco, por lo tanto, habrá que enseñarle previamente a esta agraciada joven sobre qué suelo da sus primeros pasos hacia el trono de España.

Como si quisiera, además, la más gratificante imagen, los jóvenes ante el altar son, aparte de bellos e inteligentes, los representantes de una monarquía cada vez más exigente con la formación y la cultura de quienes deben regir el reino. Una monarquía consciente de que, muy al contrario de lo que piensan —es un decir— quienes la ven como institución «testimonial», nos será más necesaria que nunca para encarar el desafío de un mapa mundial en pleno proceso de reconfiguración, en el entorno de un tiempo inquietante que hará que los hombres demanden más que nunca que el liderazgo objetivo corresponda a un firme liderazgo moral. Un imperativo ineludible si España quiere tener algo que decir en el siglo XXI.

Mientras imagino el momento en que culminará la boda real, la boda que cierra mi siglo, pienso que no podía haber elegido la historia mejor espacio para celebrarla, que este espacio vecino alar donde don Beltrán entusiasmó con su poderío a su Rey y a la comitiva, en aquel «Paso Viejo» del siglo XV, junto a la actual Ermita de San Antonio en la Florida.

Este templo contiene todos los símbolos necesarios para alumbrar el desafío del joven heredero y de su joven esposa. Aquí, en pocos metros, en el breve espacio de una nave y diez capillas, está la Corona, Madrid como centro del Reino, Asturias y España entera con su Patrón, como la imperial Toledo. Y también América, el Nuevo Mundo alumbrado con el Renacimiento.

En el siglo XIX no sólo entró en decadencia este templo, pisoteado por botas invasoras, reconvertido en almacén de cañones y pólvora. También América se escindió de España y por los mismos años, cuando los expulsados jerónimos regresaban a la ruina en que los franceses habían convertido el lugar de su culto. Sí, por esos mismos años.

Cuando alguien —en este caso Napoleón Bonaparte— consigue secuestrar nuestra Corona, también suelen pasarnos estas desgracias, que sin duda se agravan cuando la Provincia no decide acompañar con un Rey muy lúcido y preparado. Pedimos entonces Rey y medio mundo.

Pero no está mal recordar que este proceso de escisión de América, tuvo sus raíces en motivos fundamentalmente económicos y que el sistema de monopolio centralista brincó la abrumadora mayoría de los recursos y armas de los independentistas.

No cabe olvidarse que, culturalmente, no sólo la identidad hispánica ha sobrevivido a casi dos siglos de malentendidos y desencuentros históricos, sino que en los últimos años, con la restauración de Juan Carlos I y la apertura de nuestro país a Europa y el mundo, se ha potenciado considerablemente.

En América, el pueblo llano, sigue la crónica de la Villa y Corte a través de las revistas, de la televisión, de los medios de comunicación y difusión españoles. Esto tiene resonancias importantes en la sangre, que es la misma, y esto hace que, también en buena medida, nuestros acontecimientos se sientan como propios... ¿Por qué —sin necesidad de desconocer la plena independencia política, que nadie piensa reversible— no iban a sentir cada vez más esos pueblos como sus reyes a nuestros propios reyes?

Así está sucediendo, poco a poco, a nivel de los afectos populares, de la simpatía, de las expectativas de asistencia y cooperación, de los crecientes intercambios. Y sin duda en esta proyección nos jugamos no sólo el espacio vital de España sino el de la hispanidad... Sí, don Felipe VI, Rey de España para el tercer milenio, es también consciente de que su imagen empieza a tener esta dimensión que generó su padre como primer paso, como piedra angular de un edificio que ahora él deberá culminar.

En esta tarea, como un símbolo, le flanquearán para asistirle las dos Vírgenes de Guadalupe, la cacereña y la mexicana.

OPERACION TARTA

«Operación Tarta» es el nombre con el que ha sido bautizada esta curiosa y monárquica tradición de pretender casar al heredero por el bien de la continuidad de la corona de España.

Se trata de una operación llena de amor a la monarquía que anteriormente se realizó en las épocas de Alfonso XII y Alfonso XIII.

Que nadie pretenda buscar malas artes o escondidas intenciones detrás de una operación de este tipo.

En la primera operación para tratar de casar a Alfonso XII intervino de forma directa el gobierno de la época, constituido legítimamente.

En la segunda operación para casar a Alfonso XIII no sólo fue su gobierno, sino que el diario «ABC» que salía en aquellos días, a la calle alcanzó un gran protagonismo hasta el punto de publicar todos los lunes un grabado correspondiente a una posible candidata de las princesas que en aquellos momentos quedaban en Europa casaderas.

Conferencias por toda España sobre las anteriores bodas reales, contactos con las monarquías de los países que hoy día tiene princesas jóvenes, libros como éste que tiene, amigo lector, entre sus manos o el anterior de «Hay que casar al Príncipe», son parte del trabajo de una operación de esta índole, una operación por otra parte llena de tradición monárquica y buena intención, que cuando menos sirven para recuperar historia, por desgracia, muchas veces empolvada, y que está demostrado que interesa a todo un movimiento de jóvenes españoles.